CHARTERS AND CUSTUMALS OF
THE ABBEY OF HOLY TRINITY CAEN

roll of customs of 1223/4 (Essex Record Office, D/DSp. M40)

RECORDS OF SOCIAL AND ECONOMIC HISTORY
NEW SERIES V

CHARTERS AND CUSTUMALS OF THE ABBEY OF HOLY TRINITY CAEN

EDITED BY

MARJORIE CHIBNALL

LONDON · *Published for* THE BRITISH ACADEMY
by THE OXFORD UNIVERSITY PRESS

*This book has been printed digitally and produced in a standard specification
in order to ensure its continuing availability*

OXFORD
UNIVERSITY PRESS

Great Clarendon Street, Oxford OX2 6DP

Oxford University Press is a department of the University of Oxford.
It furthers the University's objective of excellence in research, scholarship,
and education by publishing worldwide in

Oxford New York

Auckland   Cape Town Dar es Salaam Hong Kong Karachi
Kuala Lumpur Madrid Melbourne Mexico City Nairobi
New Delhi Shanghai Taipei Toronto
With offices in
Argentina Austria Brazil Chile Czech Republic France Greece
Guatemala Hungary Italy Japan South Korea Poland Portugal
Singapore Switzerland Thailand Turkey Ukraine Vietnam

Oxford is a registered trade mark of Oxford University Press
in the UK and in certain other countries

Published in the United States
by Oxford University Press Inc., New York

ISBN 978-0-19-726009-8

TO THE MEMORY OF

EILEEN POWER

INTRODUCTORY NOTE

Dr. Chibnall's edition of the Surveys of the English Estates of the Abbey of Holy Trinity, Caen is the fifth volume in the New Series of 'Records of Social and Economic History' published under the auspices of the British Academy. The nine volumes of the original series published between 1914 and 1935 have been reprinted and are now available from Kraus (for details, see p. 164). For this volume in the New Series it was hoped to publish an edition of the surveys of the Norman estates alongside Dr. Chibnall's edition of the English surveys but unfortunately this did not prove possible.

D. C. COLEMAN
Chairman, Records of Social and
Economic History Committee

PREFACE

My attention was first drawn to the great interest of the surveys in the cartulary of Holy Trinity, Caen, over forty years ago by the late Professor Eileen Power, and I began work on them as a Research Fellow of Lady Margaret Hall, Oxford. War and other commitments intervened, and the project would certainly have been abandoned but for the encouragement of the late Professor E. M. Carus-Wilson. As originally planned, the volume of records was to have included surveys of Norman properties, for which I hoped to secure the collaboration of Professor L. Musset of Caen; unfortunately this has proved impossible, and I have not attempted to print records to which only he with his intimate knowledge of Normandy could do full justice. This volume is, therefore, confined to the English estates.

I wish to record my thanks to the authorities who have given me permission to print records in the Essex County Record Office, Gloucestershire County Record Office, Worcestershire County Record Office, and the Archives Départmentales du Calvados, and to the archivists in all these places who assisted me in my search. Professor R. H. Hilton brought the custumal at Worcester to my notice, and Professor Sir Michael Postan lent me his photostats of the principal cartulary. Mr. Nicholas Herbert showed me an advance draft of chapters in the Victoria History of the County of Gloucester; Dr. John Walmsley gave me permission to cite his unpublished doctoral dissertation on the Burton estates, and Mr. Michael Young of the Department of Geography in the University of Cambridge drew the maps. Dr. Diana Greenway helped with questions of identification, and she and Dr. Sandra Raban most kindly read the proofs and saved me many errors and inconsistencies. To all these I am most grateful.

I have a special debt to Professor Carus-Wilson, who was always ready with advice on particular problems and with generous encouragement up to the time of her death; and to Professor Donald Coleman, who has more recently helped to steer the book towards publication. The authorities of the British Academy have been uniformly helpful; in particular Mr. Hagan Powell has greatly eased the final stages of preparation of the manuscript.

Marjorie Chibnall,
Clare Hall, Cambridge

January, 1981

CONTENTS

ILLUSTRATIONS

ORIGINAL SOURCES

Caen, Archives du Calvados:
  H, Trinité de Caen (uncatalogued),
    Original charters,
    Cartulaire de l'abbaye sainte Trinité de Caen.

Chelmsford, Essex County Record Office:
  D/DSp. M 40
  D/DCw P 2, 3
  D/DCw M 158/1

Gloucester, Gloucestershire County Record Office:
  D 471/T1/3
  D 149/1

London, Public Record Office:
  Patent Rolls: C 66
  Assize Rolls: J.I. 1/560
  Ministers' Accounts: SC 6/856/15–23, 1127/7, 17
  Surveys and Rentals: SC 11/2/186, 19/237–43
  Court Rolls: SC 2/175/79–85, 209/60
  Alien Priories Bundles: E 106/7/3, 10/8, 8/26
  Transcripts: 31/8/140B (Léchaudé d'Anisy's Cartulaire de la Basse-
  Normandie, 3 vols.)

Paris, Bibliothèque nationale:
  MS lat. 5650

Worcester, Worcestershire County Record Office:
  705:128 BA 88/11 (iv)

ABBREVIATED REFERENCES

Abbreviatio Placitorum	*Abbreviatio Placitorum* (Record Commission, London, 1811).
Boldon Buke	*The Boldon Buke*, ed. William Greenwell, Surtees Society, xxv, 1852.
Cal.Ch.R.	*Calendar of Charter Rolls preserved in the Public Record Office*, 6 vols. 1903–27.
Cal. Close	*Calendar of Close Rolls preserved in the Public Record Office*, London, 1892–
Cal.Inq.Misc.	*Calendar of Inquisitions Miscellaneous (Chancery) preserved in the Public Record Office (1219–1349)*, 2 vols. London, .916.
Cal.IPM	*Calendar of Inquisitions Post Mortem . . . preserved in the Public Record Office*, 14 vols. London, 1904–54.
Cal.Pat.	*Calendar of Patent Rolls preserved in the Public Record Office (1232–1509)*, 52 vols. London, 1898–1916.
Cartae Antiquae	*The Cartae Antiquae Rolls 11–20*, ed, J. Conway Davies, PRS 1960.
Cart.mon.Ram.	*Cartularium monasterii de Rameseia*, ed. W. H. Hart and P. A. Lyons, 3 vols. RS, 1884–93.
CBN	Cartulaire de la Basse Normandie; see Manuscript Sources.
CDF	*Calendar of Documents preserved in France, 918–1206*, ed. J. H. Round, London, 1899.
Close Rolls	*Close Rolls of the Reign of Henry III*, 14 vols. London 1902–38.
CRR	*Curia Regis Rolls*, 16 vols. London, 1922–79.
DB	*Domesday Book: liber censualis vocatus Domesday Book*, 4 vols. Record Commission, 1783–1816.
Delisle/Berger	L. Delisle and M. Elie Berger, *Recueil des actes de Henri II*, 4 vols. Chartes et Diplomes relatifs à l'histoire de France, 1909–27.
DML	*Dictionary of Medieval Latin from British Sources*, ed. R. E. Latham, British Academy, London, 1975–
Domesday of St. Paul's	*The Domesday of St. Paul's of the year 1222*, ed. W. H. Hale, Camden Series, lxix, 1858.
EHR	*The English Historical Review.*
EPNS	English Place Name Society.
Fauroux	*Recueil des actes des ducs de Normandie (911–1066)* ed. Marie Fauroux, Mémoires de la Société des Antiquaires de Normandie, xxxvi, Caen, 1961.
Feudal Aids	*Inquisitions and Assessments relating to Feudal Aids, 1214–1431*, 6 vols. London, 1899–1920.
GC	*Gallia Christiana*, 16 vols. Paris, 1715–1865.
Gibbs, *St. Paul's*	*Early Charters of the Cathedral Church of St. Paul, London*, ed. M. Gibbs, Camden 3rd series, lviii, London, 1939.
Gloucester Cartulary	*Historia et cartularium monasterii sancti Petri Gloucestriae*, ed. W. H. Hart, 3 vols. RS 1863–7.
HRH	*Heads of Religious Houses*, ed. D. Knowles, C. N. L. Brooke, V. London, Cambridge, 1972.

IPM Glouc.	*Inquisitions post mortem for Gloucestershire* (British Record Society), ed. E. A. Fry, v (1910).
Le Neve: Greenway	*John Le Neve, Fasti Ecclesiae Anglicanae, 1066–1300*, ed. Diana E. Greenway, 3 vols. London, 1968–
MLWL	*Revised Medieval Latin Word List from British and Irish sources*, ed. R. E. Latham, London, 1965.
Musset, *Abbayes caennaises*	*Les actes de Guillaume le Conquérant et de la reine Mathilde pour les abbayes caennaises*, Mémoires de la Société des Antiquaires de Normandie, xxxvii, Caen, 1967.
Neilson, *Customary Rents*	N. Neilson, *Customary Rents*, Oxford Studies in Social and Legal History, ii, Oxford, 1910.
PR	*Pipe Rolls 5 Henry II to 17 John*, Pipe Roll Society, 1884–1964.
PR 31 H I	*Magnus Rotulus Scaccarii 31 Henry I*, ed. J. H. Hunter, Record Commission, 1833.
PRO	Public Record Office.
PRS	Pipe Roll Society.
PQW	*Placita de Quo Warranto*, Record Commission, London, 1818.
PUF	J. Ramackers, *Papsturkunden in Frankreich*, N.F. ii. *Normandie*, Göttingen, 1937.
Regesta	*Regesta Regum Anglo-Normannorum*, ed. H. W. C. Davis, C. Johnson, H. A. Cronne and R. H. C. Davis, 4 vols. Oxford, 1913–69.
Rot. Hund.	*Rotuli Hundredorum*, 2 vols. Record Commission, London, 1812.
RS	Rolls Series: the Chronicles and Memorials of Great Britain and Ireland during the Middle Ages, published under the direction of the Master of the Rolls.
TBGAS	*Transactions of the Bristol and Gloucestershire Archaeological Society.*
TEAS	*Transactions of the Essex Archaeological Society.*
Titow, *Winchester Yields*	J. Z. Titow, *Winchester Yields, A Study in Medieval Agricultural Productivity*, Cambridge, 1972
TRHS	*Transactions of the Royal Historical Society.*
VCH	*The Victoria History of the Counties of England.*

ABBREVIATIONS

For abbreviated cross-references see below, p. liv.

Av.	Avening
Bibl. nat.	Bibliothèque nationale, Paris
cart.	cartulary
CRO	County Record Office
Fel.	Felsted
Glos.	Gloucestershire
Hor.	Horstead
Min.	Minchinhampton
N.F.	Neue Folge
Pd.	printed
Pin.	Pinbury
PRO	Public Record Office, London
Rec. Com.	Record Commission
Til.	Tilshead

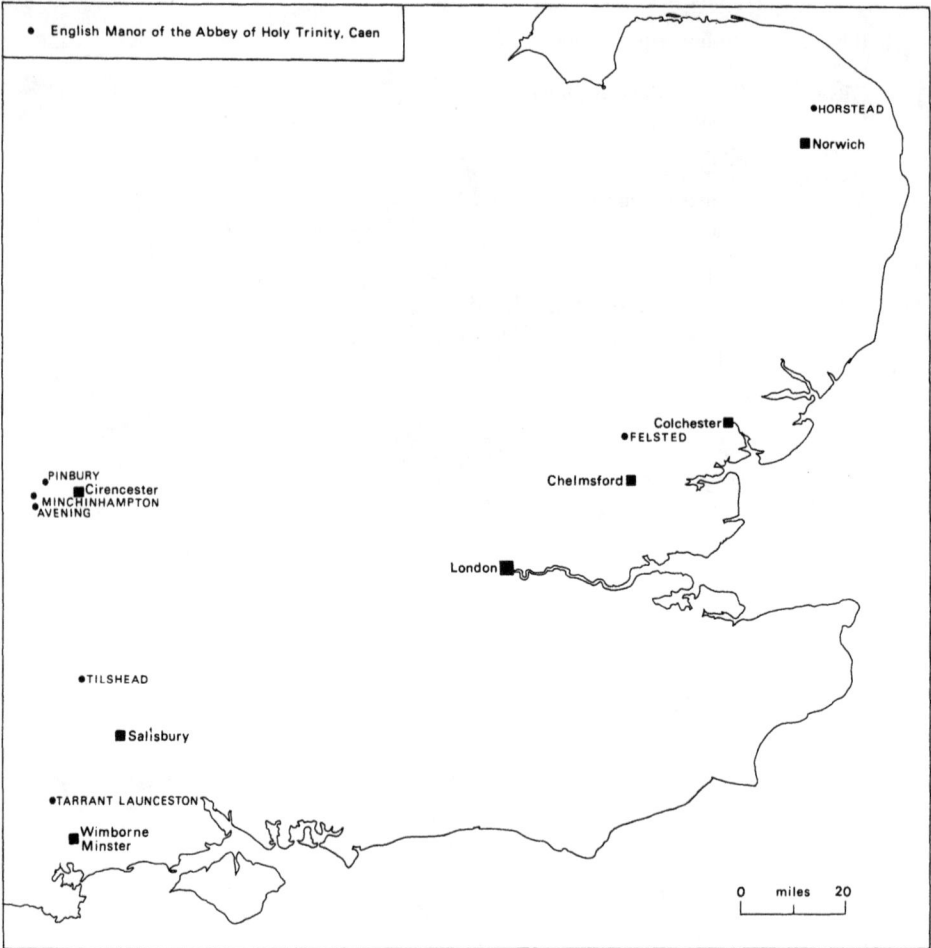

English Manor of the Abbey of Holy Trinity, Caen

●HORSTEAD

■Norwich

Colchester■
●FELSTED

Chelmsford■

●PINBURY
■Cirencester
●MINCHINHAMPTON
AVENING

London■

●TILSHEAD

■Salisbury

●TARRANT LAUNCESTON
■Wimborne
Minster

0   miles   20

MAP I The English Manors of the Abbey of Holy Trinity, Caen.

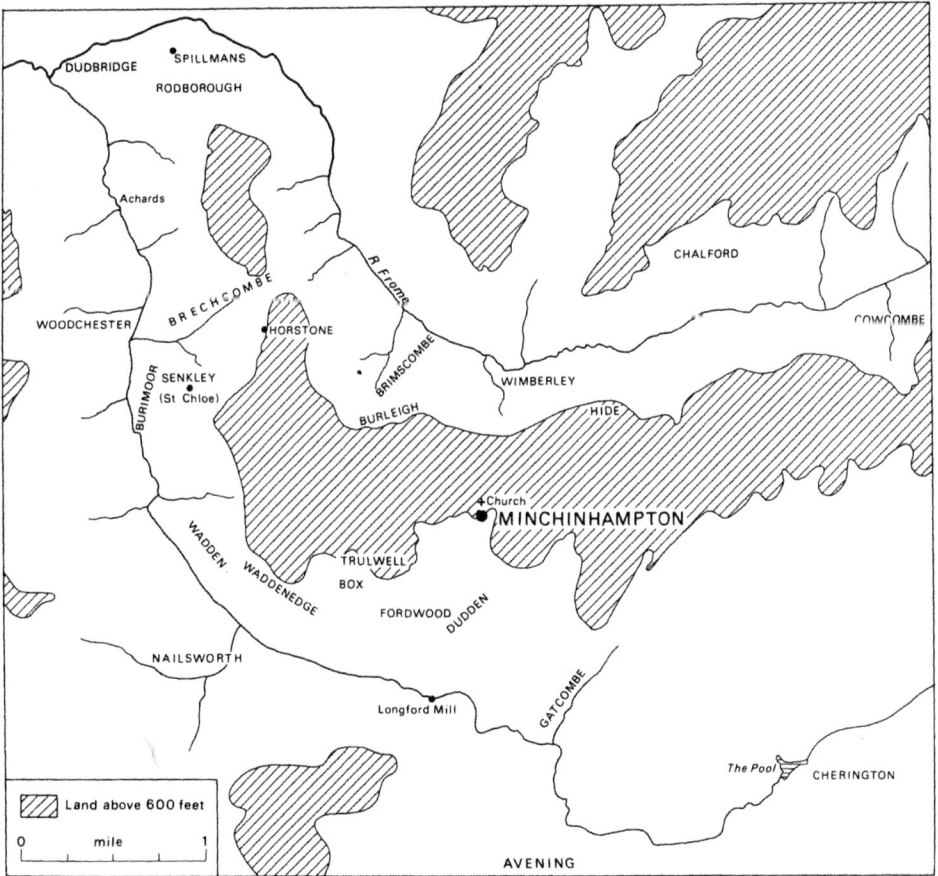

MAP II Minchinhampton

INTRODUCTION

1. *The cartularies*

The abbeys of Holy Trinity and St. Stephen's at Caen were both founded by William, duke of Normandy, and his wife Matilda in the years between 1059 and 1066. An early Norman tradition explained their foundation in part at least by the need to obtain papal absolution after contracting a marriage forbidden in 1049 by Leo IX;[1] whatever the truth of this, they became in a special sense ducal family monasteries. The nunnery of Holy Trinity was dedicated on 18 June, 1066, on the eve of the conquest of England; on that occasion Cecilia, Duke William's young daughter, was offered as a child oblate,[2] and by the time Queen Matilda died and was buried there in 1083 the house had been richly endowed with estates on both sides of the Channel. Much of the French property, especially that bought by Matilda to make up the endowment, or given by vassals of the duke whose daughters and other kinsfolk took the veil, lay in the region around Caen, though some was as far away as Villebarge and Chauffour near Exmes, and Duke William's early gifts included the tithes of six parishes in the island of Jersey. The French estates continued to grow through the accumulation of postulants' gifts.[3] At some date after the acquisition of the first English manors and before Matilda's death in 1083 the revenues from the patrimony were divided to make provision for the different needs of the abbey with allocations to the sacristy, the four canons serving the church, the support of the nuns (*ad victum*), the chamber (including the wood for heating), lighting in the dormitory and almsgiving.

The archives of the abbey remained almost intact up to the Revolution; many of the records were then either damaged almost beyond repair or pilfered, and only a small collection of charters

---

[1] See D. C. Douglas, *William the Conqueror* (London, 1964), pp. 79–80, 391–5, for a discussion of the evidence.

[2] Fauroux, no. 231. Cecilia was brought up in the abbey and made her full profession as a nun in 1075. She became the second abbess of the house in 1113 (*The Ecclesiastical History of Orderic Vitalis*, ed. M. Chibnall (Oxford Medieval Texts, 1969–80), iii. 8–10).

[3] See Musset, *Abbayes caennaises*, no. 22. A charter of Henry II (Delisle/Berger, no. 601) lists only one or two gifts of this kind in England: William of Pleshey's grant of the tithes of Tolleshunt (Essex) on behalf of his niece, and Thomas Bardulf's gift of 30s. from his mill of Elvaston on the Derwent, which was not necessarily a postulant's gift.

has survived in France from the Middle Ages. But one volume had fortunately been acquired by Foucault at the end of the seventeenth century; after his death it passed to the abbé Charles d'Orléans de Rothelin, who gave it to the Royal Library.[1] It has remained in the national collections to the present day, and as MS latin 5650 in the Bibliothèque Nationale has attracted the attention of a series of scholars. This cartulary is a small octavo volume made up originally of eleven gatherings each of eight folios; subsequently a twelfth gathering was added (ff. 89r–95v), which is now in a damaged condition; it was rebound in the nineteenth century. The first part, up to f. 87r, is written in a single regular *libraria* hand of the late twelfth century; additions were made in a number of hands from the early thirteenth century onwards, both at the end and in a few spaces between the early entries. Although known as a cartulary it contains only a small number of charters and notices; its great interest lies in the preservation among the charters of surveys made at two or three dates in the twelfth century, including both French and English properties. Both Léopold Delisle and R–N. Sauvage planned editions which they were never able to bring to completion; and J. H. Round calendared the records relating to England.[2] Continuing interest has so far led to the publication of the most important charters by Marie Fauroux and Lucien Musset, but the surveys, though used by many scholars, including Robert Carabie in Normandy and M. Postan, Jean Birdsall and R. Lennard in England and the U.S.A.,[3] have never been published.

The contents of the cartulary are as follows:

ff. 1r–8v. Charter of William I and Matilda (1080–2). Printed, Musset, *Abbayes caennaises*, no. 8 (long version).

ff. 9r–13v. Great pancarte of William I and Matilda, 18 June, 1066. Printed, Fauroux, no. 231.

---

[1] For an account of the fate of the library, see Musset, *Abbayes caennaises*, pp. 22–3. The very good state of repair of the handful of English charters that survive suggests that pilfering played a larger part than decay in the destruction of the archives.

[2] See Musset, *Abbayes caennaises*, p. 22, nn. 69, 70; *CDF* pp. 141–53.

[3] Robert Carabie, *La propriété foncière dans le très ancien droit normand*, I. *La propriété domainiale* (Caen, 1943), pp. 149–65; Jean Birdsall, 'The English Manors of the Abbey of La Trinité at Caen', in *Haskins Anniversary Essays* (Cambridge, Mass., 1929), pp. 25–44; M. Postan, 'The chronology of labour services', *TRHS*, 4th ser. xx (1937), pp. 169–93; R. Lennard, *Rural England 1086–1135* (Oxford, 1959), pp. 362, 386–7. Dr. John Walmsley, of Macquarie University, is at present working on a comparison of conditions on the French and English manors in the twelfth century.

f. 14r–v. Notice of a final concord, 20 Jan. 1183. Printed Delisle/ Berger, no. 638; calendared and wrongly dated, *CDF* no. 432.

ff. 15r–16v. Agreement with St. Stephen's, Caen; (18 July 1083). Printed, Musset, *Abbayes caennaises*, no. 17.

f. 17r–v. Charter of William I and Matilda (1082). Printed, Musset, *Abbayes caennaises*, no. 9.

ff. 17v–18v. Charter of Countess Adela of Boulogne (1075). Printed, Musset, *Abbayes caennaises*, no. 21.

ff. 18v–20r. Allocation of properties (De institutione ęcclesię). Printed, Musset, *Abbayes caennaises*, no. 12.

ff. 20r–24v. First survey of French estates.

f. 25r. *De ornamentis ęcclesię*. Printed, Musset, *Abbayes caennaises*, no. 16.

ff. 25v–26r. *De reliquiis ęcclesię*. Printed, Musset, *Abbayes caennaises*, no. 29.

ff. 26r–29v. First survey of English estates (below, pp. 33–8).

ff. 29v–31r. Notice of gifts of first religious and their kinsfolk (1080–5). Printed, Musset, *Abbayes caennaises*, no. 22.

ff. 31v–34r. Charters making gifts of property in France to the abbey, including *CDF* no. 425 (1106).

f. 34r–v. Charter of Robert Curthose (1087–94). Calendared, *CDF* no. 423.

ff. 34v–36v. Charter of William I and Matilda (1066–1083). Printed, Musset, *Abbayes caennaises*, no. 11.

ff. 36v–37r. Charter of Fromund, abbot of Tewkesbury (below, charter no. 3).

ff. 37r–38r. Charter of Henry I confirming the English properties (1106–35, probably after 1113). Printed, *Cal.Ch.R.* v. 158 from an inspeximus of 13 November, 1358; calendared, *Regesta*, ii. 1928; the dating limits can be narrowed because the charter includes Tilshead but not *Dineslai* (see below, pp. xxvi–xxviii).

f. 38r–v. Survey of French property.

ff. 38v–39r. Note of the depredations of Simon of Felsted (below, pp. 39–40).

ff. 39v–40v. Note of the losses on the French estates after the death of William I. Printed, Haskins, *Norman Institutions*, pp. 63–4; calendared *CDF* no. 424.

ff. 40v–41r. Note of the destruction of woods on English properties during the reign of Stephen (redrafted ff. 52–3).

ff. 41r–60v. Second and third surveys of English properties (below, pp. 40–74).

ff. 60v–69v. Late twelfth-century surveys of French properties.

f. 69v. Notice of a case settled in 1254, added in a thirteenth-century hand between two entries.

ff. 69v–87r. Late twelfth-century surveys of French properties.

The remaining entries are in different hands:

f. 87v. Notices of cases of 1183 and 1185. Calendared, *CDF*, nos. 437, 438.

f. 88r. Charters of Abbess Cecilia (*CDF* no. 426) and Abbess Alicia; both concern mills in or near Caen.

ff. 88v–95v. Notices of cases relating to French property in different hands of the thirteenth and fourteenth centuries.

Part of a small cartulary relating to English possessions of the abbey survives in the archives of Calvados, series H. The pages measure 13.3 cm. × 28.5 cm; the pagination is modern. There are now 21 folios making up three gatherings (10 : 2 : 9); a number of folios have been lost between p. 20 and p. 21, and between p. 24 and p. 25, and at the end. The cartulary is written in a late thirteenth-century hand, beginning below the top line; pages are ruled in plummet. A nineteenth-century hand has added on the title page: 'Cartulaire de l'abbaye Sainte Trinité de Caen, ou Recueil de Chartes anglaises et françaises jusqu'en MᵒCCCᵒIIIᵒ'. Part of a second cartulary containing records of the sacristy has been bound in with it; nos. 78 and 79 (p. 137) list a few shillings owed from holdings in Felsted. The nineteenth-century title covers both collections, treating them as a single cartulary; the first cartulary contains no French records, and no datable charters later than the time of abbess Juliana in the mid-thirteenth century. The earliest is a charter of Hugh, bishop of Coventry (no. 32, c. 1190); but the majority can be dated between 1220 and 1260. Most of the charters concern tenements in Felsted; a few (nos. 1, 2, 3, 50) relate to the church and manor of Horstead. The arrangement is unsystematic; the compiler did not even necessarily place together deeds relating to the same piece of property. Most of the names of witnesses have been omitted.

2. *The English properties*

As a favoured ducal abbey, whose church was dedicated on the eve of the Conquest, Holy Trinity, Caen, quickly attracted generous royal gifts in England. All its principal English properties came from the royal family; Queen Matilda had a special regard for the abbey in which she was to be buried. Of the four manors confirmed in the charter of William I and Matilda in 1082,[1] Felsted in Essex and Tarrant Launceston in Dorset were the queen's gifts.[2] Minchinhampton and the small manor of Pinbury in Duntisbourne Rouse, both in Gloucestershire, may have been received from the king.[3] These were ancient demesne manors, and the gift was made with all the liberties they had enjoyed in the time of Edward the Confessor.[4] All four were assigned to various conventual offices in a deed drawn up not later than 1083; Minchinhampton was for the kitchen of the nuns and for the support of guests;[5] Felsted, Tarrant and Pinbury for their wardrobe and the provision of wood.[6] The abbey's possessions were recorded in Domesday Book,[7] and they were retained until the fifteenth century, when they were lost during the wars with France.

Other early endowments were more transient. Queen Matilda's gift of two manors in England, 'Betdonia' and 'Tembrelia' probably formed part of her testamentary disposition in 1083, and was confirmed by her husband.[8] The charter in which the manors were named is a late and imperfect copy; they are almost certainly Great Baddow in Essex and Umberleigh in Devon, which the abbey held in 1086.[9] Neither was retained; they were never mentioned in any subsequent charter or survey, and must have been lost almost

---

[1] Musset, *Abbayes caennaises*, no. 9, pp. 90–1.

[2] Felsted had been held in 1066 by Earl Ælfgar, and Tarrant by Brictric, most of whose lands were granted in the first instance to Queen Matilda (*VCH Essex*, i. 337–8; *VCH Devon*, i. 434; *VCH Dorset*, iii. 31; E. A. Freeman, *The Norman Conquest* 4th edn., iv. Appendix O).

[3] *DB* i. 166*b*.

[4] The liberties were not specified, but Henry I's general charter (*Regesta*, ii. no. 1928; *Cal. Ch. R.*, v. 158; Bibl. nat. MS lat. 5650 ff. 37–8) runs, 'cum socha et sacha et thol et thiem et infangenetief, et cum omnibus consuetudinibus et quietationibus et libertatibus ad maneria pertinentibus, in boscho et plano, et infra burgum et extra, et in aquis et in mariscis et fanguentheio cum quibus pater meus Guillelmus rex Anglorum et Willelmus rex frater meus et ego ipse melius et quietius et liberius tenuimus, cum eadem maneria essent in nostro dominio.' For a discussion of the meaning of such grants, see F. E. Harmer, *Anglo-Saxon Writs* (Manchester, 1952), pp. 73–8. The unusual term 'fanguentheio' may imply the possibility of wider jurisdiction over thieves than that granted by 'infangenetief', which occurs earlier in the enumeration. It is not, however, repeated in the confirmation charters of later kings; and there is never any mention of 'outfangenetief'.

[5] 'Ad victum sanctimonialium et ad opus hospitum' (Musset, *Abbayes caennaises*, no. 12B, p. 97).

[6] 'Ad cameram et ad ligna' (ibid.).   [7] *DB* i. 79*a*, 166*b*; ii. 21*b*.

[8] Musset, *Abbayes caennaises*, no. 15, pp. 111–112.

[9] *DB* i. 104*a*; ii. 21*b*. Both had previously been manors of the queen, who had received Great Baddow with the lands of Earl Ælfgar and Umberleigh with those of Brictric.

immediately. Three other important manors were given, probably in part at least as compensation.

There is no record of the date when Avening, which adjoins Minchinhampton, was given; it was in the hands of the king in 1086,[1] but was included in the first series of manorial surveys and was listed in the general confirmation of Henry I.[2] Since another charter of King Henry explicitly mentions the other two manors, Horstead and Tilshead, as gifts of himself and his brother, William Rufus,[3] there is a slight presumption in favour of Avening having been the gift of William the Conqueror at the end of his reign.

The history of Horstead (Norfolk) is reasonably clear. In a charter of 1131 Henry I stated that it had been given by his brother, William Rufus; it was also included in Henry's general charter of confirmation of uncertain date.[4] There is considerably more doubt about the background to Henry I's own gift of Tilshead (Wilts.), confirmed in both these charters. It may have been preceded by another gift as transient as that of Great Baddow and Umberleigh. The surveys of English manors made during the reign of Henry I include one of *Dineslai*,[5] assumed by J. Birdsall[6] and a number of writers after her to be Tilshead. But *Dineslai* cannot be Tilshead; even if scribal carelessness could have produced a version so improbable on etymological grounds the information recorded is incompatible both with the Domesday entry for Tilshead[7] and with the survey of Tilshead made during the reign of Henry II.[8] Tilshead in 1086 was royal demesne; it paid no geld and had never been assessed in hides; there were 9 ploughs on the demesne and 22 serfs and 10 coliberts; 34 villeins and 32 cozets had 18 ploughs, and there were 9 mills and 66 burgesses. The nuns' manor of *Dineslai* on the other hand was assessed at $5^1/_2$ hides, of which $2^1/_2$ were in demesne; there were 8 half-virgaters, 6 cottars, 8 named tenants owing rent and boon services, and 5 *bovarii* of whom 2 were serfs and 3 free, who were settled on the demesne. Mills numbered only two.[9] Even on the assumption that the nuns then held only

---

[1] *DB* i. 163*b*.

[2] *Regesta*, ii. 1928; *Cal. Ch. R.*, v. 158; *CDF* no. 427; Bibl. nat. MS lat. 5650 f. 37.

[3] *Regesta*, ii. 1692; *Cartae Antiquae* (PRS n.s. xxxiii, 1957), no. 539; *Cal. Ch. R.*, v. 160.

[4] *Regesta*, ii. nos. 1692, 1928. [5] Below, p. 37.

[6] 'The English manors of the abbey of La Trinité at Caen', in *Haskins Anniversary Essays*, p. 26. R. V. Lennard, however, rightly refused to accept the identification (*Rural England 1086–1135*, p. 362).

[7] *DB* i. 65*a*; *VCH Wilts.* ii. 116–17. Tilshead commonly occurs in the forms Tidelfeshida, Thidulfhid' (with minor variants) and even Tebovesia, but never in any form that might be read as *Dineslai*. [8] See below, pp. 46–8. [9] See below, p. 37.

half the manor of Tilshead, as they did later,[1] the two returns are incompatible.

But if conditions at *Dineslai* are compared with the Domesday entry for the royal manor of *Deneslai*, later Temple Dinsley in the great manorial complex of Hitchin (Herts.), the result is far more convincing.[2] *Deneslai* was rated at 7 hides, of which $3^1/_2$ were in demesne; there were 19 villeins, 7 bordars, 7 cottars, 6 serfs and one Frenchman (the king's almoner), and two mills. The rating is slightly higher than that of *Dineslai*, but there is a rough correspondance between the classes of tenants. Moreover some of the customs can be compared with those of the Templars' estate of Temple Dinsley in 1185, and the resemblance is even more striking. The eight half-virgaters of the abbess of Caen's *Dineslai* paid 15d. annually, and owed two days' work and one additional day's ploughing each week. Three named half-virgaters in the Templars' survey of Preston, of which Dinsley formed part, paid 15d. annually and owed two days' work and one additional ploughing weekly throughout the winter.[3] As for the cottars at *Dineslai*, they paid 8d. and owed two days' work and a third day's ploughing each week. Three named cottars on the Temple Dinsley estate paid 8d. to 12d. and owed two days' week-work and additional ploughing on Thursday.[4] Not much significance can be attached to names; but it is worth noting that Alvine or Alwinus is a common name in both surveys.

The Templars received their estate at Dinsley from King Stephen and Bernard de Baliol;[5] and an inquest of 1212 later alleged that the family of Baliol held their lands in Hitchin by gift of Henry I.[6] It would therefore have been possible for Dinsley in Hitchin to have been a royal gift to the nuns of Caen at some date after 1086, possibly intended to replace Great Baddow or Umberleigh. If this hypothesis is accepted, it was held briefly by them until, at some date after the first survey was made, Henry I wished

---

[1] In 1242–43 the abbess of Caen was said to hold half Tilshead in chief in pure alms (*Book of Fees*, ii. 742).   [2] *DB* i. 132b.

[3] B. A. Lees, *Records of the Templars in England in the Twelfth Century* (British Academy, Records of Social and Economic History, ix. 1935), pp. 73–4: Alfredus filius Ace, Radulfus filius Siberni, Walterus filius Ailwini. Slightly more detail is given of boon works and customary dues than in the abbreviated Caen survey.

[4] Ibid., p. 73: Nicholaus filius Ailwini, Siwardus de Weileie, Robertus de Weileie; Osbertus filius Ace held an additional 2 acres and paid 16d.

[5] Ibid., pp. cxl–cxlii, 213–15. Owing to the great extent of the 'manor' of Hitchin there is some uncertainty about the exact location of the lands given by Bernard de Baliol.

[6] Sir Charles Clay, *Early Yorkshire Families* (Yorkshire Archaeological Society, Record Ser. cxxxv, 1973), p. 4; *Book of Fees*, p. 123.

to confer it on Bernard de Baliol or his predecessor,[1] and gave him Tilshead in exchange. Although no surviving charter among the archives of the abbey mentions Dinsley, it must be remembered that not one of the twelfth-century confirmations mentions Great Baddow or Umberleigh, which the abbey had undoubtedly held in 1086 and subsequently lost. Dinsley too might have been briefly in the nuns' possession during the tenurial upheavals of the early years of Henry I's reign. At all events *Dineslai* cannot possibly be identified as Tilshead, whereas on the basis of the existing evidence it could have been Dinsley in Hitchin. After the gift of Tilshead, not later than 1131, there were no major new endowments in England.

A regular series of royal charters confirmed earlier grants. At the beginning of the reigns of both Henry II and Richard I the abbey secured the renewal of gifts of property and a more detailed enumeration of privileges, incuding exemption from suit of shire and hundred;[2] and comprehensive confirmations were obtained from Henry II later in his reign, Henry III and Edward III.[3] The abbess had enjoyed free warren in Felsted from the time of Henry I.[4] Fairs and markets were granted in Minchinhampton (1269) and Felsted (1292).[5]

Some small properties were purchased in the first half of the thirteenth century. Most were in the manors of Minchinhampton and Felsted; but Abbess Johanna also secured, before 1220, a house in London. The London property had belonged to David, chaplain of St. Paul's. He acquired two tenements by the cemetery of St. Paul's in St. Martin's, Ludgate; in 1193 × 1203 one which had been held by Master Hugh of London of the nuns of Haliwell, and in 1180 × 1203 one adjacent to it, which had been held by Master Gervase, writer of the great roll, of Jordan de Zuin. Both passed by David's grant to the nuns of Caen after his death, though some litigation was necessary to buy out other interests.[6] The acquisition of the London property coincided with the regular

---

[1] The fullest account of the family is in the *Northumberland County History*, vi (Newcastle-upon-Tyne, 1902), 14–71.

[2] Delisle/Berger, nos. 66–68 (charters of Henry II, 1155 × 1158); *Cartae Antiquae* (PRS n.s. xxxiii, 1957), nos. 458, 459, 540 (charters of Richard I, 1189 and 1190).

[3] See Delisle/Berger, no. 601 (Henry II's charter of 1180–2); *Cal. Ch. R.*, i. 308–9 (Henry III's charter, 1246); ibid. v. 159–60 (inspeximus of Edward III, 1359).

[4] A charter of Henry II (Delisle/Berger, no. 69; *Cal. Ch. R.*, v. 159) confirms Henry I's charter, which has not survived.

[5] *Cal. Ch. R.*, ii. 124, 421.

[6] See below, charters nos. 6–14.

appointment of a proctor in England to look after the legal interests of the abbey.

3. *The English surveys and charters*

The twelfth-century surveys have been preserved in the cartulary of the abbey, now in the Bibliothèque nationale. The first series of surveys is a product of the normal process of efficient estate administration in the reign of Henry I. The compiler of the *Leges Henrici Primi*, writing between *c.*1113 and 1118,[1] recorded the questions to be asked of farmers and stockmen on the manors of the royal demesne, and the kind of records required for the profitable running of manors out at farm.[2] Information was sought about the replacement value of the demesne stock, corn sown and in the barns, new tenants, and the rents and principal labour services due. The practice of farming out manors in return for fixed payments in cash and kind was a good deal older than most surviving records of estate management;[3] the question of when and in what form the necessary information was actually written down rather than preserved by means of tallies or even in the memory of the farmer or shepherd is to some extent complicated by the much wider and better studied question of the making of Domesday Book. That much of the information provided for the Domesday commissioners must have been supplied by the lords or their stewards, who alone possessed the details, and that it had therefore been committed to writing before the commissioners arrived, was pointed out unequivocally by V. H. Galbraith in 1942.[4] From this it follows that much of the information, including statistics of stock which appear in Volume II of the Exchequer Domesday and in some of the related compilations such as the Exon Domesday, was already being kept by the lords concerned, and may have been written down by the more efficient among them. No doubt the

[1] *Leges Henrici Primi*, ed. L. J. Downer (Oxford, 1972), pp. 34–7.
[2] Cf. the section relating to farms of manors in the *Leges Henrici Primi*, 56. 3 (ed. Downer, p. 174): 'Querendum est autem in redditione manerii a pastoribus de animalibus, de numero, de modo; a ceteris seruientibus de officio suo, si plena singula habeantur et eiusdem ualentie; de suppletione in hominibus, in peccunia; si deterioratum sit manerium in dominio uel hominibus, in pascuis, in nemoribus; si quis gablum auxerit, si quis iniuste tulerit; quid sit in horreis; quid seminatum sit.'
[3] For the ubiquity of the farming system see R. V. Lennard, *Rural England 1086–1135*, ch. v.
[4] V. H. Galbraith, 'The making of Domesday Book', *EHR* lvii (1942), 175–6; see also V. H. Galbraith, *Domesday Book*, (Oxford, 1974), pp. 42–3. A hint to the same effect was given by Charles Johnson in *VCH Norfolk*, ii. 2.

survey did much to extend and systematize the practice. Early records of this kind are few, and are often concealed by being described as 'Domesday satellites'.[1] By the middle of Henry I's reign a certain number of short surveys had been recognized by the lords as worth preserving to record their permanent rights and the figures on which the amount of the farm was calculated. Whether their similarity to the fuller returns of some parts of Domesday results from the continuance of a practice older than the Domesday survey, or from imitation of the returns made during the survey, is a question to which it may never be possible to give a firm, uniform answer, for there is little doubt of the interdependence of public and private manorial inquests at this time.

One incentive to more efficient estate organisation was the economic pressure resulting from the military demands of the Norman settlement. This was certainly important at Peterborough,[2] and may also have been a factor influencing Bury,[3] Ramsey,[4] Bath[5] and the nunnery of Shaftesbury,[6] all of which conducted early manorial surveys of which fragments survive. But improved methods of estate management spread even without the incentive of making provision for a quota of knights. Burton Abbey, with no military obligations, has left a remarkable series of early surveys.[7] Holy Trinity, Caen, was similarly exempt from knight service; the abbey's possessions had, however, suffered from the depredations of

---

[1] For a brief survey of some recent studies, see E. J. King, 'Domesday Studies', *History* lviii (1973), 403–9.

[2] Evidence of the 'local managerial efficiency' of Peterborough Abbey resulting from changed conditions has been given by Edmund J. King, *Peterborough Abbey 1086–1310* (Cambridge, 1973), pp. 143–4.

[3] See D. C. Douglas, *Feudal Documents from the Abbey of Bury St. Edmunds* (British Academy, Records of the Social and Economic History of England and Wales, viii (1932)), for an edition of the Feudal Book of Abbot Baldwin; part III (pp. 25–44) contains detailed lists of peasants with the size of their holdings and their money dues.

[4] See *Cart. mon. Ram.*, ed. W. H. Hart and P. A. Lyons, 3 vols. R.S. (1884–93); J. A. Raftis, *The Estates of Ramsey Abbey* (Toronto, 1957), pp. 77, 305.

[5] Fragments of an early survey have been printed by William Hunt, *Two Chartularies of the Priory of St. Peter at Bath* (Somerset Record Society, vii. 1893), pp. 67–8; see also R. V. Lennard, 'A neglected Domesday satellite' in *EHR* lviii (1943), 32–41.

[6] The Shaftesbury custumals, drawn up at different dates in the twelfth century, still remain unprinted in spite of their remarkable interest (British Library, MS Harl. 61, ff. 37–76v; cf. D. C. Douglas, *Feudal Documents from the Abbey of Bury St. Edmunds*, p. lxx n. 2).

[7] Printed, G. O. Bridgeman, 'The Burton Abbey twelfth century surveys', in *Collections for the History of Staffordshire*, 1916, pp. 209–300. A critical examination of these surveys has been made by Dr. John Walmsley in an unpublished Ph. D. thesis of the University of Birmingham. Dr. Walmsley includes in his Appendix the text of a roll preserved among the muniments of the Marquis of Anglesey (Anglesey 1925), which contains a draft version of part of the two Burton Abbey surveys. I am indebted to Dr. Walmsley for permission to cite his thesis.

powerful neighbours during the disorders of Robert Curthose's weak government in Normandy[1] and the considerable tenurial upheavals in England. The first series of surveys dates from some time between 1106[2] and 1131,[3] and may have been made before 1113.[4] They almost certainly belong to the period when William the Conqueror's daughter, Cecilia, had the administration of the monastery. Abbess from 1113 to 1127, she had assumed effective government of the abbey a little earlier, during the last years of her predecessor, the aged and infirm Abbess Matilda.[5] Her administration showed the vigour and practical ability that characterized both her father and her brother Henry. This close personal link with the king, added to the fact that several of the manors held by the abbey had at one time been royal demesne, may explain why the surveys are so early, and why the information in them is all of the kind that, according to the *Leges Henrici Primi*, was being sought at just that date on the royal manors.

The farm system appears to have been normal. Farmers were named at Horstead and at Felsted, where Ralph the farmer may be the Ralph of Felsted mentioned in the Pipe Roll of 1130–1.[6] At Minchinhampton and Avening small groups of two or more persons farmed the manors. Some of the sokemen on the East Anglian manors had the duty of carrying the farm to Winchester for transmission to Caen. The inclusion of details about cropping in the survey of Felsted, where Ralph was required to hand over 300 acres sown half with wheat and half with oats, suggests that contracts with the farmers were verbal only; indeed written farm contracts, which occur later in the century among the estate records of St. Paul's, London,[7] the bishopric of Durham[8] and the abbey of Bury St. Edmunds,[9] would have been unusual at so early

---

[1] See C. H. Haskins, *Norman Institutions* (Harvard Historical Studies, xxiv, 1925), pp. 63–4 for an account of the depredations suffered in the early part of the reign of Robert Curthose. The offenders included the future Henry I.

[2] The survey of Colleville in Normandy contains a reference to the capture of Robert Curthose, which occured in 1106 (Bibl. nat. MS lat. 5650, f. 20v).

[3] By 1131 *Dineslai*, included in the first survey, had been lost, and Tilshead acquired. See above, pp. xxvi–xxviii.

[4] The survey of Tilshead, made in the time of Henry II, included a reference to conditions in the time of Abbess Matilda and Abbess Cecilia (below, p. 47), which may imply that Tilshead had been acquired before Matilda died in 1113.

[5] See Musset, *Abbayes caennaises*, p. 14 n. 8.

[6] *PR 31 H.I.*, p. 60, 'In perdon' per breve Regis . . . Radulpho de Felesteda xij s. viii d.'

[7] *Domesday of St. Paul's*, pp. 122–39.

[8] *The Boldon Buke*, ed. William Greenwell (Surtees Society, xxv. 1852), pp. 18 ff.

[9] Cf. a farm contract in Cambridge University Library, MS Mm iv 19c, f. 145v, between Samson, abbot of Bury, and Adam of Cockfield.

a date. The survey was necessary to record obligations not written down elsewhere. It did not, however, set out either to make an 'extent' or full evaluation of the manors, or to list the duties of customary tenants in full detail. The survey of Avening in particular is manifestly incomplete: the only reference to demesne cultivation is a mention of eight ploughs, and there is no indication of what could have become of the thirty serf ploughmen of Domesday Book.

All the facts given could have been provided by the farmers themselves or, as on the royal manors, by the manorial servants in charge of the stock, and there is no mention of any sworn juries. Whatever procedures were used, they have left no trace in the final record. These surveys have a particular value in that, like the surveys of Burton Abbey, they appear to have been written down contemporaneously,[1] although at Caen the original rolls have not survived. In contrast, the earliest surveys of Ramsey Abbey and St. Paul's, for example, consist of sworn statements of earlier customs made in the time of Henry II.[2]

The second and third series of surveys were taken on English and Norman estates alike after the disturbances of Stephen's reign, when the abbess's rights in her English manors were seriously undermined both by the rapid spread of peasant assarts in wood and waste and by the rapacity of her principal representative in England, Simon of Felsted. This was a time when similar investigations were being made by a number of great landholders from the king downwards.[3] Of the Caen manors all but Tarrant Launceston were surveyed once and special investigations were made into the depredations of Simon of Felsted himself and into the destruction of woods in Minchinhampton and Avening. For the Gloucestershire manors a further survey is extant. The date of the main enquiry was certainly before 1176, when Simon of Felsted paid 100 marks for a settlement with the abbess.[4] As there are entries in the Pipe Rolls for 1167, 1168 and 1169 relating to encroachments on the pasture of the abbess at Horstead, and disseisin in which she was involved at Tilshead,[5] the surveys may have been carried out at about that time.

---

[1] Cf. above, p. xxx, n. 7.

[2] *Cart. mon. Ram., passim; Domesday of St. Paul's*, pp. 140–52.

[3] See C. H. Haskins, *Norman Institutions*, pp. 159–61;*Liber Henrici de Soliaco abbatis Glastoniensis*, ed. J. E. Jackson (Roxburghe Club, 1882); cf. also B. A. Lees, *Records of the Templars in England*, p. xxix. [4] *PR 22 H. II*, p. 5.

[5] *PR 13 H. II*, p. 32; *PR 14 H. II*, p. 165; *PR 15 H. II*, p. 21.

There are clear references to sworn inquests on all the manors, and jurors are named on all but Felsted and Pinbury.[1] The jurors of Minchinhampton and Avening are listed, together with a note that all the men in these manors also testified on oath. The heads of the enquiry, which appears to have been carried out in the manor courts, are not given; in so far as they can be reconstructed from the information in the surveys it seems clear that there was some slight variation in the questions asked in different manors. In general the abbess was concerned to know about encroachments on the demesne, which tenements were service tenements and which of these were actually performing services, and what money dues were owed. On some manors in addition she sought information about the services owed for the custom of the wood and, occasionally, the services or payments rendered for pasture rights. The survey of Felsted was greatly condensed; all the cash payments were lumped together with no indication of how they were made up, and only the fortunate survival of a later custumal makes it possible to analyse them. Tilshead and Horstead too provided only a brief indication of rents and certain customary services, with a statement about the holdings which owed more regular works and a list of encroachments on the demesne. The surveys for Minchinhampton and Avening were much fuller; indeed, the problem of reducing to order the varied and miscellaneous customs of this large manorial complex led to the compilation of two surveys (B and C) very nearly if not quite contemporaneous in date.

Avening B seems, from the crudeness of its language and its incompleteness, to be the first attempt at recording the detailed customs of the manor in writing. It includes sections on Aston and Lowesmore, two hamlets which were territorially detached and made up a separate tithing group. The tenants appear to have stated under oath what ploughing, reaping and carrying services they performed; it is not entirely clear which were harvest boons or gavel works and which were for the custom of the wood. Some tenants gave a fuller account of their duties. Occasionally the first person singular breaks through: Hedric (Av. B 22) ended his statement with the words, 'et preter hec hostia et herces quam plures facio'. The recorded statement of Richard (Av. B 11), though given impersonally, seems to echo his words, 'tantum summavit quod numerum nescit'. Here and elsewhere the past tense

---

[1] Jurors occur also on the French manors in the surveys made at the same time; Bibl. nat. MS lat. 5650 f. 6ov. and *passim*.

suggests that some men stated what services they had performed in the past year; but the tenses vary and there is no uniformity in drafting.

A second survey, Avening C, incorporates some additional material and contains a small number of different names. It is preceded by a second list of jurors, several of whom were men not included in Avening B; it may have been made, or brought up to date, a little later. About 94% of the tenants in Avening, Aston and Lowesmore are the same in both surveys, and there is remarkably little change in the relatively simple sections on Aston and Lowesmore. A few tenants appear for the first time: Godric the miller (Av. C 57) and three holders of working tenements, Ailward, Lewin and William (Av. C 62, 60, 61) in Avening; and Aluward Palmer (Av. C 71) in Aston. One tenant is missing; the six-acre holding of the 'daye' (Av. B 34) cannot be traced. There are two or three significant changes: Sired and Wid (Av. C 55, 56), who each held half a virgate, appear to have taken over the virgate of Richard (Av. B 9). Gisle (Av. BC 33), said in the first survey to work two days a week, was said in the second to hold eight acres for $20^1/_2$d. rent and occasional services (of the type owed for custom of the wood). Some of these variations may be accounted for by carelessness either in drafting or in copying; but on balance they suggest that a short period, probably not more than a few months or a year or two, elapsed between the making of the two surveys.[1]

Certain other variations appear in the information given. At first sight, the ploughings and reapings seem two or even three times heavier in B than in C, and there is no mention in C of the carrying services recorded in B. But the common formula in B, 'quolibet anno iiii vicibus aravit et ii vicibus messuit' may be equivalent to 'debet duabus vicibus arare et una metere, ille et sui homines sicut ipsi' in C; for B may have recorded the total number of persons, both the tenant and his servants, who had worked at the boons that year, whereas C was concerned with the number of times that the tenant, accompanied by his wife or a servant, or perhaps both, was regularly obliged to give a day's work. The omission of carrying services in C may be because the entries were confined to works owed for the custom of the wood; these obligations, as

---

[1] This analysis confirms the tentative dating of the Minchinhampton–Avening surveys by Jean Birdsall in *Haskins Anniversary Essays*, pp. 35–6. It is not possible to accept the hypothesis of M. M. Postan in 'The chronology of labour services' (*TRHS* 4th ser. xvii (1937), p. 183) that there were about twenty years between the two versions.

defined in the Minchinhampton custumal of *c.* 1306 did not then include carrying on that manor, though we have no certain information for Avening at any date. Apart from this the most conspicuous changes in C are that it is more complete, better organized and better drafted. Working virgaters and cottars were grouped together after the rent-paying tenants, and an attempt was made at the end to sum up the number of virgates. Moreover it is the only survey to contain any reference to military virgates, which by that time were purely vestigial. Whatever duties they may have owed when the name had some significance, either in contributing to the maintenance of the fyrd or in providing protection for the lord, had lapsed by the time the survey was made; after that date there is no further reference to military holdings as such.

The main difference in substance between the two surveys of Minchinhampton is the inclusion in C of the serjeanty tenants and freeholders who head the list. In addition one miller, Roger of Chalford (Min. C 11a) does not occur in B. One strangely named tenant may have changed; but it is more likely that A[m]mc chauve (Min. B 7) is a variant nickname of Carcifer [Am]me (Min. C 7), who held the same two half-virgates in the second survey. Other differences are due to the inferior drafting of the earlier survey. In this four of the cottars occur twice over: Edric pelleparius, Alvric cervus, Robert de Fonte and the potter's son, called both 'filius potarii' and 'filius figulide', who are entered as holders both of a cottar's working tenement and of a quarter-virgate owing either rent and autumn works or full works. They correspond to four cottars (Min. C 65, 69, 70, 71) who appear in the second survey holding a cottar's tenement (which consisted of a quarter-virgate) for rent and autumn works at the will of the abbess. The two cottars (Min. C 66, 67) who performed week-works for their tenements in the second survey appear once only, as holders of a cottar's working tenement, in the first. The duplication of the other four must have resulted either from inexperience in framing questions, so that the names were given twice over in answer to questions about options of work and rent, or to bad drafting.

The second survey of Minchinhampton, like that of Avening, is much clearer and better organized. Certain specific services performed by the majority of free and servile tenants alike, consisting of ploughing and reaping services and renders of a hen and eggs, can be shown by comparison with the custumal of *c.* 1306 (Minchinhampton E) to have been owed for the custom of the wood. This was plainly one of the questions on which information was sought at a time when the woods had suffered seriously from destruction. Different formulae used to describe the option of work or services on some holdings show an improvement in definition rather than a change in option. A tenant said in B to hold a virgate 'pro ii solidis et oper' in augusto vel totus oper'' was said more lucidly and grammatically in C to hold 'i virg[atam] operariam pro ii solidis'. The meaning appears to be that at the time of the survey he and others like him were actually paying rent, but the abbess retained the option of taking works. The names of such tenants were identical in both versions; altogether they held eleven virgates, which had probably been counted among the working virgates in the time of Henry I. Seven other virgates held for labour services by fourteen tenants (Min. BC 79–83, 85–91) were grouped together in both surveys and coincided exactly; in addition the reeve and cowherd each held half a virgate on a service tenure, and three other tenants held working half-virgates together with some rented land. Both surveys contain fuller statements of the customary services owed by working virgaters, ploughmen and shepherds, and of some pasture regulations and legal penalties; these are better drafted in C, but there are no significant differences between the two versions. Possibly, as at Avening, a very brief period had elapsed between two inquests on which the surveys were based; but it is just possible that they are two different recensions of the same inquest. The cartulary also includes two surveys for Pinbury which are almost identical; one (Pinbury B), which follows Minchinhampton B in the custumal, is slightly better organized and may be a second attempt at drafting the material in Pinbury C, which follows Minchinhampton C; the arrangement of material in the cartulary is too haphazard to provide a basis for any attempt at dating.

One of the problems in interpreting these surveys is that they are cartulary copies, and the original rolls have not survived. The scribe who wrote the cartulary may have worked from corrected original rolls, or from fair copies of such rolls, in which the sequence of entries was hard to follow. Certainly he had difficulty with the unfamiliar English names and customs. As a result the sequence of entries in the cartulary is in places very confused indeed. There is no heading at all for Avening B, and a rubric for the Aston section, transcribed *De Hantona* instead of *De Hastona*,

seems to identify it with Minchinhampton. The names of the jurors
who gave information in Avening C run straight on as if they were
a continuation of the Lowesmore section of Avening B. The two
surveys for Minchinhampton are separated by one for Pinbury
which may in fact be the second of the two describing that hamlet.

There were significant differences, both in form and in content,
in the next surveys for Minchinhampton, Avening and Felstead.[1]
They were working copies of rolls kept in England, and were
probably made when the practice of direct exploitation of the
demesne by bailiff farming began. The Gloucestershire survey, the
earlier of the two, is incomplete: the first membrane, containing
the standard customs and the greater part of the survey of Minchinhampton, is lost. The end of the Minchinhampton survey
remains, together with the surveys of Avening and Lowesmore.
One new feature was the inclusion of details of demesne furlongs
and woods; the only reference to stock implied that further information was available elsewhere, probably in the lost part of the
roll. Customs and services were listed in much greater detail than
in the earlier surveys, and while the inquests show the same preoc-
cupation with encroachments on the demesne there is much greater
precision in the record of working tenements let for rent by charter
or by the authority of some named official. One or two later entries
relating to court business indicate that the information was collected in the manor court, and the roll has the character of a record
of business transacted in a special session. Though undated, it can
be assigned to the time of an Abbess Johanna.[2] Some tenants with
unusual names can be identified in the custumal of *c.* 1170 and a
few had received tenements from Simon of Felsted, but there had
been many changes. A date about the turn of the century is likely;
possibly the enquiry was made shortly after Simon's son, William
of Felsted, relinquished his hold on the manors in 1192.[3]

The Felsted custumal is slightly later. The most authentic copy
is a roll of 1224–5, containing a record of customs attested by
fourteen named jurors; changes and additions were first inserted
between lines or in blank spaces, and later added on the dorse of
the roll. These include entries of transfers of property made in the
time of the steward, John of Warlemont, who died about 1240–1.[4]

---

[1] Min. D, Av. D, Fel. D; below, pp. 75–104.
[2] Johanna occurs in records from 1183 to 1227; there were probably two abbesses of this
name.   [3] See below, Charter no. 5.   [4] See below, Charter no. 23.

A clean copy, written in a fifteenth-century hand,[1] includes all the early material, slightly rearranged, all the items added in a second hand on the face of the roll, and the items added in the first hand on the dorse of membrane 4. It does not include additions made on the dorse in the second hand; but one statement about the custom of the wood, said to have been made after the death of John of Warlemont, is among those added in the second hand on the face of the original roll. Probably all the additions were made not later than the time of Roger of Saling, who was steward shortly after John of Warlemont. The second hand on the original roll is very like his, and certainly belongs to his period.[2] The copy is dated 1223–4; this must be a scribal error, since the basic survey clearly bears the date 1224–5 on the original roll.

The first part of this custumal consists of very detailed statements of the duties of customary tenants and the names of the men who owed them; it has much the same character as the custumals made for the English manors of the abbey of Bec at about this time,[3] and is typical of records kept on estates where direct exploitation of the demesne through bailiffs had replaced administration by farmers. A few years previously (1209 × 17) Master David had surrendered the farm of Felsted in exchange for that of Horstead,[4] and the manor was apparently kept in demesne for about a century after that date. The later additions, like those in Minchinhampton D, were the record of special investigations held in several courts of the manor into new tenures or changes of tenure, with the name of the person or body effecting the transfer, whether the abbess, one of her officials, or the court of the manor.

One further custumal was drawn up for Minchinhampton in or shortly before 1306.[5] It survives in a copy made in the late fourteenth century; the scribe was careless and incorporated, without much regard to sense or sequence, some entries of uncertain date that had apparently been added in the margins or other spaces of

---

[1] Fel. E; it is collated with the other version below, pp. 88–104.

[2] A chirograph recording an agreement with Abbess Juliana in 1161 (Archives du Calvados, H, Trinité de Caen, liasse Angleterre) is stated to have been written by Roger of Saling himself.

[3] See M. M. Chibnall, *Select Documents of the English Lands of the Abbey of Bec*, Camden Third Series, lxxiii (1951), pp. x, 29–73. [4] See below, Charter no. 14.

[5] PRO SC 11/19/238; below, pp. 105–37. A reference in the 1306/7 manorial account for Minchinhampton (PRO SC6/856/15) to a payment of 25*s*. made to the king's subescheator 'ne dictus subescaetor presentaret baronibus scaccarii quendam inquisitionem de manerio de Minechenehampton captam' possibly refers to this survey. For further evidence of a date *c.* 1306 with a few later insertions see especially the entries and notes for Min. E 30, 88, 89, 102, 108, 119, 146, 150.

the original roll.[1] The dorse of the roll contains lists of tenants owing certain rents or services, dated 1306–7; some sections correspond very closely with the names in the custumal, but the inclusion of a certain number of later tenants indicates that here too the scribe had used a corrected original without regard to date.[2]

Four rentals survive for the fifteenth century; three belong to the period when the manor was in the hands of various lay farmers during the later stages of the Hundred Years War, and the fourth was made when it had come into the possession of the abbey of Syon.[3] They are not included among the documents in this volume; nor are the sixteenth-century surveys of Felsted and Horstead.[4]

Apart from the custumals, the only early records are charters and leases. Relatively few of these have survived the wreck of the abbey's archives. Only a few in the main twelfth-century cartulary in the Bibliothèque nationale[5] concern England. Léchaudé d'Anisy's transcriptions of the records relating to the English properties are included in his Cartulaire de la Basse Normandie in the Public Record Office.[6] Some of the originals have disappeared since his time; about fifty documents of various kinds have been collected in the Archives of Calvados at Caen.[7] The abbey's practice seems to have been to keep title deeds and even farm contracts at Caen, possibly because the nuns had no dependent cell in England; King's College, Cambridge, which received Horstead manor, has no deeds earlier than the fifteenth century.[8] The cartularies too were kept at Caen; a fragment of a small cartulary relating to English property was rescued by Léchaudé d'Anisy from a parchment dealer, and is now among the records in the Archives of Calvados. The charter records still preserved in England consist

---

[1] Cf. Min. E 108, 113, 161.   [2] Cf. Min. E 177.

[3] PRO SC 11/19/237, 239, 241, 243.

[4] A survey of Felsted was made for Lord Rich in 1576–7 (Essex CRO, D/DCw M 158/1); and surveys of Horstead were made for King's College Cambridge in 1564 and 1586 (W. J. Corbett, 'Elizabethan village surveys', TRHS n.s. xi (1897), 66–87).

[5] Bibl. nat. MS lat. 5650, described above, pp. xxii–xxiv.   [6] PRO CBN iii, 195–293.

[7] Archives du Calvados, H. Trinité de Caen (uncatalogued). 35 documents are in the folder 'Angleterre' and a few more in a box 'Angleterre'; the remainder are scattered through various folders relating to the kings of England, dukes of Normandy, popes, abbesses, nuns, or Channel Islands.

[8] By contrast, many charters relating to the English property of the abbey of Bec were kept in England by the prior of Ogbourne, and passed with the properties to Eton College and King's College Cambridge. Of the records relating to the Caen estates it seems that only those needed for the day to day administration of the manors held in demesne, consisting of court rolls, account rolls, and working copies of the later custumals, were kept by the officials serving in England.

of transcripts of a few deeds on the charter rolls and patent rolls, and a small number of copies of charters granted by the abbess to her free tenants, now in the Gloucestershire County Archives.[1] These archives also include one original charter granted by Abbess Johanna to a tenant at Avening.[2] Other charters of this kind may conceivably come to light in time from collections in private hands.

4. *The administration of the English properties*

The English lands were given to Holy Trinity for the benefit of the community at Caen, and not explicitly for the foundation of a dependent cell in England. Whereas abbeys of monks frequently sent two or three of their number to administer distant estates and form a small priory, using the chancel of one of their parish churches for their offices, such a course was not desirable for a house of nuns. Abbesses of Caen occasionally came to England on short visits to do homage to the king for their English estates;[3] but the establishment of a small cell of nuns so far away from the mother abbey was a risk they never took. The possibility may have been contemplated in the early days: the church of Felsted was planned on a handsome scale, as the western tower of the church, datable from its style and constructed a little after the time of Abbess Cecilia shows; the building was interrupted by war and civil disorder, but work on a nave of comparable proportions was renewed about 1180.[4] Two nuns, one being Juliana of Saint-Sernin who later became abbess, were among the witnesses to an early thirteenth-century farm contract drawn up in England;[5] but this alone does not prove that they were ever intended as the nucleus of a colony, and certainly no dependent cell was ever established. As long as the abbess and convent kept control of their English lands they administered them through agents in England.

When the first surveys were made each of the abbey's English manors was farmed separately, in two cases by a group of farmers. Towards the middle of the century, as a result of difficulties of communication during the wars of Stephen's reign, all the manors came under the control of one man, Simon of Felsted. His position was certainly that of farmer, not steward; his exact social standing is obscure. As a tenant of the abbess in Henry I's time he had held

---

[1] Glos. CRO D 149. [2] Glos. CRO D 471/T1/3; below, charter no. 15.
[3] Cf. *Close Rolls 1227–31*, p. 374.
[4] See *An Inventory of the Historical Monuments in Essex*, Royal Commission on Historical Monuments (England), ii (1921), p. 73. [5] See below, charter no. 14.

a tenement of eight acres in Felsted in return for 8d. and annual works.[1] If this represented his whole property his origins were modest, but he may have held unrecorded land outside the abbess's fee, like the tenement in London that he later held by charter of Queen Eleanor.[2] At one point in his career he took an oath of some kind to the abbess in the chapter-house of Holy Trinity, at the king's command.[3] The evidence suggests that he was a farmer who held some property of the abbess in fee, and wished to interpret his whole tenure as a hereditary fee-farm; if the oath he had sworn was one of fealty he had a plausible case for so doing.[4] Before 1162 he obtained a charter from Henry II confirming for himself and his heirs all the tenements which he held of the abbey of Holy Trinity Caen 'in fee and in farm and in all other things' as the charters of abbess Dametta testified;[5] and another charter of the same king permitted him to make a park of *Barcheia* and *Rucheia* in Felsted.[6]

Certainly he used his position to entrench himself by bringing new land under cultivation, establishing tenants of his own on some of it, and clearing woods without regard to the long-term interest of the abbess. Whatever arrangement he made when he came to an agreement with the abbess *c.* 1176[7] did not weaken the claims of his son, William. William of Felsted first appears actively in Gloucestershire, where he witnessed a charter of 1163–78 concerning the church of Avening;[8] and in 1175–8 he granted Pinbury to Geoffrey de Veim, chamberlain of the bishop of Winchester and his heirs, to be held directly of himself and his heirs for 40s. annually.[9] At the time the abbess came to terms with him in the king's court in 1192 he was holding at farm all the abbey's properties: Minchinhampton, Avening, Lowesmore, Aston, Pinbury and the meadow of Pillsmore, which formed part of the Minchinhampton-Avening complex, and in addition Tilshead, Tarrant, Horstead and Felsted. The abbess paid £100 sterling to purchase his renunciation of these properties. At the same time

[1] See below, p. 44.   [2] *Cal. Pat. 1327–30*, p. 393; charter no. 1, below.
[3] See below, p. 39.
[4] Cf. *Leges Henrici Primi* 56. 2 (ed. Downer, p. 174), for the position of the *firmarius* holding in fee.
[5] Below, charter no. 1. This is the phrase used elsewhere of hereditary fee-farms; cf. J. C. Holt, 'Politics and property in early medieval England', *Past and Present*, lxv (1974), 131.
[6] *Cal. Pat. 1321–4*, p. 425; cf. below, charter no. 2.
[7] *PR 22 H. II*, p. 5: 'Simon de Felesteda redd' comp de c marcis pro concordia inter ipsum et abbatissam de Cadamo'.
[8] Below, charter no. 3.   [9] Below, charter no. 4.

she recognised his right to an extensive holding in Felsted with some twenty undertenants, in return for a rent of 23s. $1\frac{1}{2}$d. and a light in Felsted church worth 2s. annually.[1] The holding, which included *Barcheia* and *Rucheia*, may simply have been the tenement previously conceded to his father Simon. Whatever Simon's origins, William was by this time an established man. He married Emma, daughter and co-heir of Ralph l'Estrange of Ercall,[2] and though Emma was an heiress of modest means from a lesser branch of a great feudal family she helped to establish his descendants among the Essex gentry. One of their daughters, Margery, married Walter of Grandcourt, who was a vassal of the Warenne family;[3] a second, Ela, married Hugh Curtpeil.[4] The descendants of Margery and Walter of Grandcourt became established in William's patrimony at Felsted, which later formed the sub-manor of Grandcourts, and were knights of the shire. The descendants of Simon had done well for themselves at the expense of the abbess.

The abbess's troubles were not over when she settled with William of Felsted. His grandson, William, had to be bought off with 25 marks of silver and a further grant of land in Felsted.[5] The Veim family, to whom William had farmed Pinbury, were slow in relinquishing it; though the abbess claimed that Thomas held it of her at farm for a term of years he attempted to pass it on to his brother Richard. Slow and expensive litigation between 1207 and 1213 ultimately restored the rights of the abbey.[6] When Pinbury re-appeared in the records in 1286 it was yielding a farm of £8 annually to the abbey,[7] which was four times the sum for which William of Felsted had granted it at farm for his personal benefit a hundred years earlier. Expensive litigation was necessary also to gain full control of Felsted and Horstead, to which Aubrey de Vere, earl of Essex, laid claim against the abbess 'sicut jus suum et quas clamat tenere de ea ad firmam'.[8] There is not a shadow of

[1] Below, charter no. 5.
[2] See R. W. Eyton, *Antiquities of Shropshire* (12 vols. London, 1854–60), viii. 10–11; *CRR* xiv. no. 1153 (1231).
[3] See G. Wrottesley, 'Pedigrees from the Plea Rolls', *The Genealogist*, n.s. xxi. 20. In 1242–3 Walter's son, William of Grandcourt, held $1\frac{1}{2}$ knight's fees in Norfolk of Earl Warenne (*Book of Fees*, ii. 904).
[4] The third daughter, Edelina, was deaf and dumb. Information about the family can be found in *CRR* xiv. nos. 161, 1153. After William of Felsted's death, not later than 1198, Emma married as her second husband Philip de Burnham (*Abbreviatio Placitorum*, p. 6).
[5] Cartulaire, Archives du Calvados, H, p. 5; CBN iii. 215–16.
[6] *Rot. de oblatis et finibus* (Rec. Com. 1835), pp. 378, 383, 487–8; *CRR* vii. 7.
[7] Account roll of Minchinhampton, PRO SC 6/856/19.
[8] *CRR* iii. 223; see also *CRR* ii. 252; *Cal. Papal Letters*, i. 24.

evidence that he had any right of seisin; there is not even any evidence that the abbess had granted the manors to him at farm after she recovered them from William of Felsted, though this possibility cannot be excluded. The earl was finally bought off in 1207 for 200 marks of silver;[1] and the abbess and convent further conceded that he and his descendants might have the right to present two little girls who were ten years old or less as oblate nuns in their church at Caen 'in perpetuum'.[2]

From about this time the abbess took advantage of administrative changes to run the English properties with the aid of officials appointed for a term of years and revocable at will. Three stewards can be identified in the records before 1224;[3] the first was either William of Avening or David. Of William of Avening, most probably a tenant by serjeanty in the manor of Avening c. 1200,[4] little is known. The work of David is much better documented; he was certainly the Master David, chaplain of St. Paul's, London, who transferred his London house to the abbess and convent in the late twelfth or early thirteenth century.[5] For a time he farmed the church and manor of Felsted, and subsequently, between 1209 and 1217, he was granted the farm of Horstead for life at a beneficial rent.[6] A point of particular interest is that this is the earliest recorded written contract with a farmer on the Caen estates in England; and Master David had been well placed to learn something of estate administration from the canons of St. Paul's, whose farm contracts are among the earliest extant.[7] He also appears as a witness to an undated charter of Abbess Johanna, which must have been issued at Minchinhampton or Avening.[8] Master Roger Auude had succeeded him as steward by 1219.[9]

These men appear together with a small group of bailiffs or other officials, who were either clerks or freeholders on one of the abbey's manors: Roger, chaplain; Richard, clerk; Roger, clerk and bailiff of Felsted; Thomas of Avening, bailiff; Bartholomew, clerk of Horstead, among the clerics; John Spilman, William of Rod-

---

[1] *Feet of Fines for Norfolk 1201–1215*, ed. B. Dodwell (PRS, 1958), p. 57, no. 117.

[2] The right was still being exercised in 1331, when John de Vere, earl of Oxford, presented Nichola, daughter of Thomas Malvoisin, to be admitted as a nun after the death of Philippa Liebart (Archives du Calvados, H, Trinité de Caen, liasse 'Religieuses').

[3] The first part of the Felsted roll of 1224–5 refers to transactions made by or in the time of William of Avening, steward, and David, steward; Master Roger Auude, steward, occurs in a charter of 1218/19 (below, charter no. 16).

[4] See below, Av. D 7.

[5] See above, p. xxviii, and below, charters nos. 6–14.

[6] See below, charter no. 14.

[7] *Domesday of St. Paul's*, pp. 122–39.

[8] See below, charter no. 15.

[9] See below, charter no. 16.

borough, Roger Achard, among the lay free-tenants; and a few others such as Richard Anglicus and Robert Brito (the Breton), whose exact status is not clear. The witness lists of each of the few charters surviving from this period are evidence of a single administration; whether the deeds were issued at Felsted or in one of the Gloucestershire manors, some witnesses came from both areas, with an occasional name from Horstead. The Felsted D roll shows both John Spilman of Avening and William of Rodborough (Minchinhampton) taking part in the transfer of land at Felsted.

The steward may have acted as proctor of the abbess and used the London house as a base from which to conduct legal business. Both David and Roger Auude held the title of Magister, which implies university studies, probably in law. The same title was given to John of Warlemont, proctor and steward from at least 1230 until his death in 1240/1; he may have been Norman in origin, but married into a prosperous peasant family in Felsted, and built up there and in Gloucestershire a substantial estate, most of which, together with his hall and solar, the abbess later bought back from his widow and son.[1] Most of the officials at this date were, however, priests; no doubt this helped to reduce the risk of any hereditary claim to the manors being established. They were also, by the middle of the century, strictly accountable to the chapter of the abbey; Master Roger of Saling, rector of Minchinhampton and steward from at least 1259,[2] rendered account of his stewardship at Caen in 1261.[3]

The new structure of administration was in part the product of a change to the direct exploitation of some manors as demesne farms under bailiffs. Minchinhampton, Avening and Felsted were profitably managed in this way from about the time that the D surveys were made in the early thirteenth century. An account for the four months from May to September, 1298, when the alien priories were in the king's hand, shows that both Minchinhampton (probably with Avening) and Felsted were still demesne manors

---

[1] See below, charter no. 23.

[2] PRO *CBN* iii. 242–3, 252; Archives du Calvados, H, Trinité de Caen, Angleterre, original charters of Roger of Saling; below, charter no. 20 *Rot. Hund.*, i. 166, 167, 178.

[3] Cf. charter of Abbess Juliana (Archives du Calvados, H, Trinité de Caen; PRO *CBN* iii. 243): 'Cum magister Rogerus de Salinges anno domini M.CC.LX. primo in festo beati Mathei apostoli et evangeliste ad domum nostram apud Cadomum accessisset, presentibus clericis et monialibus, humiliter supplicavit quod nos compotum suum de tempore quo stetit in servitio nostro audiemus . . .'

at that date;[1] Horstead, Tilshead and Tarrant Launceston were out at farm, and there is no evidence that they had ever been administered in any other way.

The first half of the thirteenth century was a time when the religious and their representatives devoted considerable sums of money and legal expertise to clarifying their rights, buying out all challengers, and consolidating the property of the house. Mills, a valuable source of profits, were a cause of concern; possibly some farmers had attempted to claim that they held by hereditary fee-farm. A multiple charter relating to Neford mill in Horstead shows that it was held jointly by seven tenants, who were persuaded to surrender their claims in return for individual compensation amounting to 44s., five quarters of barley, and three and a half acres of land to be held at a nominal rent.[2] Apechildewude mill in Felsted was fully recovered at a cost of 18½ marks.[3] The charter by which Robert Ostriciarius and his wife surrendered their claims was probably witnessed by the manor court of Felsted: an indication that the action may have arisen from the general enquiries into the usurpations of tenants, both free and customary, that were being conducted in the courts at that time.[4]

Farm contracts from this period show a keen regard for permanent assets. Woods were invariably excluded from any contract and reserved to the abbey, apart from rights to pannage, herbage, and the taking of timber necessary for repairs to buildings and any mills included in the farm. This provision was included in the farm of Horstead to Master David in 1209 × 17;[5] by the end of the century the list of reservations was still more precise. The lease of Tilshead and Tarrant to Henry of Tilshead in 1298 reserved in addition to the woods all reliefs, heriots, escheats and the right to sell serfs or lease out any land.[6]

The thirteenth century was on the whole a period of prosperous and efficient administration,[7] which was inevitably cut short by

---

[1] PRO SC 6/1127/17. In 1322, however, Felsted had been let at farm for a term of five years (PRO E 106/7/3).

[2] See below, charter no. 19.   [3] See below, charters nos. 20, 21.

[4] See below, p. l, n. 1 for evidence of enquiries into possible peasant usurpations carried out in the royal courts, at the instigation of the abbess.

[5] See below, charter no. 14.

[6] See below, charter no. 26. By this date, however, the stock and land lease was replacing the older farm contract.

[7] The register of Archbishop Eude Rigaud of Rouen shows that in 1250 the revenue due from England was about £160 sterling (*Regestrum visitationum*, ed. Th. Bonnin (Rouen, 1852), p. 94).

the wars with France. The brief confiscations during the reign of Edward I had little effect on the smooth running of the demesne at Minchinhampton, for which evidence is abundant at this date. A second confiscation lasted from 1324 to 1327; and from 1337 until the time of the confiscation of alien priory lands in the fifteenth century the abbess and convent enjoyed possession only for a few years after the truce of 1360.[1] There is little evidence of the conditions prevailing on the estates during this period, which lies outside the scope of the present volume.

The early custumals are, with charters and a few farm contracts and leases, the only evidence for manorial administration. They are also a source of some incidental information about the manor courts from the reign of Henry II. For the earlier period there is no evidence; information in the first surveys was probably provided by the farmers and *famuli*. An agreement with the tenants of Minchinhampton relating to the provision of lead and a tripod for brewing, assigned by an early thirteenth-century inquest to the time of Abbess Cecilia, may possibly, though not necessarily, have been made in a formal court.[2] Procedures were different by the time of the second survey. A considerable part of the information in the later surveys was provided, in England as in Normandy, by the testimony of juries drawn from a cross-section of the tenants.[3] This development is analogous to the increased use of the inquest jury in the royal courts.

The use of juries was not the only feature common to royal and private courts. The customs recorded in the late twelfth and early thirteenth-century custumals include a few references to payments for offences of various kinds, which show that in the methods of assessing amercements and other penalties the abbess's courts, whether concerned with manorial or with franchisal jurisdiction, were running parallel to the royal courts. The Minchinhampton custumal of the time of Henry II mentions a *forisfactum* of 10s. for unfree women guilty of incontinence; the slightly later custumal

---

[1] For the history of the confiscations see D. J. A. Matthew, *The Norman Monasteries and their English Possessions* (Oxford, 1962), pp. 72–142. Among the original documents in the Archives du Calvados H, Trinité de Caen, is a record of the receipts and expenses of Abbess Georgia when she came to England and stayed at Felsted between August, 1360 and May, 1361. She collected £485 7s. 2d., some of it from old debts, and disbursed £171 1s. 4½d.

[2] See below, Av.D 92. The expression 'dimiserunt ad curiam' may refer to a place, the courtyard of the manor house, rather than to a session of any court.

[3] The composition of these and similar inquest juries on other ecclesiastical estates has been analysed by R. V. Lennard, 'Early manorial juries', *EHR* lxxvii (1962), 511–18.

specifies trespass, damage in the woods, fighting and drawing blood as crimes rated at the same sum, while for other pleas there was a *forisfactum* of 20s. At Avening the full *forisfactum* for pleas of the crown was 40s., and for other offences the same as at Minchinhampton.[1] This should not be interpreted as the normal amercement to be levied for every transgression; such sums would have ruined the peasantry in a very few years. It represents an attempt to fix a maximum penalty. A similar movement was widespread in the king's court in Glanvill's day, when men were 'always falling into the king's mercy in the course of civil actions'.[2] Becket, according to Fitz Stephen, claimed that there was a maximum amercement in every county, and that in Kent it was fixed at forty shillings.[3] In practice the amercements actually taken on manorial estates for which early records have survived were very much lower than ten shillings,[4] and this is likely to have been true on the Caen estates.

The evidence for the limitation of amercements at Felsted shows a slightly different practice. Here we find one further example of a custom that has been noted on certain manors of Ramsey abbey. Vinogradoff drew attention to the Domesday customs of the sokemen of Broughton (Hunts.), who claimed exemption from fines for bloodshed, adultery and theft up to four pence, and had certainly commuted such fines for a lump sum.[5] An analogous payment, somewhat different in detail, was found by Nellie Neilson in the 'fulsting pound' of the manors of Cranfield, Burwell, Shillington, Barton, Elton and Therfield. In the thirteenth-century records certain unfree tenants contributed a fixed payment so that their penalties, if they fell into the abbot's mercy, should be limited to 6d. before or 12d. after trial, except for serious offences.[6] A similar custom is mentioned in more general terms at a much earlier date in the *Leges Henrici Primi*: 'Quidam villani et qui sunt eiusmodi leierwitam et blodwitam et huiusmodi minora forisfacta emerunt

[1] Min.BC 78; Min.D 1; Av.D 60.
[2] F. Pollock and F. W. Maitland, *The History of English Law* (reprint, Cambridge, 1968), ii. 514, 515 n. 4.
[3] *Vita S. Thomae Cantuariensis*, in *Materials for the History of Thomas Becket*, ed. J. C. Robertson (RS), iii (1877), p. 62.
[4] Analysis of amercements on some manors of the bishopric of Winchester in 1210 has shown that the great majority of fines were not more than a shilling (A. N. May, 'An index of thirteenth-century peasant impoverishment?', *Economic History Review*, xxvi (1973), 389–95).
[5] P. Vinogradoff, *English Society in the Eleventh Century* (Oxford, 1908), p. 114; *DB* i. 204a.
[6] Nellie Neilson, *Economic Conditions on the Manors of Ramsay Abbey* (Philadelphia, 1898), pp. 57–8; *Cart. mon. Ram.*, i. 464, 473; ii. 22, 28, 30.

a dominis suis ... quorum fletgefeoht vel overseunessa est xxx denarii, cothseti xv denarii, servi vi denarii'.[1] At Felsted the custom was written down for the first time in the 1224 custumal: the typical *operarius* 'debet ad quatuor libras xxxii denarios quolibet anno et erit quietus si convictus sit in curia domine de omni forisfactura que pertinet ad dominam, exceptis blodwite et rap et roberia et felonia et aliis talibus que pertinent ad coronam regis'. The entry for the smaller tenants reads, 'Omnes homines qui dant denarios ad pundes debent esse quieti de misericordia pro xvid. nisi sit pro magno forisfacto'. These payments certainly existed in the time of Henry II. Although the terse statements in the custumal of that date do not explicitly break down the money dues into their various elements, the totals due from the tenements that can be traced through to 1224 are equal to the money rent with the addition of wardpenny and fulsting pound.[2] There is indeed no reason to suppose that the payment was not still older; the sums due are strikingly close to those treated as the norm in the *Leges Henrici Primi*. When written manorial records were almost non-existent, such lump sum commutations would have been a convenient way of levying the profits of jurisdiction, though most of the evidence for them is at present confined to East Anglia and the adjacent counties.[3]

The late twelfth and early thirteenth-century custumals have every appearance of being the only type of manorial document other than charters that was kept for the abbey's estates in England. They record special sessions of the manorial courts held to investigate the obligations of tenants and to inquire into the legality of alienations made. One or two isolated entries added at the end of rolls that survive in their original form point to the fact that regular court rolls had not yet begun to be kept.[4] Together with the sworn testimony of suitors to determine disputed points, these sporadic inquiries were all that was required for the administration of the manors by farmers living on the spot. Detailed manorial

---

[1] *Leges Henrici Primi*, 81. 3 (ed. Downer, pp. 254–5).

[2] For example, in the custumal of *c.* 1170 Roger de Salingis held half a virgate for 6s. 6d; in the 1224 custumal Walter de Saling held half a virgate for 5s. plus 16d. 'ad pundes' and 2d. 'ad ward' (Fel. B 2, Fel. DE 30).

[3] For an example from Herefordshire, see Vinogradoff, *English Society in the Eleventh Century*, p. 114 n. 2.

[4] Cf. below, pp. 86, 104; W. O. Ault, 'The earliest rolls of manor courts', *Studia Gratiana* (1972), 511–18. The earliest known court rolls are those of the English manors of the abbey of Bec, which begin in 1246 (F. W. Maitland, *Select Pleas in Manorial and other Seignorial Courts*, Selden Society, ii (1888), pp. 3–47).

accounts gradually became necessary after direct exploitation of the demesne lands by means of bailiff farming was established, but it was some time before trained staff capable of drawing up accounts became available. Apart from such great estates as those of the bishopric of Winchester, accounts are rare before the mid-thirteenth century.[1] On the Caen estates the earliest surviving court roll (a roll for Minchinhampton) is dated 1271,[2] and the earliest account roll for the same manor, covers the year 1286–7.[3] Nothing comparable survives for Felsted, the only other manor known to have been held in demesne at this time.

5. *The demesne economy*

The earlier surveys have been known to historians for over fifty years,[4] and Minchinhampton in particular has come to be regarded as an almost classic case of the disintegration of the demesne in the twelfth century.[5] Their value and interest are in no way diminished because the truth is a great deal more complicated, and elements of stability persisted in a changing society. In Felsted, a less complex manorial structure than Minchinhampton, the standard tenements retained their integrity for a century and a half. At the time of the Domesday survey the tenants on the abbey's holding consisted of 20 villeins, 33 bordars and 11 serfs; in addition there were four sokemen holding 55 acres.[6] Survey A, of the time of Henry I, revealed 25 villeins and 19 bordars holding 4 virgates of demesne, of whom 14 worked three and 4 two days a week and one was the miller. Twenty other bordars worked one day a week for their holdings, making a total of 39 bordars. There were also 11 serfs and 3 *ancillae*; 5 sokemen held 1½ virgates and 5 acres. The population of settlers had increased slightly, but the main categories of tenants were roughly the same. Survey B, of *c.* 1170, was the least explicit of all, and often failed to describe the size of

[1] See D. Oschinsky, *Walter of Henley* (Oxford, 1971), p. 233.   [2] PRO SC 2/175/79.
[3] PRO SC 6/856/19. This roll includes arrears for the previous year.
[4] The surveys were briefly noted by Round, *CDF*, nos. 428–30, pp. 143–4. C. H. Haskins called attention to them in *Norman Institutions*, p. 161; and they were analysed by Jean Birdsall, 'The English manors of the Abbey of La Trinité at Caen' (*Haskins Anniversary Essays*, pp. 25–44).
[5] See the important article, 'The chronology of labour services', by M. M. Postan, *TRHS* 4th ser. xx (1937), 169–93; reprinted, idem, *Essays on Medieval Agriculture and General Problems of the Medieval Economy*, pp. 89–106. The general conclusions put forward in this article are still valid; but the statements about the Caen manors, Minchinhampton in particular, must be modified.
[6] *DB* ii. 21b; *VCH Essex*, i. 453.

tenements: twenty virgate holdings can be identified. But Surveys
D and E, made in the early part of Henry III's reign, show 18½
working virgates (held by 30 tenants), a group of 32 working
smallholders, made up of 11 cotmen who worked three days a
week, 7 smallholders who owed two days' work, and 14 smallholders, many of them craftsmen or traders, who owed one day's work
weekly. Eight 'acremen' had ploughmen's service tenements, and
replaced the 11 serfs. Three sokemen held between them one virgate and a five-acre holding. Some inquests into land alienated
from customary holdings, made both c. 1170 and c. 1240[1] show
that the relatively small drop in numbers in each category of
tenants can be explained by a crumbling fringe of service tenements, granted out by the abbess or her bailiffs and stewards for
rent, either for life or in pepetuity. The number of tenements
affected was small, and the movement seems to have been checked;
the abbess might dispense with services from year to year if she
wished, but her right to service or rent *ad voluntatem* was explicitly
stated. Many of the standard virgate and half-virgate holdings
continued to keep their integrity, whatever services were exacted,
and can still be identified among the copyhold yardlands of the
sixteenth century.[2]

The second stable element, perhaps deceptively so, was the
demesne itself. In Survey A the farmer had to maintain 300 acres
sown with corn; to do this he must have cultivated a demesne of
at least 450 and more probably up to 600 acres. No further figures
are forthcoming until 1298, when the alien priories were in the
king's hand, and a farmer who held the manor for the crown
during the summer months recorded the weeding of 468 acres of
corn.[3] An extent taken in 1324, when the manors were once again
in the king's hand, estimated that the total of arable acres in the
demesne came to 600, of which 60 were poor land.[4] Even allowing
for the possibility that the acres of the extent may have been
measured acres, smaller than the estimated customary acres of the

---

[1] Below, pp. 41–2, 100–3. There is evidence from the rolls of itinerant justices in Norfolk
for 1250 that similar enquiries were made at Horstead, and that the abbess attempted,
sometimes but not always with success, to recover some alienated tenements by using the
writ *De ingressu per villanum* (PRO JI 1/560, mm. 7–7v; Paul R. Hyams, 'The origins of a
peasant land market in England', *Economic History Review*, 2nd ser. xxiii (1970), 27–8).

[2] A survey made in 1576–7 (Essex CRO D/DCw M158/1, pp. 61–94), mentioned by name
Colman's yardland holding, and the half yardlands called Frenches, Levinges, Harvies,
Sawardes and Wades (cf. below, Fel.D 1, 19, 11, 10, 2, 6).

[3] PRO SC 6/1127/17.   [4] PRO E. 106/7/3.

early twelfth century,[1] there can have been little if any decline in the total area of the arable demesne in the course of two centuries.

This does not mean that the actual land cultivated as demesne remained the same. Survey B revealed that all but four of the tenants in Felsted, with the exception of those at Saling, held purprestures on the demesne, and that Simon of Felsted had virtually carved a sub-manor for himself out of demesne land. Survey D detailed over seventy small freeholdings that had either been carved out of the demesne or established by assarting or encroachment in woods, meadows and field-roads, dating from the time of Abbess Dametta onwards. These included a number of former working virgates and one ploughman's holding on the demesne, but most were holdings of a few acres, or tiny crofts and increments newly brought under cultivation or into occupation. By such means the peasantry provided for the children who would not inherit the main family holding.[2] If the customs of inheritance were the same as those in the reign of Elizabeth, when holdings descended to the eldest son or, in default of sons, to the eldest daughter and there was no customary partition even between daughters, this would have helped to maintain the integrity of the customary tenements and provide a keen incentive for assarting.[3] And the abbess herself shared in the attack on the extensive woods; there are records of pardons for assarts in the forest,[4] and licenses to sell timber[5] and to clear underwood.[6] Losses of demesne to land-hungry peasant families were amply compensated by the cultivation of newly reclaimed land; it is the process that G. Duby has made familiar on many medium and small estates in France at this time.[7]

One other factor in the relationship between demesne land and service tenures was the availability and cost of wage-labour. Only account rolls can show in precise detail how much use was made

[1] For the varying size of the acre see J. Z. Titow, *Winchester Yields* (Cambridge, 1972), p. 9.

[2] Ways in which peasant families might use the land available to them to make provision for their children, as illustrated in the *Carte nativorum* of Peterborough Abbey, have been described by E. J. King, *Peterborough Abbey, 1086–1310* (Cambridge, 1973), pp. 111–17, and by Zvi Razi, *Life, Marriage and Death in a Medieval Parish* (Cambridge, 1980), pp. 50–7.

[3] A. Clark, 'Copyhold tenure at Felsted, Essex', *EHR*, xxvii (1912), 517–22; Essex CRO D/DCw M158/1, p. 213.

[4] *PR 31 H.I.*, p. 58; *Regesta*, iii. 51; *Cal. Ch. R.* v. 159 (charter of 1153–4); *Close Rolls, 1242–7*, p. 469. The need for a closer examination of forest records to illustrate the assarting movement of the twelfth and thirteenth centuries has been stressed by J. A. Raftis, *Assart Data and Land Values* (Toronto, 1974), pp. 98–109.

[5] *Close Rolls 1259–61*, p. 321.   [6] *Cal. Close 1288–96*, p. 88.

[7] Georges Duby, *Rural Economy and Country Life in the Medieval West*, trans. C. Postan (London, 1968), pp. 266–7.

of this. The custumals reveal a large reserve of potential labour among the tenants of tiny holdings. Some were engaged in crafts or trade, as the names lorenger (harness-maker), fuller, telarius (weaver), cooper, smith, turner, tanner, parmentarius (furrier or tailor), cook and mercator (merchant) indicate, and the number of small shops was increasing round the market-place. One of the mills was a fulling mill. But some later evidence suggests that by the end of the thirteenth century wage labour was an attractive alternative to customary labour.[1] The extent of 1324 estimated that 2,600 customary works worth a total of £6 were owed.[2] The account of 3 May to 30 September, 1298, records that during those five months customary works worth £2 17s. 6d. were sold, and £2 0s. 6d. was paid to three carters, one cowherd, one shepherd and eleven harvest workers of various kinds.[3]

Some similar trends are observable at Minchinhampton and Avening. Close comparison of the various surveys is difficult, since only B and C approach completeness. Neither the Domesday entry[4] nor the first survey make clear how many of the dependent hamlets of Aston, Lowesmore and Rodborough were included in surveys which in any case are terse and cryptic. Much of the return for Minchinhampton is lost in D, and E covers Minchinhampton only, not Avening. And B and C were copied into the cartulary in a disorderly way, without clear rubrics. This has led to a misunderstanding of the figures, and to the frequently repeated statement that villein labour services had disappeared altogether at Minchinhampton about 1170.[5] The number of working virgates dropped from 17 in the time of Henry I to 9½ performing full works and 8 performing autumn works only c. 1170. But in the early fourteenth century 11 virgates held by 20 tenants were performing full works and 8½ owed autumn works. The ten ploughmen with service tenements who replaced the ten serf ploughmen

---

[1] The various types of manorial labour available are described by M. M. Postan, 'The Famulus', *Economic History Review Supplements*, no. 2 (Cambridge 1954).
[2] PRO E 106/7/3.   [3] PRO SC 6/1127/17.   [4] *DB* i. 163*b*, 166*b*.
[5] M. M. Postan, 'The chronology of labour services', repeated by A. L. Poole, *From Domesday Book to Magna Carta* (Oxford, 1951), p. 45; G. Duby, *Rural Economy and Country Life*, p. 211. The figures given by Professor Postan must be corrected. The third survey is almost if not quite contemporaneous with the second, not twenty years later; more than half the service virgates survived at Minchinhampton and Avening, and almost all at Felsted. No conclusions can be drawn from the evidence for Horstead or for Tilshead; indeed for Tilshead only one survey is available. The conditions at Felsted in particular are analogous to those described by E. J. King, *Peterborough Abbey*, p. 123, on the Peterborough estates, where the market in land tended to preserve rather than fragment the customary units of tenure.

of the Domesday survey were at work in 1170; by 1300, however, the number had declined to two, and there were five paid ploughmen. Possibly the disintegration was more rapid at Avening; direct comparison is impossible since we do not know if Aston and Lowesmore were included in either the Domesday record or in Survey A. Certainly by *c.* 1200 the 8 ploughmen had declined to 3, and 6½ virgates which had formerly owed works were held for rent. But 9 virgates continued to owe works, and one new half-virgate tenement had been created with a messuage out of the demesne for August works.[1] The account rolls of Minchinhampton prove moreover that very few works were sold in the late thirteenth century. By contrast with Felsted, the fragmentary account of 1298 records the sale of only 64 works worth a total of 2s. 8d. for Minchinhampton and Avening together.[2] A certain proportion of the *famuli* were wage labourers; the rolls regularly record payments to a carter, three shepherds, a cowherd and a dairyman, in addition to the five ploughmen.[3] Different economic conditions, as well as different social conditions, produced a pattern of wage and customary labour unlike that of Felsted. Possibly the pressure of growing population was less in the Cotswolds than in Essex; possibly the gradual growth of a woollen industry[4] in which fulling and cloth-making provided alternative employment compelled the lord of the land to insist on customary rights. No early figures are available for demesne arable cultivation which, judging from the number of ploughmen, was never negligible. Furlong names in Survey D are eloquent testimony to assarting, and 543 acres of corn were weeded in Minchinhampton and Avening in 1298.[5] But they were above all pastoral manors, and sheep farming remained important throughout the two centuries covered by the surveys; at the time of the first surveys the demesne flocks numbered at least 1,600, and were probably not far short of 2,000.

Surviving evidence indicates that a modest level of demesne farming was maintained even on the manors which were let at farm throughout the middle ages. At Tarrant 216½ acres were

[1] See below, Av.D 37; probably a virgate had been divided.   [2] PRO SC 6/1127/17.
[3] PRO SC 6/856/15, 16, 17, 18, 19. There was an increase in the number of works sold during the fourteenth century. The account roll of 1378/9 records 32s. for the sale of works of 4 half-virgaters, and 4s. 4d. for the sale of autumn works at Minchinhampton. At Avening the works of 4 virgates and 8 half virgates were sold for £6 8s., and other works for £1 9s. 6½d. (PRO SC 6/856/23).
[4] The growth of the woollen manufacture in the Stroud valley has been described by E. M. Carus-Wilson, 'Evidences of industrial growth on some fifteenth-century manors', *Economic History Review*, 2nd. ser. xii (1959), 192–4.   [5] PRO SC 6/1127/17.

sown with corn in the time of Survey A, 280½ in the mid-thirteenth century,[1] and 256 acres in 1299.[2] The acreage under corn at Tilshead increased from 130 acres *c.* 1170 in Survey B to 362 acres in 1299.[3] At Horstead assarting in the woods and reclamation from marshland maintained a small demesne in spite of encroachments by the tenantry. Positive figures begin only in the sixteenth century, after the property came into the hands of King's College, Cambridge; but at that date out of 230 acres of demesne arable at least 100 consisted of reclaimed land.[4]

6. *Note on the editing*

The charters selected consist of those that are particularly relevant to the custumals and the administration of the property in the twelfth and thirteenth centuries. All early leases are included. Where an original charter has survived the punctuation and capitals of the original have been retained. Capitals and punctuation have been modernized in cartulary copies of charters, and in all custumals. Square brackets are used for doubtful readings and extensions; suspensions are left where there is considerable doubt about the ending intended by the scribe, particularly where all possible endings would be ungrammatical. Modern practice has been followed in printing *u* and *v*; in transcribing the latinised forms of English names Alvredus (Alfred), Alvricus (Alfric) and Wulvricus (Wulfric) have been preferred to Alured, Aluricus and Wuluricus.

Marginal numbers in the custumals refer to paragraphs, or to individual tenants or tenements, for convenience of reference. Where two closely related custumals exist (Avening B and C, Minchinhampton B and C, Pinbury B and C, Felsted D and E) the same number is assigned to the same individual in both surveys. Cross references are by the first letters of the name of the manor, followed by the letter for the survey and the marginal number: e.g. Av.BC 18, Fel.DE 3, for tenants who occur in two custumals; Min.D.6, Hor.B 7 for others.

---

[1] See below, charter no. 25. [2] See below, charter no. 26. [3] Ibid.
[4] Surveys were made for King's College Cambridge in 1564 and 1586 (W. J. Corbett, 'Elizabethan village surveys', *TRHS* n.s. xi (1897), 66–87, with reconstructed map). See also P. Millican, *A History of Horstead and Stanninghall* (Norwich, 1937), pp. 205–16.

CHARTERS

1 *Charter of Henry II granting to Simon of Felsted and his heirs all the tenements he holds of the abbey of Holy Trinity, Caen, in fee and in farms as the charters of Abbess Dametta testify; also granting the tenement he holds in London by charter of Queen Eleanor.* [1155 × 1162]

> Transcript, PRO C 66/171 (Rot. Pat. 3 E. III pt. i), m. 17.
> Pd. (abstract), *Cal. Pat. 1327–30*, pp. 392–3.

H. rex Angl' et dux Norman' et Aquit' et comes And' episcopo London' et aliis episcopis et iustic' et baronibus et vicecomitibus et ministris in quorum potestate terre de abbatia Sancte Trinitatis de Cadamo sunt, salutem. Concedo quod Simon de Felsted et heredes sui habeant et teneant bene et in pace et honorifice et quiete et libere omnia tenementa sua que sunt de abbatia Sancte Trinitatis de Cadamo, in feod[o] et in firmis et in omnibus rebus sicut carte Damete abbatisse testantur. Preterea concedo ei illud tenementum quod de regina Aliannor' tenet in Lond' sicut carta eiusdem regine testatur. Quare volo et firmiter precipio quod ipse omnia illa teneat et habeat bene et in pace et honorifice cum omnibus libertatibus et liberis consuetudinibus ad ea pertinentibus. Testes cancell[arius] Thomas et Ricardus de Luci et Willelmus filius Hamonis apud London'.

> NOTE. Thomas Becket was chancellor from 1155 to 1162.

2 *Charter of Dametta, abbess, and the convent of Holy Trinity, Caen, granting, with the consent of King Henry II, to Simon of Felsted and his heirs the right to hold view of frankpledge for his men in the manor of Felsted; also granting him the right to hunt in the abbey's warren in Felsted and to enclose his lands anywhere.* [1168 × 1178]

> Transcript, PRO C 66/171 (Rot. Pat. 3 E. III pt. i), m. 17.
> Pd. (abstract), *Cal. Pat. 1327–30*, pp. 392–3.

Dam[etta] dei gracia Sancte Trinitatis de Cadamo abbatissa totusque conventus eiusdem loci vicinis suis et ministris et hominibus suis de Felstede clericis suis et laicis presentibus et futuris salutem. Sciatis nos concessisse, dedisse, consilio et assensu H[enrici] regis Angl' Simoni de Felsted et heredibus suis quod habeat et teneat visionem liberi pleggii de hominibus suis in villa de Felstede. Preter

hoc concedimus eidem Simoni et heredibus suis quod cum canibus
suis - ubicumque et quandocumque placuerit in nostro warenno
possit venari de Felstede sine aliqua contradictione sive impedi-
mento ex nostra parte. Concedimus eciam eidem Simoni de Felstede et heredibus suis quod ubicumque et quandocumque placuerit
acerlos¹ suos et terras suas claudere, quod hoc sibi liceat fieri sine
aliqua contradictione ex parte nostra, et ut ista supradicta rata et
firma imperpetuum habeantur huic presenti scripto sigillum nostrum apposuimus. Testes Stephanus de Reines episcopus, magister
H. capellanus, Robertus capellanus, Johannes capellanus, Willelmus capellanus, Willelmus de Maundeville comes Essexie, Galfridus de Sai, Heustacius de Mert, Wilcardus Leidet, Robertus de
Hotot, Willelmus de Caluz, Robertus Armiger, Ricardus de Wde-
ham et multi alii.

> NOTE. Stephen of Fougères was bishop of Rennes from 1168 to 1178 (P. B.
> Gams, *Series episcoporum ecclesiae catholicae*, Ratisbon, 1873, p. 606); William de
> Mandeville was earl of Essex from 1166 to 1189. The charter probably belongs
> to the period when the abbess of Caen reached an agreement with Simon
> recorded on the Pipe Roll of 1175–6 (*PR 22 H. II*, p. 5).

3 *Charter of Fromund, abbot, and the convent of Tewkesbury, renouncing in
favour of the church of Holy Trinity, Caen, all claim to the church of
Avening, in return for 20 marks in silver.*   [1163 × 78]

> Original charter, Archives du Calvados H, Trinité de Caen.
> Cartulary copy, Bibl. nat. MS lat. 5650 ff. 36v–37.
> Copy by Léchaudé d'Anisy, PRO CBN iii. 257–8.
> Calendared, *CDF* no. 431.

Universis Ecclesie dei filiis . Fromundus abbas Theokesberie totusque conventus eiusdem loci salutem . Noverit universitas*ª* vestra
controversiam que inter nos et ecclesiam Sancte Trinitatis de Cadamo versabatur super ecclesia de Avelingis . amicabili pactione
hoc modo finitam esse . videlicet quod sanctimoniales predicti
monasterii Sancte Trinitatis . nomine transactionis xx marcas argenti ecclesie nostre dederunt . ut a lite omnino discederemus.
Quare*ᵇ* nos propter pacis caritatisque concordiam ad comparan-
dum legitimos redditus . has predictas viginti marcas in capitulo

---

ª *dilectio (vel universitas superscript) in cart.*   *ᵇ* *Et in cart.*

---

¹ The meaning is plots of land, possibly assarts; this is the only occurence at present known
 of the word in English documents, and the spelling may be a scribal error (cf. *Dictionary
 of Medieval Latin from British Sources* ed. R. E. Latham, London (British Academy), 1975,
 Fasc. I p. 18).

nostro suscepimus . et quicquid iuris in ecclesia de Avelingis vel
in pertinentiis suis habuimus . ecclesie Sancte Trinitatis de Cadamo remisimus . atque modis omnibus quietum clamavimus.
Huic autem transactioni ex mandato domini Rogeri Wigorn[iensis]
Episcopi . interfuerunt Radulfus prior Wigorn[iensis] qui tunc
temporis in negociorum ecclesiasticorum executione vicem gerebat
episcopi . et Matheus archid[iaconus] Gloec[estrie] quod ex sigillorum dependentium testimonio comprobatur. Testibus . Baldrico
decano de Sapertona . Rogero de Wicha . Rand[ulfo] de Avelingis .
Salamone presbitero . Willelmo capellano Theokesberie . Magistro
Silvestro . Ricardo et Thoma de Biselega . Ricardo de Hantona .
Hugone de Teteberia . Waltero de Stanlega. Philippo de Grenham-
studa . Willelmo et Abraham[1] clericis. Willelmo de Felestuda .
Herdwino de Biselega . Willelmo Elivant[2] . Jordano de Neiles-
wrda[3] . Henrico de Hantuna . Ricardo monacho. Willelmo de
Mortuna. Warino de Salesberia.

Endorsement: *Anglia pro ecclesia de Avelingues* (14th cent.).

Size: 26.2 cm. × 8.9 cm.; tongue.

Seals: missing; three parchment tags.

> NOTE. Fromund was abbot of Tewkesbury 1162–78; Roger, bishop of Worces-
> ter, 1163–79; Ralph, prior of Worcester, 1146–89; Matthew, archdeacon of
> Gloucester 1158 × 1160 – 1177/8 (Le Neve: Greenway, ii. 107). Since William
> of Felsted occurs among the witnesses a date after 1175 is likely; before that
> time his father, Simon, dominated the manorial administration.

4 *Charter of William of Felsted, granting Pinbury at farm for 40s. annually
to Geoffrey de Veim, chamberlain of the bishop of Winchester, and his heirs;
for which Geoffrey gave William a bezant.* [1175 × 1188]

> Original charter, Archives du Calvados H, Trinité de Caen.
> Copy by Léchaudé d'Anisy, PRO CBN iii. p. 256.
> Calendared, *CDF* no. 436.

Willelmus de Felstede omnibus sancte matris ecclesie filiis et nom-
inatim omnibus amicis suis Glocestr' et Dorset' salutem. Sciatis
me dedisse et presenti carta confirmasse Gaufrido de Veim[4]
camerario venerabilis patris et domini Ricardi Wint[oniensis] episcopi terram de Pendebiri cum omnibus pertinentiis suis . pro
servitio suo . tenendam sibi et heredibus suis de me et heredibus

---

[1] cf. Min. BC 59, Min. D 33.   [2] Min. C 98.   [3] cf. Av. BC 3, Av. D 22.
[4] From 1207 to 1213 the abbess of Caen was involved in litigation with Richard de Veim,
brother of Thomas de Veim, to recover land in Pinbury (*Rotuli de oblatis et finibus* (Rec.
Com. 1835), pp. 378, 383, 487–8; *CRR* vii, 7).

meis pro quadraginta solidis annuatim pro omni servitio . scilicet viginti solid[is] in Pascha et viginti solid[is] in festo Sancti Michaelis. Quare volo et firmiter precipio quod predictus Gaufridus et heredes sui teneant de me et de heredibus meis predictam terram cum omnibus pertinentiis suis per prenominatum servicium . bene et in pace . libere et quiete et integre et honorifice . in bosco et plano . terris et pascuis . in viis et semitis et omnibus aliis rebus sicut unquam aliquis eam liberius et quietius et melius tenuit. Et pro hac concessione dedit michi predictus Gaufridus unum bizantium. Testibus hiis . Ricardo Winton[iensi] episcopo . Herberto Cantuar' archidiacono . Philippo priore Oxenef[ordie] . Alano de Furnell[is] . Gaufrido de Carit[ate] . Petro Turlac . Hugone de Wadd' . Alano de Bilisber' . Willelmo Daneis' . Willelmo de Monteacuto . Johanne de Walle . Willelmo Reuel . Willelmo de Bosco . Alano de Witch' . Philippo de Furn[ellis]. Benedicto nepote [S.] Thome . Willelmo filio Ivon[is] . Picteravino Bruno . Thoma de Sancto Michaele . Thoma de Brinham . Thoma de Veim . Adam de Broc . Jordano de Camera . Symone Cadel . Osberto scriptore.

Endorsement: *Anglia* (14th cent.).

Size: 19.3 × 16 cm.

Seal: missing.

> NOTE. Richard of Ilchester was bishop of Winchester, 1173–88; Herbert le Poer, archdeacon of Canterbury, 1175 or 1176/7 to 1194; Philip, prior of St. Frideswide's, Oxford, between 1175 and 1191.

5 *Inspeximus by the Official of Bayeux in 1389 of a final concord made in the king's court at Westminster on 24 October, 1192, between William of Felsted and Johanna, abbess of Caen. William surrenders his claim to Minchinhampton, Avening, Lowesmore, Aston, Pinbury, the meadow of Pillsmore, Tilshead, Tarrant, Horstead and Felsted; the abbess gives him £100 sterling and 8 acres in Gransmore, and confirms his tenements in Felsted and Saling, to be held for an annual rent of 23s. 1¹/₂d.*

> Inspeximus copy, Archives du Calvados H, Trinité de Caen.
> Copy by Léchaudé d'Anisy, PRO CBN iii. 202–206.
> Calendared, *CDF* no. 444.
> Ref., *PR 4 Ric. I*, p. 292.

Universis presentes litteras inspecturis . . Officialis Baiocensis salutem in domino. Noveritis nos anno domini M°CCC° octogesimo nono, die veneris post festum dominice resurrectionis, quamdam

litteram medio partitam que dicitur cyrographum vidisse, palpasse
et diligenter inspexisse, formam que sequitur continentem:

Hec est finalis concordia facta in curia domini regis apud West-
monasterium die sabbati post festum Sancti Luce evangeliste anno
regni regis Ricardi quarto, coram domino Waltero Rothomagi
archiepiscopo et Rogero filio Rainfredi et Roberto de Waldeford'
et Osberto filio Hervei et Symone de Praterswell' et magistro
Thoma de Husebury et Hugone de Chaucombe iusticiariis dicti
regis et aliis fidelibus domini regis ibi tunc presentibus, inter Jo-
hannam abbatissam et conventum Sancte Trinitatis de Cadomo et
Willelmum filium Symonis de Felstede de omnibus terris abbatisse
in Anglia quas predictus Willelmus tenuit ad firmam de predictis
abbatissa et conventu, scilicet Hanton' et Aveling' et Loucestr' et
Eston' et Pentheber' et pratum de Pilesmore et Tydelford et Tarrant' et Horstede et Felstede, cum omnibus pertinentiis earum
unde placitum fuit inter eos in curia domini regis, scilicet quod
predictus Willelmus reddidit et quietas clamavit in perpetuum de
se et heredibus suis predictis abbatisse et conventui et earum
successoribus totas predictas terras cum omnibus earum pertinentiis, salvo tenemento quod predictus Willelmus clamat tenere de
Waltero de Langeford et preter tenementum predicti Willelmi in
Felstede et in Salingues quod remanet predicto Willelmo et heredibus suis, tenendum de predictis abbatissa et conventu hereditarie, scilicet masuagium predicti Willelmi cum pertinentiis suis et
cum veteri via ante portam predicti Willelmi et campus iuxta
gardinum predicti Willelmi et campi qui fuerunt Radulfi[1] fabri et
mora iuxta moram Osberti filii Walerand' et mora quam Archerius
tenet de predicto Guillelmo et pratum quod Robertus filius Segari
tenet de predicto Willelmo et terra illa quam Sperlingus[2] tenet de
predicto Willelmo iuxta Severleineiam, et una acra de altera parte
vie. Et Bubroc et Polestroc et Edithephed', et campus ante portam
Willelmi Hervei[3] cum tenemento Symonis tornatoris,[4] et campus
retro domum Alani Telarii cum ipsius Alani tenemento, et tenementum Roberti Parmentarii et tenementum Welard' filii Saffred,
et tenementum Johannis Blondi et tenementum Lewini tornatoris
et tenementum Roberti filii Warini et tenementum Ailwini filii
Goderici et tenementum Semani filii Bricopicii et tenementum
Helye carnificis et tenementum Sigari filii Godrici et tenementum
Roberti filii Hervei, et campum predicti Willelmi iuxta Blachehol-

---

[1] Cf. Fel. B 17.
[2] Cf. Fel. B 13; Fel. DE 36.
[3] Cf. Fel. B 24; Fel. DE 10.
[4] Cf. Fel. DE 40.

locheiam,[1] et tenementum quod fuit Ebdoyni novi hominis quod
Gaufridus prius tenet, et de altera parte de Blachequeholheia tenementum Roberti Syneri, et tenementum Seman de Mesped' et
dimidia virgata terre cum pertinentiis que fuit Willelmi de Hou-
deham, et dimidia virgata terre cum pertinentiis que fuit Osberti
Ruste, et herbagium calcee iuxta pratum predicti Guillelmi et
molendinum iuxta Longaland cum vivario eiusdem molendini, et
Melmora et tenementum Johannis molendinarii, et herbagium vie
de Wyddemerere usque ad hayiam de Hemorre, et herbagium de
Granegg' usque ad portam cymiterii, et Silverleia cum pratis inter
Silverleiam et Bubroc, et Barheia et Rucheia[2] cum pertinentiis suis.
Et terra Radulfi Sprune et pratum quod vocatur Hoeylin quantum
ad dominicum abbatisse pertinebat, et una acra in Sterlemald' ad
habendam viam usque ad Hoelyn iuxta sepem de Wudemare et
Stullemora. Et predicti Willelmus et heredes sui tenebunt omnes
istas tenuras cum pertinentiis suis de predictis abbatissa et conventu, reddendo annuatim viginti tres solidos et tres obolos, scilicet
medietatem ad Pascha et medietatem ad festum Sancti Michelis
pro omni servicio et consuetudine ad predictam abbatissam et
conventum pertinentibus. Et preterea predictus Willelmus inveniet
in ecclesia de Felstede lumen unius lampadis vel unius mortarii
singulis noctibus anni vel duos solidos per annum pro predicto
lumine, et preterea predictus Willelmus clamavit quietum tenementum Unfridi de Wychesleya et reddidit et quietos clamavit
predictis abbatisse et conventui tres homines, scilicet Willelmum
filium Alwini cum tenemento suo et Johannem et Ailmarum fratres
predicti Willelmi. Et predicta abbatissa et conventus quietos cla-
maverunt predicto Willelmo et heredibus suis quinque homines,
scilicet Symon' Tornarium et Robertum Parmentarium et Wy-
mundum Softefeld et Robertum filium Hervei et Robertum Syneri.
Et predictus Willelmus reddidit predicte abbatisse omnes cartas et
munimenta que ipse habuit de predictis terris, excepta carta quam
ipse habet de predictis tenementis in Felstede et in Salingues. Et
predicta abbatissa et conventus concesserunt predicto Willelmo et
heredibus suis et hominibus eorum de Felstede liberam communam in Felstede. Et predictus Willelmus et heredes sui habebunt
porcos suos proprios sue nutriture quietos de pannagio in omnibus

[1] Blackley Wood; cf. map of 'Nun's farm' dated 1725, Essex CRO D/DCw P3; John French,
'An outlier of the royal forest of Essex', *TEAS* n.s. xv. 235–9.
[2] Melmora, Silverleia, Barheia and Rucheia were named in the list of Simon of Felsted's
holdings, Fel. B 102.

boscis predictarum abbatisse et conventus in Felstede, preterquam in bosco de Blachehouleia, et porci hominum predicti Guillelmi et heredum suorum erunt quieti de pasnagio nisi in anno quo invenietur eis paisson in boscis abbatisse in Felstede. Et pro hac fine et concordia predicte abbatissa et conventus dederunt predicto Willelmo centum libras sterlingorum et octo acras terre in Grandelesmere[1] et in foris boscis extra hayam. Datum anno et die veneris supradictis.

Quod autem vidimus hoc testamur, et in huius rei testimonium sigillum curie Baiocensis presentibus litteris duximus apponendum.

NOTE. The texts of both the Inspeximus and the transcript are corrupt. A letter of Hugh of Nonant, bishop of Lichfield, existing only in a cartulary copy (Cartulaire, Archives du Calvados H, no. 32, p. 22) refers to a final concord made in the king's court between Abbess Johanna and William of Felsted on 25 January, 1190, in which he surrendered his claim to all the tenements he held of the abbey of Holy Trinity, Caen, 'excepto patrimonio suo in villa de Felstede, secundum quod carte Damette abbatisse et conventus testantur', and received £100 in silver.

6 *Charter of Master Gervase, chaplain, granting to David, chaplain, and his heirs the land and houses which he holds of Jordan de Zuin in London, adjoining the land which used to belong to Master Hugh of London by the churchyard of St. Paul's; to hold of John, Gervase's son, and Felicia his wife and their heirs, rendering 8d. annually to them and 32d. annually to Jordan as the chief lord of the fee.* [1180 × 1199]

Original charter, Archives du Calvados H, Trinité de Caen.
Copy by Léchaudé d'Anisy, PRO CBN iii. 247–8.
Calendared, *CDF* no. 447.

Omnibus Christi fidelibus ad quos presens scriptum pervenerit Magister Gervasius capellanus salutem in domino. Noverit universitas vestra quod ego concessi et presenti carta confirmavi in feudo et hereditate Dauid capellano[2] et heredibus suis totam terram cum edificiis suis quam tenui de Jordano de Zuin in London' versus castellum de Munfichet que iacet iuxta terram que fuit

---

[1] Gransmore.

[2] David, chaplain of St. Paul's, later became the abbess's steward in England (see above, Introduction, p. xliii). As 'David capellanus' he witnesses a number of charters (Gibbs, *St. Paul's*, nos. 69, 289 (where he is wrongly indexed as clerk of the bishop of Lincoln); *The Letters and Charters of Gilbert Foliot*, ed. A. Morey and C. N. L. Brooke (Cambridge 1967), nos. 356, 398, 455). The title 'magister' occurs only towards the end of his life. He is not to be confused with Master David of London, canon of St. Paul's, who probably died *c.* 1189 (Le Neve: Greenway, i. 30).

magistri Hugonis de London'¹ iuxta atrium Sancti Pauli . tenendam de Johanne filio meo et Felicia uxore eius et heredibus eorum
finabiliter libere quiete et hereditarie . reddendo eis viii denarios
ad terminum Pasche pro omnibus serviciis et consuetudinibus et
demandis . salvo servicio capitalis domini Jordani predicti et heredum eius . scilicet xxxii denariis quos predictus David annuatim
eis reddit sicut continetur in carta quam de predicto Jordano habui
et predicto David cum saisina ipsius terre tradidi. Et ego debeo
predictam terram contra omnes homines et omnes feminas warantizare predicto David . Pro hac autem concessione et confirmatione dedit michi prefatus David et predicto filio meo et uxori sue
predicte . c solidos in gersummam. Hiis testibus . Radulfo de
Diceto decano Lond' . Ricardo iuniore canonico² . Roberto presbitero de Sancto Martino . Laurentio presbitero de Sancto Gregorio . Willelmo capellano de Stebeheie . Alexandro de Norfouke
clerico³ . Hugone de Colec[estrie] . Roberto filio Siward . Gilberto
Daco⁴ . Michaele de Valentines⁵ . Galfrido Mercerio . Galfrido
Fabro . Roberto Fabro . Rogero Carpentario . Selomaro . Reginaldo portario . Johanne Pincerna . Johanne Marescallo . et multis
aliis.

No endorsement.

Size: 18 × 12.6 cm.

Seal: small round seal on parchment tag.

> NOTE. Ralph of Diceto was dean of St. Paul's from 1180/1; the last dated
> reference to him is in 1199, and he died or resigned probably before 1201.

7 *Charter of John, son of Master Gervase, granting to David, chaplain of St.
Paul's, and his heirs his land in London (as described in preceding charter),
to hold for 8d. annually and 32d. to Jordan de Zuin.*   [1180 × 1199]

> Original charter, Archives du Calvados H, Trinité de Caen.
> Copy by Léchaudé d'Anisy, PRO CBN iii. 260–1.
> Calendared, *CDF* no. 448.

Sciant presentes et futuri quod ego Johannes filius magistri Ger-
vasii scriptoris magni rotuli concessi et dimisi David capellano

---

¹ Master Hugh of London was prebendary of Ealdland in 1183/4 (Le Neve: Greenway, i.
  45–6).
² Richard Junior was a canon of St. Paul's and prebendary of Holbourn between 1164 ×
  71 and 1214 (ibid., i. 53).
³ Alexander of Norfolk, rector of St. Pancras, occurs in charters of the late twelfth century
  (Gibbs, *St. Paul's*, nos. 69, 70, 130, 308).
⁴ Gilbert Dacus occurs in 1193/4 (ibid., no. 110).
⁵ Michael de Valenciis, possibly the same man, occurs *c.* 1200 (ibid., nos. 251, 295).

ecclesie Sancti Pauli London' et successoribus suis quos sibi heredes constituerit . totam terram meam cum edificiis et pertinentiis suis que iacet iuxta terram que fuit magistri Hugonis de London' extra atrium Sancti Pauli versus castellum Munfichet . tenendam de me et heredibus meis finabiliter libere . quiete et hereditarie . reddendo michi et heredibus meis annuatim octo denarios ad terminum Pasche pro omnibus consuetudinibus et serviciis et demandis. Et preterea predictus David et quemcumque sibi heredem fecerit . adquietabit terram predictam versus capitalem dominum . scilicet Jordanum de Zuin et heredes eius de triginta duobus denariis annuatim reddendis sicut in carta prefati Jordani continetur . quam predicto David cum saisina ipsius terre tradidi. Et ego et heredes mei warantizabimus predictam terram prefato David et successoribus suis quos heredes sibi constituerit contra omnes homines et omnes feminas. Hanc autem concessionem et conventionem totam fideliter et sine malo ingenio tenendam predicto David affidavi . et idem David affidavit michi quod nec per se neque per alium quereret artem vel ingenium per quod sim perdens predictum redditum octo denariorum. Et hoc ipsum affidabunt quoscumque sibi heredes constituerit. Pro hac autem concessione et confirmatione dedit michi predictus David centum solidos in gersumam. Hiis testibus . Radulfo de Diceto decano London[ie] . Ricardo iuniore canonico . Roberto capellano de Sancto Martino . Laurentio presbitero de Sancto Gregorio . Willelmo capellano de Stebheie . Alexandro de Norf[olke] clerico . Hugone de Colecestr' . Roberto filio Siwardi . Gilberto Daco . Michaele de Valentines . Galfrido Mercerio . Galfrido fabro . Roberto fabro . Salomaro . Reginaldo Portario . Augustino Calic' . Johanne Morin. Johanne Pincerna . Johanne marescallo . et multis aliis.

No endorsement.

Size: 18.8 × 14.2 cm.

Seal: missing; parchment tag.

NOTE. Date and witnesses as preceding charter.

8 *Charter of Clementia, prioress, and the convent of Haliwell, granting to David, chaplain, their land in London by the churchyard of St. Paul's, near the castle of Montfichet, formerly held of them by Master Hugh of London, to hold of them in fee and inheritance for 3s. annually for all service.*

[1193 × c. 1203]

Original charter, Archives du Calvados H, Trinité de Caen.
Copy by Léchaudé d'Anisy, PRO CBN iii. 248–9.
Calendared, *CDF* no. 446.

Clementia priorissa de Haliwell' totiusque eiusdem loci conventus
omnibus Christi fidelibus ad quos presens scriptum pervenerit .
salutem in domino . Noverit universitas vestra quod nos concessimus in feudo et hereditate dilecto clerico nostro David capellano .
terram nostram in Lundon' que est iuxta atrium Sancti Pauli ad
occidentem versus castellum Munfichet . quam magister Hugo de
Lundon' de nobis olim tenuit . tenendam in perpetuo pro tribus
solidis nobis annuatim reddendis . pro omni servicio . Et predictus
Dauid et illi qui predicte terre heredes fecerit . predictos tres solidos
nobis ad duos terminos persolvent . scilicet medietatem ad Pascha
et medietatem ad festum Sancti Michaelis. Et ut nostra concessio
inperpetuum firma permaneat . nos eam presenti scripto et sigilli
nostri appositione confirmavimus . Hiis testibus . Willelmo capellano procuratore domus nostre . Thoma Aldermanno illius warde .
Ricardo Iuniore . Johanne de Storteford . Waltero clerico . Gilberto de Archis[1] . Alexandro de Norfolke clerico . Galfrido fabro .
Galfrido Mercerio . Roberto Fabro . Selemaro . Baldewino
Parmentario . et multis aliis.

Endorsement: *Anglia* (14th cent.).

Size: 18.2 × 9.8 cm.

Seal: missing; parchment tag.

> NOTE. Clementia occurs as prioress of Haliwell from 1193 × 4 to 1203 (*HRH*
> p. 215).

9 *Charter of David, chaplain, granting to Johanna, abbess, and the convent of
Holy Trinity, Caen, his house in London near the church of St. Paul's; to
be held by him of them for a pound of pepper or 6d. annually during his
lifetime, and to revert to them fully on his death.*   [1193 × 1220]

Original charter, Archives du Calvados H, Trinité de Caen.
Copy by Léchaudé d'Anisy, PRO CBN iii. 249–50.

Universis sancte matris ecclesie filiis ad quos presens carta pervenerit . David capellanus salutem in Christo. Noverit universitas
me concessisse et dedisse et mea presenti carta confirmasse J.
abbatisse et conventui Sancte Trinitatis de Cadamo domum meam
de London' prope ecclesiam Sancti Pauli versus occidentem. Cum

---

[1] Gilbert de Archis occurs *c.* 1200–1203 (Gibbs, *St. Paul's* nos. 106, 108, 252).

omnibus pertinenciis suis et supellectilibus . Et omnibus emenda-
tionibus quas facturus sum in ea . possidendam eis et habendam
in perpetuam elemosinam . salvo iure et redditibus dominorum
fundi . sicut in cartis earum quas de ipsis habui¹ . continetur. Ita
quidem quod tenebo predictam domum de prefatis abbatissa et
monialibus quamdiu vixero . reddendo eis per annum unam libram
piperis aut vi denarios sterling[orum] ad festum Sancti Michaelis.
Post decessum vero meum iamdicta domus redebit in liberam et
plenam possessionem sepedictarum abbatisse et monialium Sancte
Trinitatis de Cadamo . Et in proprios usus earum . Ut autem hec
mea concessio in perpetuum stabilis et rata perseveret . Eam mee
presenti carte testimonio et sigilli mei patrocinio confirmavi. Testibus hiis. Herberto de Bosl[er]a. Jordano de Tribus Montibus.
Magistro Rogero. Martino de Felsted . Henrico de Avening' . Cum
pluribus aliis.

Endorsement: *Anglia* (14th cent.).

Size: 13.8 × 13 cm.

Seal: missing; linen tag.

> NOTE. This grant was made later than the preceding charter and before no.
> 10; if Master Roger was Roger Auude, who was steward to the abbess from
> at least 1218, the date was probably not long before 1220, but there were two
> men named Master Roger among the canons of St. Paul's (Le Neve: Greenway,
> i. 46, 68).

10 *Charter of Robert, clerk, quitclaiming to Johanna, abbess, and the convent
of Holy Trinity, Caen, the house formerly belonging to Master David,
chaplain, which he has claimed by writ of right in the court of the nuns of
Haliwell; in return the abbess has given him 100s.*   [1220]

> Original charter, Archives du Calvados H, Trinité de Caen.
> Copy by Léchaudé d'Anisy, PRO CBN iii. 249.

Sciant tam presentes quam futuri quod ego Robertus clericus²
dimisi et quietum clamavi omne ius et clamium quod habui vel
habere potui in quadam domo lapidea cum pertinenciis extra cim-
iterium Sancti Pauli versus occidentem Johanne Abbatisse de Cadamo et conventui eiusdem loci Deo ibidem servientibus. Scilicet
domum illam que fuit magistri David capellani quam cum breve
de Recto versus predictam abbatissam in curia sanctimonialium
de Haliwell' clamavi. Habendam eidem abbatisse et successoribus

---

¹ According to the Haliwell charter (no. 8 above) 3s. was payable annually to Haliwell.
² Robert fitz Payne, clerk; see charter no. 11, below.

suis extra me et heredes meos bene et in pace et in perpetuum. Ita
quod nec ego predictus Robertus nec heredes mei nec aliquis per
nos vel pro nobis decetero nullo modo poterimus nec debemus
aliquid in predicta domo vel pertinenciis exigere nec habere nec
clamare in perpetuum. Pro hac autem dimissione et quieta cla-
macione extra me et heredes meos predicte abbatisse et successoribus suis . dedit michi dicta abbatissa centum solidos
esterlingorum. Ut autem hec mea dimissio et quieta clamancia
rata permaneat et stabilis in perpetuum sigilli mei appositione
presens scriptum roboravi. Hiis testibus . Magistro Philippo de
Hadham canonico Sancti Pauli[1] . Serlone mercerio tunc maiore
London' . Ricardo filio Rengar' et Ioceo iuniore tunc vicecomitibus .
Thome de Haverell' . Henrico filio Willelmi . Pentecost' aurifabro .
Jordano de sancto Botolfo . Hervico ferrario . Johanne Toni.
Alexandro marescallo . Et multis aliis.

No endorsement.

Size: 19.7 × 11.5 cm.

Seal: missing; parchment tag.

> NOTE. 1220 is the only year in which Serlo the Mercer was mayor and Richard
> fitz Reiner and Joce Junior were sheriffs of London (*De antiquis legibus liber*, ed.
> T. Stapleton, Camden Soc. xxxiv, 1846, pp. 3–5).

11 *Charter of Robert fitz Payne, clerk, surrendering to Johanna, abbess, and the
convent of Holy Trinity, Caen, all rights claimed by him in the London house
formerly held by David the chaplain; in return for his quitclaim the abbess
has paid him 100s.* [*c.* 1220]

> Original charter, Archives du Calvados H, Trinité de Caen.
> Copy by Léchaudé d'Anisy, PRO CBN iii. 250–1.

Sciant presentes et futuri quod ego Robertus filius Pagani clericus
vendidi et quietum clamavi extra me et heredes meos Johanne
Abbatisse Sancte Trinitatis de Kadomo totum ius quod habui in
tota terra cum domibus que fuit David capellani extra Cymiterium
Ecclesie Sancti Pauli London' in parochia Sancti Martini de Luth-
gate. Scilicet quicquid ibidem habui vel habere potui in rebus
cunctis sine aliquo retinemento . Habendum et tenendum eidem
Johanne et Conuentui Sancte Trinitatis de Kadomo et successoribus suis extra me et heredes meos in perpetuam et finabilem
venditionem. Salvo servicio sanctimonialium de Haliwell . scilicet

---

[1] Philip of Hadham was canon of St. Paul's and prebendary of Chamberlainwood between
1217 and 1226 (Le Neve: Greenway, i. 39).

tres solidos per annum pro omni servicio. Ita quod nec ego Robertus nec heredes mei nec aliquis pro nobis aliquid poterimus nec debemus in predicta terra cum domibus vel pertinenciis exigere nec habere in perpetuum. Pro hac venditione . quieta clamatione et presentis carte confirmatione predicta Johanna Abbatissa dedit michi Roberto centum solidos sterling[orum] et prescriptam conventionem forisaffidavi tenendam. Hiis testibus . Joce filio Petri tunc aldermanno[1] . Ricardo de Neketon' . Roberto de Gretton' . Michael' clerico . Johanne fratre suo . Waltero Chaperon . Pent[ecost'] aur[ifabro] . Alexandro Marescallo . Willelmo filio Herevei . Reginaldo filio Bart[holomei] . Willelmo Mazelin . Ricardo de Clar' et multis aliis.

Endorsement: *Anglia* (14th cent.).

Size: 19.8 × 10.8 cm.

Seal: missing; parchment tag.

NOTE. This charter is about the same date as the preceding.

12 *Charter of William of Coleville, selling and quitclaiming to Johanna, abbess, and the convent of Holy Trinity, Caen, all his right in the London property he holds from Robert fitz Payne in the parish of St. Martin's, Ludgate; in return the abbess has paid him six marks in silver.* [c. 1220]

Cartulary copy, Cartulaire, Archives du Calvados H, no. 5, pp. 4–5.
Copy by Léchaudé d'Anisy, PRO CBN iii. 219–20.

Sciant presentes et futuri quod ego Willelmus de Colevile vendidi, quietum clamavi et forisfidavi extra me et heredes meos Johanne Abbatisse Sancte Trinitatis de Cadom' et conventui eiusdem loci totam terram cum domibus et pertinenciis quam habui et tenui de Roberto filio Pagani clerico in parochia Sancti Martini de Lutgate. Que terre cum domibus est extra cimiter[ium] Sancti Pauli London' ex opposito terre decani Sancti Pauli London', scilicet quicquid ibidem habui in longitudine et latitudine, in lign[o] et lapidibus et in rebus cunctis cum omnibus pertinenciis suis integre sine aliquo retenemento. Habendum et tenendum eidem Johanne Abbatisse de Cadom' et conventui ibidem deo servientibus et successoribus suis extra me et heredes meos in perpetuam et finabilem vendicionem, salvo servicio capitalium dominorum ipsius feodi, scilicet monialibus de Haliwell' tres solidos per annum pro omni

[1] Joce son of Peter, alderman, occurs as witness to many charters of St. Paul's between 1211 and 1239 (Gibbs, *St. Paul's*, nos. 83, 151, 152, 209, 210, 317, 333).

servicio. Ita quod nec ego Willelmus de Colevile nec heredes mei
nec aliquis per nos vel pro nobis aliquid poterimus nec debemus
in predicta terra nec domibus nec pertinenciis exigere nec habere
nec clamare imperpetuum. Pro hac ergo vendicione, quieta cla-
macione, forisaffidacione et presentis carte confirmacione predicta
Abbatissa Sancte Trinitatis de Kadom' dedit michi Willelmo viginti sex marcas argenti. Hiis testibus, Joc[e]o filio Petri tunc
Aldermanno, Ricardo de Neketon', Roberto de Gretton', Michael'
clerico, Johanne fratre suo, Waltero Chaperon, Pent[ecost']
aur[ifabro], Alexandro marescallo, Willelmo filio Herevei, Reginaldo filio Bart[holomei], Willelmo Mazelin', Ricardo de Clar' et
multis aliis.

NOTE. This charter is about the same date as the preceding two charters.

13 *Charter of John, son of Robert son of Simon, quitclaiming to Juliana, abbess,
and the convent of Holy Trinity, Caen, all his right in the land and houses
in the parish of St. Martin the Less, Ludgate, by the messuage of Peter de
Neuport, archdeacon of London; in return the abbess has given him 20s.*

[1241–2]

Original charter, Archives du Calvados H, Trinité de Caen.
Copy by Léchaudé d'Anisy, PRO CBN iii. 218–19.

Sciant presentes et futuri quod ego Johannes filius Roberti filii
Symonis quondam civis London' remisi et quieteclamavi domino
Juliane Abbatisse Ecclesie sancte Trinitatis de Cadamo in Nor-
mannia et eiusdem loci humili conventui . totum ius et clamium
si quid habui vel habere potui vel debui in tota terra cum domibus
superedificatis et pertinentiis in parrochia Sancti Martini parvi
infra Luthgath' . iuxta capitale managium domini Petri de Neuport
tunc archidiaconi London[ie]¹ ex parte australi . Ita etiam quod
ego Johannes predictus et heredes sive assignati mei nullatenus
poterimus nec debemus decetero habere ius vel clamium in predicta terra cum domibus et pertinentiis . Nec aliquid inde exigere
nec clamare poterimus in perpetuum . Pro hac autem mea remis-
sione et quieta clamatione dederunt michi predicte sanctimoniales
viginti solidos esterlingorum . Et ut hec mea finalis remissio et
quieta clamatio rata et inconcussa inperpetuum perseveret . presens scriptum sigilli mei inpressione roboravi . Act[um] inter quatuor bancos communis aule London' anno Regni regis Henrici

¹ See Le Neve: Greenway, i. 24.

tertii vicesimo sexto . Hiis testibus . Domino Radulfo Eswy tunc
maiore . Thoma de Dunholmia et Johanne Vitali iuniore tunc
vicecomit[ibus]¹ . Willelmo Ioynier . Reginaldo de Bung' . Joceo
filio Petri . Roberto filio Johannis . Michael' de Sancta Helena .
Symone filio Marie . Radulfo Sperleng . Henrico filio Willelmi .
Waltero de Winton' . Nicholao Bat . Stephano Buker[el] . Johanne
Norman . Johanne de Wilhal' Johanne Thom' tunc clericis vicecomit[um] . Alexandro clerico et multis aliis.

Endorsement: *Anglia* (14th cent.).

Size: 16.6 × 11 cm.

Seal: small round seal, broken, on parchment tag. Drawn by Léchaudé d'Anisy,
Atlas des Sceaux Anglo-Normands, Plate 24, no. 2.

14 *Letter of Master David, chaplain, recognising that he has received a rent of
£17 sterling in the manor of Horstead for life from Johanna, abbess, and the
convent of Holy Trinity, Caen, and has resigned the manor and church of
Felsted which he held at farm. He will hold the manor of Horstead at farm,
paying to the abbess and convent £7 annually since the farm is valued at
£24; the abbess and convent reserve the woods except for pannage, herbage,
and wood for repairs.* [c. 1209–1217]

> Original charter, Archives du Calvados H, Trinité de Caen.
> Copy by Léchaudé d'Anisy, PRO CBN iii. 244–5.

Omnibus Christi fidelibus ad quos presens scriptum pervenerit
Magister David Capellanus eternam in domino salutem. Noverit
universitas vestra quod domina Johanna dei gratia abbatissa
Sancte Trinitatis de Cadomo et eiusdem loci conventus dederunt
michi et concesserunt decem et septem libras sterlingorum in manerio suo de Horstede quamdiu vixero sine feodo et hereditate
annuatim percipiendas, scilicet medietatem ad festum Pasche et
medietatem ad festum Sancti Michaelis. Et ego David predictis
abbatisse et conventui reddidi et quietas clamavi ecclesiam suam
de Felstede et villam quas de eis ad firmam tenui. Set quia predictum manerium suum de Horstede viginti et quatuor libras eis
annuatim solebat reddere, ego David septem libras de eodem manerio singulis annis ad suppletionem antique firme eis in villa de

---

¹ Thomas of Durham and John Viel were sheriffs in 1241–2 (*The London Eyre of 1244*, ed.
H. M. Chew and M. Weinbaum, London Record Society, 1970, pp. 4, 59–61). William
Joynier served a term as mayor; Robert fitz John, Michael of St. Helen's, Simon fitz
Mary, Walter of Winchester, Nicholas Bat, Stephen Bukerel and John Norman all served
terms of office as sheriffs (ibid., pp. xvii, xviii–xxix, 2–3, 20, 65–6). Ralph Sperling occurs
as alderman of Billingsgateward (ibid., pp. 47, 150).

Horstede persolvam, scilicet medietatem ad Pascha et medietatem ad festum Sancti Michaelis retentis michi decem et septem libris quas michi sicut predictum est donaverunt et concesserunt. Et prefate abbatisse et conventus manerium suum de Horsted cum omnibus pertinentiis suis et libertatibus et consuetudinibus tota vita mea per predictam conventionem tenere concesserunt, exceptis nemoribus de quibus nichil nisi pannagium et herbagium et quod necessarium fuerit curie et molendinorum capiam, nec de predictis nemoribus sine assensu domine abbatisse et conventus quicquam vendam nec aliquid dabo nisi quod eidem manerio expedire videro et prodesse. Sciendum etiam est quod predicta abbatissa et conventus hanc conventionem contra omnes homines et feminas michi debent warantizare. Ita scilicet quod si forte in predicto manerio de Horstede prefatas decem et septem libras michi warantizare non poterunt, debent michi in ecclesia de Felstede vel in alio certo redditu illius ville de Felstede de memorata pecunia decem et septem librarum satisfacere. Et si forte de predicto manerio de Horstede prefatas septem libras vel noluero vel aliquo casu reddere non potuero, memorata abbatissa et conventus manerium suum de Horsted in manus suas libere poterunt recipere et de eo quicquid voluerunt facere vel ordinare, salvis predictis decem et septem libris ad opus meum recipiendis, sicut superius scriptum est. Et ut hec convencio stabilis et rata permaneat, eam presenti scripto et sigilli mei appositione roboravi. Hiis testibus, Juliana de Sancto Celerino,[1] Johanna de Merula sanctimonialibus de Cadamo, Willelmo priore de Legha et Durante priore de Dunmawe, Nicholao filio Alani, Radulfo fratre eius, Roberto capellano de Felstede,[2] Ricardo Anglico,[3] Roberto Bretone,[4] Henrico Pincerna, Johanne de Mara, Ricardo Russel, Bartholomeo clerico.[5]

No endorsement.

Size: 20 × 30.4 cm.

Seal: missing; parchment tag.

> NOTE. Durand was prior of Dunmow ?1209–1217 (*HRH* p. 171). William occurs as prior of Leighs in the early thirteenth century (ibid. p. 171; below, charter no. 18).

[1] Juliana of Saint-Sernin became abbess of Caen in 1237.
[2] Also witnesses charter no. 20, below.
[3] Also witnesses charter no. 17, below.
[4] Also witnesses charter no. 16, below.
[5] Also witnesses charter no. 17, below.

15 *Charter of Johanna, abbess, and the convent of Holy Trinity, Caen, granting William fitz Nigel two houses and gardens and two assarts in Avening, and two assarts in Minchinhampton, to hold by hereditary right for 7s annually.*

[*c.* 1200 × 1217]

Original charter, Glos. CRO, D471/T1/3.

Universis Christi fidelibus ad quos presens scriptum pervenerit Johanna dei Gratia Abbatissa et conventus sancte Trinitatis de Cadom[o] salutem in domino. Noverit universitas vestra nos de communi assensu dedisse et concessisse Willelmo filio Nigelli pro homagio et servicio suo illam domum quam Ricardus frater Willelmi Decani de Avenig' quondam tenuit in Avenig' cum pomerio et uno orto iuxta domum Ricardi Sutoris . et illam domum cum orto quam Ricardus Sutor tenuit . et in Longeham unum assartum novem acrarum terre . et iuxta viam que vocatur Ruggeweie . aliud assartum sex acrarum et dimidie. Preterea in villa de Hamton' unum assartum decem acrarum et dimidie in Sponleia . et in Boxhunger quatuor acrarum et dimidie aliud assartum. Tenendam sibi et heredibus suis de nobis et Ecclesia nostra in perpetuum libere et quiete in feodo et hereditate. Reddendo inde nobis annuatim pro omni servicio quod ad nos pertineat septem solidos sterling' ad duos terminos. Videlicet ad festum sancti michaelis Tres solidos et sex denarios et ad annunciacionem beate virginis Tres solidos et sex denarios. Ut autem hec nostra donacio stabilis sit et firma . eam presenti scripto et nostro sigillo confirmavimus appenso. Testibus hiis . magistro David capellano . Ada filio Nigelli . Elia Decano de Hamton' . Henrico clerico . Johanne Spileman . Johanne de Forwde . Nichol' clerico . Malg[ero] de Colc[umbe] . Henrico filio Hard[uini]¹ . Symon filio Nigelli . Et multis aliis.

Size: 18.5 × 18.5 cm.

Seal: missing; parchment tag.

NOTE. Master David, the first witness on the witness list, was active in the service of the abbey *c.* 1200–1217 (cf. preceding charter).

16 *Charter of Johanna, abbess, and the convent of Holy Trinity, Caen, granting John Spilman an acre of demesne land formerly held by Richard the forester, to hold by hereditary right for 6d. annually.* 1218/19

Cartulary copy, 15th cent. 'Spillman cartulary', Glos. CRO D 149, no. 1.

¹ John of Forwood, Mauger of Colcombe and Henry, son of Hardwine, all witness a number of early deeds in the 'Spillman cartulary' (see *TBGAS* lxi (1939), 67–75).

Pd. (abstract), *TBGAS* lxi (1939), p. 65 (facsimile opposite).

J[ohanna] humilis abbatissa et conventus sancte Trinitatis de Cadomo, Universis Christi fidelibus ad quos presens carta pervenerit
salutem in domino. Noverint universi nos concessisse et tradidisse
dilecto et fideli servienti nostro Johanni Spileman unam acram
terre de dominico nostro quam Ricardus forestarius tenuit inde
tenendam de nobis eidem Johanni et heredibus suis in feodo et
hereditate, reddendo nobis inde per annum de se et heredibus suis
vi denarios sterlingorum ad festum Sancti Michaelis. Ut autem
predicta concessio nostra permaneat semper stabilis et firma eam
nostra presenti carta et sigillo nostro communimus. Actum est hoc
anno gratie MM CC ouctavo decimo.*a* Testibus hiis, Magistro
Rogero Auude tunc senescallo, Domino Rogero capellano, Rogero
clerico tunc ballivo de Felsterd,*b* Ricardo clerico, Henrico clerico,
Rogero Achard, Roberto Britone cum pluribus aliis.

NOTE. The cartulary is carelessly copied; the first two phrases of the charter
appear to have been transposed. Robert Breton also witnesses charter no. 14,
above. Four of the witnesses are common to the next charter.

17 *Charter of Johanna, abbess, and the convent of Holy Trinity, Caen, granting
to John Spilman all their land at Senkley, to hold freely by hereditary right,
in return for maintaining a lamp burning every night and for all celebrations
of Mass in the chapel of St. Mary at Minchinhampton.*   July, 1221

Cartulary copy, 15th cent. 'Spillman cartulary', Glos. CRO D 149, no. 2.
Pd. (abstract), *TBGAS* lxi (1939), p. 66 (facsimile opposite p. 65).

Universis Christi fidelibus ad quos presens scriptum pervenerit,
J[ohanna] humilis abbatissa et conventus Sancte Trinitatis de
Cadamo salutem in domino. Noveritis universi nos concessisse et
dedisse Johanni Spilman totam terram nostram de Saincleha, videlicet arat[uram] dimidie virgate terre, habendam ei et heredibus
suis libere pacifice integre et plenarie in feodo et hereditate, ita
quod dictus Johannes et heredes sui imperpetuum invenient unam
lampadem singulis noctibus ardentem et singulis celebracionibus
missarum in capella Sancte Marie de Hampton*1* pro omni redditu
et omni consuetudine, et pro omni servicio. Ut autem predicta
concessio et donacio nostra permaneat semper stabilis et firma
eam nostra presenti carta et sigillo nostro confirmavimus. Actum

---

a *sic* in cart.   *b* *sic* in cart.; *recte* Felsted.

1 The chapel of St. Mary was in the south transept of the parish church of Minchinhampton
(*TBGAS* liv (1932), 379–83. Cf. below, Min.E 72, 73).

est hoc anno gratie M°CC°XX° primo, mense Julii. Testibus hiis, Magistro Rogero Auude, Domino Rogero capellano, Rogero Achard', Petro Janitore, Ricardo Anglico, Bartholomeo clerico de Horsted', Regin[aldo] de Felested, Ricardo clerico cum pluribus aliis.

NOTE. Four of the witnesses occur in the preceding charter; Richard Anglicus and Bartholomew, clerk, occur in no. 14 above.

18 *Charter of William, prior, and the convent of Leighs recognising their obligation to pay 10s. annually to the abbey of Holy Trinity, Caen, for half-a-virgate of land in Felsted, granted by Abbess Johanna.* 1227/8

Original charter, Archives du Calvados H, Trinité de Caen.
Cartulary copy, Cartulaire, Archives du Calvados H, pp. 2–3.
Copy by Léchaudé d'Anisy, PRO CBN iii. 209–10.

Omnibus sancte matris ecclesie filiis ad quos presens scriptum peruenerit . W.ª dictus prior et conventus canonicorum Ecclesie sancti Johannis apostoli et evangeliste de Legha . salutem in domino. Noverit universitas vestra quod nos tenemur reddere annuatim ecclesie sancte Trinitatis de Cadomo decem solid[os] esterling[orum] ad duos terminos anni, scilicet ad Pascha . quinque solidos et ad festum sancti Michaelis quinque solidos pro dimidia virgata terre cum pertinenciis suis quam domina J.ᵇ abbatissa et conuentus sancte Trinitatis de Cadamo nobis concesserunt . et carta sua confirmaverunt. Salvo iure cuiuslibet . et salva decima dicte terre que ad dictam ecclesiam sancte Trinitatis Cadom' pertinet. Defendemus insuper de forinseco servicio dictam terram secundum quod alia dimidia virgata terre se defendit in eadem villa de Felsted. Claudemus eciam et metas observabimus inter predictam terram et boscum de Presteheye . quod est dicte Abbatisse secundum metas antiquas. Non licebit nobis cursum aque molendini dicte Abbatisse alicubi derivare aut divertere . unde dictum molendinum vel stagnum dampnum suscipiat. Nec etiam versus stagnum aliquid exigemus ultra antiquas bundas et metas. Nullam etiam edificiam faciemus super aliquam partem dicte terre.¹ Volumus eciam quod si nos contra hec prescripta in aliquo venire attemptaverimus . licebit baillivis dicte Abbatisse nos dis-

---

ª *sic* in charter; *Willelmus* in cart.   ᵇ *sic* in charter; *Johanna* in cart.

¹ A copy of an almost identical charter in the Cartulaire, Archives de Calvados H, no. 4, pp. 3–4, contains after 'super aliquam partem dicte terre' the additional clause, 'que coli solebat unde decime pertinentes ad ecclesiam de Felsted minui vel deteriorari possint'.

tringere per predictam terram . et per catalla desuper inventa. Et
ut hec prescripta firmitatis et stabilitatis robur optineat in perpetuum . presens scriptum sigilli capituli nostri apposicione dignum
duximus roborare.¹ Actum est hoc anno ab incarnacione domini
M°CC° vicesimo septimo.

Endorsement: *Littera de Anglia de Prior' de Lega* (14th cent.).

Size: 20.8 × 15.7 cm.

Seal: Pendent, on tag; oval, green wax, 6 × 3.8 cm.; eagle and scroll; legend,
SIGILL: SCI : IOH[ANN]IS : EVANGELISTE DE LEGHA :

19 *Charter of William, son of Richard Pulein, Langliva, daughter of Sewen,
Hermer, son of Langliva, Richard, son of Godwin Kingsman, Henry, son
of William Kingsman, Odo, son of Wulmer, and Richard le Esting, granting
their shares in Neford mill, Horstead, to Johanna, abbess, and the convent
of Holy Trinity, Caen, in return for compensation in cash, corn and
land.* [*c.* 1207 × 1230]

> Original charter, Archives du Calvados H, Trinité de Caen.
> Copy by Léchaudé d'Anisy, PRO CBN iii. 258–60.

Sciant presentes et futuri quod ego Willelmus filius Ricardi Pulein
dedi et concessi et quietam clamavi Deo et Sancte Trinitati et
Johanne abbatisse de Kadamo et conventui eiusdem loci totam
partem meam molendini de Nesford² uersus Orientem cum omnibus pertinenciis de me et heredibus meis in perpetuum . scilicet
pro una acra terre in Sirdeibuskwang quam predicta abbatissa
michi dedit tenendam per servicium unius denarii per annum pro
omni servitio . michi et heredibus meis et pro octo solidis esterlingorum quos predicta Abbatissa dedit michi.

Ego Langliva filia Sewen similiter dedi et concessi et quietam
clamavi predicte abbatisse et predicto conventui totam partem
meam predicti molendini cum pertinenciis de me et heredibus meis
in perpetuum . pro octo solidis esterlingorum et unum quarterium
ordei quos predicta Abbatissa dedit michi.

Ego Hermerus filius Langlive similiter dedi et concessi et quie-

---

¹ The second charter omits the dating clause, but adds a long list of witnesses: 'Hiis
testibus, Hugone de Bybesworth, Henrico de Kemesek', Roberto de Welles, Johanne filio
Nicholai, Henrico de Bello Campo, Ricardo forestario, Rogero de Naylingeherst, Ricardo
de Plesseto, Galfrido de Slanurudesheie, Johanne de Horstede, Thoma filio Oseberti,
Willelmo Martin, Roberto Anglico, Willelmo Franceis, Adam de Glaunvile, Rod' Iuvene
et aliis'.

² Neford was the ford at the point where the road from Horstead to Norwich crossed the
Stone Beck on the southern boundary of Horstead (cf. *TRHS* n.s. xi (1897), map facing
p. 70).

tam clamavi predicte Abbatisse et predicto conventui totam partem meam predicti molendini cum pertinenciis de me et heredibus meis in perpetuum . pro Octo solidis esterlingorum et unum quarterium ordei quos predicta Abbatissa dedit michi.

Ego Ricardus filius Godwini Kingesman similiter dedi et concessi et quietam clamavi predicte abbatisse et predicto conventui totam partem meam predicti molendini cum pertinentiis de me et heredibus meis in perpetuum pro dimidia acra terre in Sirdeibuskwang quam predicta Abbatissa dedit michi tenendam per servicium unius oboli per annum pro omni servitio michi et heredibus meis et pro quatuor solidis esterlingorum et unum quarterium ordei quos predicta Abbatissa dedit michi.

Ego Henricus filius Gillelmi Kingesman similiter dedi et concessi et quietam clamavi predicte Abbatisse et predicto conventui totam partem meam predicti molendini cum pertinentiis de me et heredibus meis in perpetuum pro una acra terre in Sirdeibuskwang quam predicta Abbatissa dedit michi tenendam per servitium unius denarii per annum pro omni servitio michi et heredibus meis et pro octo solidis esterlingorum quos predicta Abbatissa michi dedit.

Ego Odo filius Wlmeri similiter dedi et concessi et quietam clamavi predicte Abbatisse et predicto conventui totam partem meam predicti molendini cum pertinentiis de me et heredibus meis in perpetuum . pro dimidia acra terre in Sirdeibuskwang quam predicta Abbatissa dedit michi tenendam per servitium unius oboli per annum pro omni servitio michi et heredibus meis . et pro quatuor solidis et unum quarterium quos predicta Abbatissa dedit michi.

Ego Ricardus le Esting similiter dedi et concessi et quietam clamavi predicte Abbatisse et predicto conventui totam partem meam predicti molendini cum pertinentiis de me et heredibus meis in perpetuum pro dimidia acra terre in Sirdeibuskwang quam predicta Abbatissa dedit michi tenendam per servicium unius oboli per annum pro omni servitio michi et heredibus meis et pro quatuor solidis et unum quarterium ordei quos predicta Abbatissa dedit michi. Quare volumus et firmiter concedimus quod predicta Abbatissa et predictus conventus Sancte Trinitatis de Cadamo predictas partes predicti molendini cum pertinentiis habeant integre . plenarie . quiete . et sine clamio in perpetuum de nobis et heredibus nostris. Et ut hec donatio et concessio et quieta clamantia firma sit et inconcussa sigillorum nostrorum hanc cartam

impressione confirmavimus. His testibus . Johanne capellano de
Freth'¹ . Willelmo capellano de Horsted' . Hugo capellano de
Ridemere . Radulfo clerico de Horsted' . Gill[elmo] le Cat . Andrea
de Cauteshal'² . Nicholao filio Andree . Petro Siwate . Galfrido
Scarlat . Petro de Lau[wu]d³ . Rad[ulfo] de Lau[wu]d . Johanne
de Lau[wu]d . et multis aliis.

Endorsement: *Anglia* (14th cent.).

Size: 37 × 16.7 cm.

Seals: Fragments of four small, round seals in white wax on parchment tags; tags
for three other lost seals.

> NOTE. The transaction is unlikely to be earlier than the conclusion of litigation
> about Horstead in 1207 (see above, Introduction, p. xliii); Abbess Johanna
> died 1227 × 1230. The fathers of three of the grantors can be identified in the
> custumal of *c*. 1170: Richard Pulein as Richard Pullus (Horstead B 8); Wlmer
> as Wulmer (Horstead B 6); Godwin Kingsman, one of the jurors, also held a
> tenement (Horstead B 7).

20 *Charter of Robert Ostriciarius and Basilia his wife, quitclaiming to Johanna,*
abbess, and the convent of Holy Trinity, Caen, all right in the mill at Felsted
called Apechildewude mill, in return for three and a half marks in silver.

[*c*. 1207 × 1230]

> Original charter, Archives du Calvados H, Trinité de Caen.
> Cartulary copy, Cartulaire, Archives du Calvados H, no. 15, p. 12.
> Copy by Léchaudé d'Anisy, PRO CBN iii. 211.

Sciant presentes et futuri quod ego Robertus Ostriciarius et Basilia
uxor mea dimisimus et quietum clamavimus Domine Johanne
Abbatisse ecclesie sancte Trinitatis Cadom' et eiusdem loci conventui totum clamium nostrum et quantum iuris habuimus in
molendino de Felested' quod vocatur Apechildewudemelne⁴ cum
omnibus pertinenciis suis de nobis et de omnibus heredibus nostris
in perpetuum. Pro hac autem quieta clamancia predicta J. abbatissa et predicti loci conventus dederunt nobis tres marcas et dimidiam argenti. Et ut hec quieta clamancia rata sit et stabilis et
inconcussa . hanc cartam nostram sigillorum nostrorum
appensione roboravimus. Hiis testibus . Willelmo Priore de Lega .
Thoma canonico de Dunmawe . Roberto capellano de Feldsted' .
Willelmo diacono . Henrico Pincerna . Johanne et Roberto filiis
eius . Henrico Ruffo . Johanne filio suo et Halimolto⁵ de Feldsted
et multis aliis.

¹ Frettenham.   ² Coltishall.   ³ Larwood.   ⁴ Cf. Fel.B 98.
⁵ Either an unusual name, or a reference to the manor court.

Endorsement: *Anglia, apud Felsted, pro Molend'* (14th cent.).

Size: 19.6 × 12.8 cm.

Seals: missing; two parchment tags.

> NOTE. The same dating limits apply as to the preceding charter. Henry Pincerna and Henry Ruffus are named as tenants in the 1224/5 Felsted custumal (Fel. DE nos. 94, 103). Robert, chaplain of Felsted, also occurs as a witness to no. 14 above.

21 *Charter of Richard de Plesseto, quitclaiming to Johanna, abbess, and the convent of Holy Trinity, Caen, all right in the mill of Apechild[ewude] and other properties in Felsted, in return for 15 marks in silver and half an acre of land to be held for 6d. annual rent.* [*c.* 1207 × 1230]

> Cartulary copy, Cartulaire, Archives du Calvados H, no. 7, p. 6.
> Copy by Léchaudé d'Anisy, PRO CBN iii. 222–3.

Universis sancte matris ecclesie filiis ad quos presens scriptum pervenerit Ricardus de Plesseto[1] salutem. Noverit universitas vestra me dedisse, dimisisse, concessisse, et quietum clamasse pro me et heredibus meis imperpetuum totum ius et clamium quod habui vel habere potui in molendino de Apechild' cum omnibus pertinentiis et in campo qui vocatur Adames Bereghfeld' et in prato quod Adam avunculus meus quondam tenuit in Kenewoldesmed' in villa de Felsted', Johanne abbatisse ecclesie Sancte Trinitatis Cadom' et conventui eiusdem loci. Ita quod ego Ricardus vel heredes mei de cetero nullum clamium exigere poterimus nec aliquid iuris vendicare debemus in predicto molendino, vel in eius pertinentiis, nec in predicto prato nec in predicto campo. Pro hac autem dimissione et concessione et quieta clamancia dedit michi predicta abbatissa et conventus xv marcas argenti et dimidiam acram terre cum pertinentiis iacentem inter gardinum meum et predictum molendinum versus aquilionem, tenendam et habendam michi et heredibus meis de predicta abbatissa et conventui iure hereditario per servicium vi denariorum per annum reddendorum, scilicet Pascha iii denariorum et ad festum Sancti Michaelis iii denariorum pro omnibus serviciis, consuetudinibus et demandis. Et ego vero, Ricardus tactis sacrosanctis evangeliis, iuravi hanc quietam clamanciam pro me et heredibus meis fideliter observandam imperpetuum, salva quidem michi et heredibus meis solita et antiqua et approbata consuetudine piscandi. In huius rei testi-

---

[1] Probably an ancestor of Robert de Plessetis (? Pleshey), who held land in Felsted in socage in 1294 (*Cal. IPM* iii. no. 176).

monium ego Ricardus presenti scripto sigillum meum apposui. Hiis testibus etc.

NOTE. Probably about the same date as the preceding charter.

22 *Charter of William Mael of Minchinhampton, recording that Juliana, abbess, and the convent of Holy Trinity, Caen, have renounced their claim that his tenement was of servile tenure, and he has renounced all suits against them.* 28 Jan. 1238

> Original charter, Archives du Calvados H, Trinité de Caen.
> Copy by Léchaudé d'Anisy, PRO CBN iii. 213.

Universis Christi fidelibus ad quos presens scriptum pervenerit . Guillelmus Mael[1] de Hanton' salutem in domino. Noverit universitas vestra quod cum domina mea Juliana abbatissa Cadomen[sis] et eiusdem loci conventus quasdam servitutes et quasdam operas[a] a tenemento meo exigerent . dicentes illud esse servum . tandem habito bonorum virorum consilio . illam querelam michi remiserunt per redditum quem solitus sum facere de predicto tenemento salvo iure cuiuslibet. Et ego propria motus voluntate remissi[a] eis et quietavi pro me et heredibus meis omnes querelas quas habebam vel habere poteram tempore confectionis huiusmodi instrumenti contra dictam abbatissam et conventum. Iuravi etiam eis quod terram meam vel aliquam partem terre mee quam teneo de ipsis alicubi non elemosinabo nisi ipsis vel ecclesie Sancte Trinitatis Cadomen[si]. Promissi etiam pro me et heredibus meis bona fide hanc conventionem fideliter observaturas[a]. Et ut hoc firmum et stabile futuris temporibus permaneat . presentem paginam sigilli mei munimine roboravi. Testibus hiis . Magistro Johanni de Valeromonte[2] . Martino de Eston' . Petro Achart. Henrico Hardoino . Elya de Sancteclee. Ricardo Davelingues . Ricardo Elivant[3] . et pluribus aliis. Dat' anno domini M°CC°XXXVII° mense Januarii . In die Agnetis secundo.

Endorsement: *Anglia apud Hampt'* (14th cent.).

Size: 20 × 14 cm.

Seal: missing; parchment tag.

---

[a] *sic* in MS.

[1] For the Mael family see Min.E 89.   [2] John of Warlemont, steward.
[3] Peter Achard, Henry son of Hardwin, Elias of Senkley and Richard Elivant occur with William Mael as witnesses to a number of charters in the 'Spillman cartulary' (*TBGAS* lxi (1939), 67–75).

NOTE. English thirteenth-century charters normally began the year with the Annunciation. Juliana became abbess of Caen in 1237.

23 *Agreement between Juliana, abbess, and the convent of Holy Trinity, Caen, on the one hand, and Leticia, widow of John of Warlemont and her sons on the other, whereby the abbess and convent remit 5s. 4d. rent for 25 acres of land in Felsted in return for the whole tenement that John of Warlemont used to hold freely in Gloucestershire; and Leticia surrenders all the villein holdings that John of Warlemont had acquired in Felsted and his hall and solar, and is granted a half-virgate of villein land and half a meadow.* 1240–1

Cartulary copy, Cartulaire, Archives du Calvados H, no. 33, pp. 23–4.
Copy by Léchaudé d'Anisy, PRO CBN iii. 217–18.

Hec est convencio facta inter Julianam abbatissam Sancte Trinitatis de Cadamo et eiusdem loci conventus ex parte una et Leticiam
relictam magistri Johannis de Warlemonte et filios eius ex altera,
de consensu et voluntate Radulfi Seman[1] patris predicte Leticie et
Thome filii Osberti, de quo predicta Leticia et filii eius mesuagium
suum tenent iuxta terram Willelmi Holdeburch', et Willelmi filii
Martini et Johannis de Horstede et Roberti Anglici et Johannis
Ruffi[2] et Henrici Pincerne.[3] Videlicet predicta abbatissa et eiusdem
loci conventus remiserunt quinque solidos et quatuor denarios
argenti quod magister Johannis de Warlemonte et heredes sui
debeant reddere predicte abbatisse annuatim et eiusdem loci conventui pro xxv acris terre in Pirifeld,[4] scilicet de qualibet acra
quatuor denarios ad duos terminos anni, scilicet ad Pascha et ad
festum Sancti Michaelis, in excambio tocius tenementi integre in
comitatu Gloucestrie quod magister Johannes de Warlemonte melius et liberius aliqua die possedit. Ita scilicet quod predicta Leticia
et pater suus de consensu et voluntate predictorum nobis et nostre
ecclesie remiserunt omnes partes villenag' quas magister Johannes
de Warlemonte adquisierat apud Felstede, et aulam cum solario
integre. Item nos abbatissa et conventus concessimus predicte Leticie et heredibus suis dimidiam virgatam terre cum pertinentiis
villenag' habendam et tenendam sibi et heredibus suis de nobis
per consuetudines et servicia que de predicta terra solent fieri et
debent. Scilicet illam dimidiam virgatam terre quam magister Johannes de Warlemonte emit de Willelmo Holdeburch in villa de

---

[1] Cf. Fel.B 80, 103; Ralph may be the son of Saman the reeve.
[2] Cf. Fel.D 132.   [3] Cf. Fel.DE 106.
[4] Perry Field in Felsted; for the field-names cf. W. C. Waller, 'Essex field names' *TEAS* n.s. viii. (1903), 76–103.

Felstede. Preterea dimisimus et concessimus predicte Leticie et heredibus suis medietatem prati quod fuit Willelmi Ostrild' cum pertinenciis iuxta pontem de Dunmawe. In cuius rei testimonium predicta Leticia et Radulphus Seman et Thomas filius Osberti et Henricus Pincerna et Willelmus Martin et Robertus Pincerna et Johannes de Horsted parti cyrographi que penes abbatiam remaneat sigilla sua apposuerunt. Actum anno regni regis Henrici filii regis Johannis XXV°. Hiis testibus etc.

> NOTE. Master John of Warlemont or Galemunt was steward of the abbess and acted as her attorney in England from at least September, 1230 (*Close Rolls 1227–31*, p. 447; *Patent Rolls 1225–32*, p. 433). If he was the same man as John of Caen, her steward who was appointed her attorney on 10 May, 1229 (*Close Rolls 1227–31*, p. 176), Galemunt may be a corruption of Galmanche, on the outskirts of Caen. One of his sons, Richard, by an agreement made with William de Tulley (appointed attorney in 1279, *Cal. Pat. 1272–81*, p. 332), finally surrendered all his tenements to the abbess and convent in return for a life corrody (PRO CBN iii. 245–6).

24 *Charter of Roger of Saling, rector of Minchinhampton, exchanging with Walter piscator of Minchinhampton an acre of glebeland for a piece of land where he wishes to make a new gate.*   [*c.* 1250 × *c.* 1270]

> Original charter, Archives du Calvados H, Trinité de Caen.

Sciant presentes et futuri quod ego Rogerus de Saling' rector ecclesie de Menechehampton' dedi et concessi et hac presenti confirmavi . Waltero piscator nativo domine Abbatisse de Cadamo unam acram terre de terra ecclesie predicte in mangno campo de Hampton versus boscum de Gatecumbe. illam videlicet acram que est iuxta quareram in escambio pro quadam pecia terre quam dictus Walterus dedit et concessit michi et rectoribus illius ecclesie pro utilitate ecclesie antedicte de curtilagio suo ad exitum nove porte mee versus domum Henrici Joye. In cuius rei testimonium presenti scripto sigillum meum apposui. Hiis testibus . Thoma de Rodeber' . Waltero Spylman . Johanne Achard . Johanne de Sentcle . Waltero de Naylesworth . Bartolomeo de Aveling' et aliis.

> Endorsement: *Carta unius acre terre in excambio pro porta de manerio persone de Hampton* (hand of the original).
>
> Size: 22.4 × 6.2 cm.
>
> Seal: Small oval seal pendent, brown wax, 3.5 × 2.5 cm; Virgin and child. Legend: S' ROGER[I DE S] ALINGES. AVE MARIA G[RAC]IÆ PLENA.

> NOTE. Roger of Saling occurs as witness and proctor of the abbey from before

1259 to after 1273 (see above, Introduction, p. xliv). Walter Spilman, son of John Spilman, Thomas of Rodborough, John Achard, John of Senkley, Walter of Nailsworth and Bartholomew of Avening all occur as witnesses of charters *c.* 1250 × 1270 (*TBGAS* lxi (1939), pp. 57, 82–4, 89–90; ibid. liv (1932), p. 352).

25 *Inventory of stock, corn and chattels received by Simon of Tilshead in Tarrant Launceston.*   [*c.* 1260 × *c.* 1270]

Original chirograph, indented, Archives du Calvados H, Trinité de Caen.

Hec sunt ea que Symon de Tivulfeshide recepit in manerio de Tarente. In campo versus austrum in brocforlang xxii acre seminate de blado de ivernage. In duabus mediis forlongis xxiiii acre de eodem blado. In dicforlong xxxvii acre de eodem blado. In sortforlong xx acre de eodem. In alio sortforlong xvi acre seminate de eodem blado. In stanforlong xvi acre de eodem blado. Super Woelinham xxiii acre de eodem blado. Apud Cattesbrein xii acre. Tota terra predicta seminata est de blado ivernagio mixto cum ordeo ivernagio. In illo campo australi terra que seminata est cum avena apud Cattesbrein xxxviii acre et vii acre ad caput cum avena. In Staingforlong xii acre cum avena. Apud Hernebergam xvii acre cum avena. In inhoc versus aquilone xi acre et dimidia seminate cum avena et ordeo. Item in illo campo iiii acre avene sine ordeo. Item in illo campo xix acre et dimidia cum ordeo. Et una acra et dimidia cum pisis. Hoc est stauramentum ovium de predicta villa. c et l et vii oves matrices. et xxvii arietes cum quattuor dentibus. et viii cuillarz. Et iiii^{or} viginti arietes cum duobus dentibus. et agni xxxix. Hec est stauramentum bovum. xvi boves et precium est de septem unusquisque vi sol'. precium novem bovum unusquisque v sol'. et una sus cum v porcellis. Hec sunt utensilia domus. unum canestellum et unum caseteum. et una patela cum tripario et una tina et iiii vasa ad caseum. et una tholla ad caseum. Gallus unus cum v gallinis. et iii auce. et ferramentum bonum duarum carucarum et iiii disci et unum hop. et unum seminarium et unum mortarium et una churna. Una aula cum parvo thalamo. et alia parva domo et unum horreum bonum et una boveria. et una nova domus incepta ad faciend' cum xii furcis et aliis necessariis. Plegii. Wakelinus de Tidulveside. Henricus de Tidulvesside. Symon Harding. Rogerus Thethingman. Willelmus filius Edithe. Robertus magister. Robertus Kene. Turberi Godelme. Radulfus palmarius. Radulfus preco. Symon perdrix. Preterea recepit xl acras warettatas.

Endorsement: *Anglia* (14th cent.).

Size: 14.4 × 10/11.5 cm.

Seal: missing; parchment tag.

> NOTE. A charter granted to Henry of Tilshead in 1286 (PRO CBN iii. 261–2) mentions a charter he had received from Abbess Juliana (before 1266); he leased the manors of Tilshead and Tarrant in 1299 (no. 26 below), and is unlikely to have been active as a witness much before 1260.

26 *Lease of the manors of Tilshead and Tarrant by Walter Faukes, proctor general of the abbess of Holy Trinity, Caen, to Henry of Tilshead for thirteen years, with an inventory of stock, grain and chattels. The abbess reserves for herself the woods of the manors, apart from timber for necessary repairs.*

1 Aug. 1299

> Original chirograph, indented, Archives du Calvados H, Trinité de Caen. Copy by Léchaudé d'Anisy, PRO CBN iii. 262–6.

Anno regni regis Edwardi vicesimo septimo ad festum Sancti Petri quod dicitur ad Vincula facta fuit hec conventio inter dominum Walterum Faukes[1] generalem procuratorem in Anglia abbatisse Sancte Trinitatis de Cadomo ex parte una et dominum Henricum de Tydolveshyde ex altera, videlicet quod dictus Henricus recepit ad firmam mobilem de traditione dicti Walteri procuratoris dicte abbatisse maneria de Tydelveshyde et Tarente Lowyneston' cum pertinentiis suis et instauramentis suis et terris seminatis subscriptis et aliis ut inferius patebit, videlicet in manerio de Tydelveshyde una aula cum duabus parvis cameris, unum horreum magnum, una parva grangia, unum granarium, una boveria, una porcheria cum gallinar', tres caruce cum ferramentis, ducente et septuaginta oves bone et bene dentate, centum oves matrices de tribus annis, quadraginta et unus hogastri femell', septemdecim castrates boni et bene dentati, et duo veteres castrates, viginti et octo oves matrices veteres ad cronium faciendum, centum agni et octodecim boves precium cuiuslibet quinque solidi et novem denarii. Numerus vero acrarum frumenti quater viginti et quindecim acre. Item quater viginti et duodecim acre mixtelonis frumenti et bere, quadraginta acre ordei et inhouk, centum et viginti septem acre avene et octo acre viscarum. Numerus vero utensilium unus tripos precium trium denariorum, una tina, tres mense, duo trestelli, una

---

[1] Walter Faukes, also called Walter of Felsted, was appointed proctor of the abbess of Caen in England in 1290 (*Cal. Pat. 1281–92*, p. 355). He was for a time vicar of Felsted (*Cal. Pat. 1292–1301*, p. 168), and acted as keeper of the abbey's lands when they were confiscated during the war with France (*Cal. Close 1296–1302*, p. 368).

forma que vocatur chustall', tres fescelle, unus alveus, tres pecie panni ad caseum et butirum faciendum, unum mortarium, duo corbelli debiles ad bladum.

In manerio vero de Tarente sunt sexdecim boves precium cuiuslibet septem solidi, due iument' precium utriusque quatuor solidi, et quatuor boviculi precium cuiuslibet duos solidi et tres denarii, de quibus unus masculus, septuaginta et duo multones boni et bene dentati, viginti et octo hogastri masculi, quindecim veteres multones, quadraginta oves bone et bene dentate, sexdecim hogastri femell', tresdecim oves veteres, septem hurcard' boni, triginta et quatuor agni quorum septemdecim masculi, novem porci superannati quorum sex masculi. Numerus vero acrarum seminatarum, videlicet quinquaginta et quatuor acre frumenti aliquantul' mixti cum bere, et septuaginta acre de beremangcorn, quater viginti et quindecim acre avene, viginti acre ordei, decem acre drageti, tres acre pisarum et quatuor viscarum. Numerus vero domorum, videlicet una aula, camera magna, una coquina, unum granarium, duo horrea, una boveria, unum stabulum, due caruce cum ferramentis, una patella cum tripodio, unum mortarium cum pilo, quatuor fescelle cum quatuor panniculis ad caseum, una tina, unum bukettum, unum seminarium, una urna, duo ciphi, duodecim disci, novem parapsid[es], unum salsarium, una securis, habenda et tenenda omnia predicta a dicto festo Sancti Petri usque ad finem tresdecim annorum proximo sequent' plene completorum, reddendo inde annuatim dicte abbatisse vel eius certo procuratori quadraginta et sex libras sterlingorum bone et legalis monete ad duos anni terminos, videlicet medietatem ad festum Sancte Luce Evangeliste et aliam medietatem ad festum inventionis Sancte Crucis ab eodem Henrico solvendas integre et ad custum suum proprium apud Munechenehampton deferendas, salvis quidem et retentis ad opus dicte abbatisse boscis suis de Tarente in quibus dictus Henricus nichil capiet nisi ad reparationem domorum et carucarum dicte abbatisse et per visum quatuor hominum legalium suorum ad hoc assignatorum, nec poterit inde dare aliquid vel vendere pro quorum custodia dictus Henricus tenetur de suo proprio forestariis et omnibus aliis satisfacere. Item retentis dicte abbatisse venditionibus nativorum utriusque sexus, releviis, herihetis liberorum hominum suorum et escaetis de novo, nec licebit dicto Henrico aliquam terram tradere sine assensu dicte abbatisse vel eius procuratoris, quia omne commodum proveniens ex huiusmodi traditionibus retinebit dicta abbatissa. Faldam etiam et fimos curie alibi non ponet quam super terras dominicas abbatisse predicte. Completis autem tresdecim annis predictis reddet dictus Henricus dicta maneria, domos et instauramenta et terras seminatas et culturas sicut recepit, domos vero de suo proprio sustentabit, excepto meremio quod ad opus domorum ei dicta abbatissa inveniet. Et si dictus Henricus domos seu aliquid de novo fecerit in dictis maneriis sine licentia domine vel sui procuratoris non tenebitur computare. Debet etiam dictus Henricus iura et libertates et maneria predicta defendere contra omnes de omnibus placitis et querelis et exactionibus ad suas proprias expensas, et libertates, consuetudines et iura iniuste alienata pro posse suo congregabit et revocabit. Si tamen hactenus alienata et dispersa ante tempus receptionis firme predicte sine brevi domini regis revocari non possint, expense rationabiles quas fecerit per consilium procuratoris eidem allocabuntur. Et si nove collecte et nova tallagia per dominum papam vel regem emerserint ad ea non tenebitur dictus Henricus. Et dicta abbatissa prestationem dimidie marce diu factam ad hundredum de Pymperne liberabit, nec licebit dicto Henrico homines dicte abbatisse talliare quia hoc sibi retinuit dicta abbatissa.

Ad que omnia et singula predicta tenenda dictus Henricus obligavit se et sua bona mobilia et immobilia, perquisita et perquirenda, dicte abbatisse que pro tempore fuerit, quod ipsa sua propria auctoritate vel suus procurator in Anglia possit ingredi domos, possessiones, redditus, terras suas, et inde tanquam de proprio commodum suum quibuscumque modis voluerit facere et averia sua ubicumque inventa fuerint capere, detinere, de loco ad locum, de comitatu ad comitatum fugare prout sibi placuerit, et ea vendere sine contradictione eiusdem, heredum, attornatorum et executorum suorum, si in solutione dicte pecunie suis terminis in toto vel in parte defuerit, quod absit, aut homines dicte abbatisse tractaverit contra iusticiam, aut eorum consuetudin' gravamen eiusdem intulerit, aut si dictus Henricus dictam conventionem in toto vel in parte non observaverit, ex tunc licebit dicte abbatisse vel suo procuratori maneria sua predicta cum suis pertinentiis et cum omnibus bonis in eisdem inventis in manu sua capere et tenere, aut cuicumque pro voluntate sua ad firmam vel alio modo tradere sine contradictione eius heredum, attornatorum seu executorum suorum. Insuper subiecit et summisit se dictus Henricus et omnia bona sua predicte iurisdictioni et cohertioni cuiuscumque iudicis ecclesiastici vel secularis potestatis quem dicta abbatissa

duxerit eligendum qui valeat ipsum per interdicti et excommuni-
cationis sententiam de die in diem absque strepitu iudiciali com-
pellere et distringere ad plenam solutionem pecunie suis terminis
faciendam et ad plenar' satisfactionem et observationem omnium
superius contentorum cum dampnis et expensis, si quas dicta abbatissa vel eius procurator fecerit vel incurrerit occasione dicte
conventionis non observate in parte vel in toto, super quibus omnibus dicte abbatisse vel suo procuratori debet credi sine onere
alterius probationis, nec testimonium suum robur habebit aut ef-
fectum donec premissa compleantur. Et ad hec omnia et singula
tenenda firmiter, tactis sacrosanctis evangeliis corporale prestitit
sacramentum, renuncians plene et expresse quo ad hec omnia et
singula omni exceptioni, cavillationi et maxime regie prohibitioni,
privilegio fori et cruce signatis indulto, constitutioni de duabus
dietis edite in concilio generali et omni impetrationi facte et fa-
ciende tam in curia ecclesiastica quam seculari que possit obieci
contra hoc factum vel scriptum et parti dicti Henrici prodesse et
parti dicte abbatisse nocere. Concedit etiam dictus procurator
quod si dictus Henricus ante terminum predictum plene comple-
tum decedat quod Ricardus de Lavynton' nepos eiusdem Henrici
predicta maneria cum suis pertinentiis in forma predicta teneat
usque terminum tresdecim annorum predictorum plene completorum, facta tamen dicte abbatisse vel eius procuratori per eundem
Ricardum eadem securitate quam fecit dictus Henricus. Nos vero
Johannes Rykeman de Tydolveshyde, Ricardus de Lavynton', Petrus de Mydeldone, dominus Galfridus rector ecclesie de Crau-
combe, Johannes Waltham et Robertus Symme de Tydelveshyde
hanc obligationem et eius formam in modo cyrographi confectam
de verbo ad verbum audientes et plene intelligentes pro eodem
Henrico dicte abbatisse que pro tempore fuerit, nos et omnia bona
nostra mobilia et immobilia perquisita et perquirenda tenore pre-
sencium obligamus, singuli et insolidum constituentes nos princi-
pales debitores et volumus et cognoscimus nos cum bonis nostris
sicut dictum est in eadem forma et obligatione ad omnia et singula
in predicta obligatione contenta integre observanda et adimplenda
predicte abbatisse de nostro expresso consensu et voluntate esse
obligatos, et velle fore adstrictos, quibus nostrum insolidum ut
dictum est omni auxilio nostris et facti remedio nobis contra hoc
competituro, sicut superius plenius est expressum, plene et expresse renunciantes. In quorum omnium testimonium huic instru-
mento ad modum cyrographi diviso super dicta conventione penes

dictam abbatissam remanenti cum sigillo dicti Henrici sigilla nostra apposuimus, et dictus procurator parti instrumenti residenti penes domini Henrici sigillum suum apposuit. Insuper ad pleniorem securitatem invenit dictus Henricus fideiussores tenentes abbatisse de Tydolveshyde, videlicet Rogerum Bysshup, Walterum Pyrys, Robertum le Mayster, Thomam filium Margarete de Tydolveshyde, Robertum le Knytht et Henricum Walkelyn.

Size: 24 × 24.8/25.8 cm.

Seals: fragments of five seals on parchment tags; tags for two more.

SURVEYS

FIRST SERIES, (A)

Cartulary copy, Bibl. nat. MS lat. 5650.

DATE. The date of these surveys is after the battle of Tinchbray in 1106, and while the abbey held 'Dineslai' (?Dinsley) but not Tilshead. Tilshead was acquired not later than 1130, and probably some years earlier, since c. 1170 the jurors stated (Tilshead B) that the hundred of Dolesfield had belonged to the manor in the time of Abbess Matilda (d. 1113) and Abbess Cecilia (d. 1127). See Introduction, pp. xxvi–xxxi.

FELSTED A

De Felesteda

In Felestede habemus duas hidras in dominio nostro. De his debet nobis reddere Radulfus ter centum acras terrę seminatas dimidium frumenti et aliud dimidium avene. De his adhuc duobus hidris habent decem et novem bordarii iiii virgas terrę, quisque horum dat per annum duos denarios de capite suo, et de coniuge sua et de serviente suo quę operari potest, et de vaca quę lac habet similiter duos de/narios. xiiii horum bordariorum operantur tribus diebus in ebdomada, iiii alii diebus duobus, alius*a* est molendinarius.[1] Servos xi,[2] ancillas tres. Si liberam habet uxorem dat pro ea duos denarios per annum, et de serviente libero denarios ii. Si operari potest quisque eorum operatur tota ebdomada usque ad sabbatum et uxores eorum una die. Tres ancille tota ebdomada usque ad sabbatum. Unam vacam habent quietam, si plus habent, dant ii denarios pro unaquaque vaca si lac habuerit.

Boves xxviii, equos iiii, vacas viii cum vitulis, animalia iuvenilia xv, ducentos porcos, horum sunt scrofe liiii, verri sex, aliorum l paulominus sunt unius anni et quinquaginta minus semianni et xl seperati a matribus. Oves xl duas, capras xxx.[3] Caretas avene iii,

---

a MS *alius xix est.*

[1] The figure xix, the total number of bordars, has been wrongly inserted into the text in the last sentence. In Fel. DE 11 quarter-virgate tenements (Fel. DE 33–43) owed or had recently owed 3 works weekly, and 6 or 7 smallmen's tenements (Fel. DE 47–53) owed two works weekly.

[2] These correspond to the 8 *acremanni* of Fel. DE 71–78.

[3] The figures may be compared with those in Domesday Book (*D.B.* ii. 21*b*); there has been a slight increase in plough beasts (in 1086 21 *animalia*, 1 *runcinus*); a decline in sheep from 58; and the figures for pigs and goats remain unchanged.

i fred' alii frumenti,[1] i flicam, duos formaticos,[2] molendinos ii qui reddunt xv solidos, unus v, alius x, et forum ad consuetudinem. De unaquaque statione ii denar'.[3]

Sokemans v qui tenent virgam et dimidiam et acras v, et reddunt xvii solidos et vii denarios et portant firmam ad Wincestre.[4]

Virgas terre xxv, harum habet unam porcarius per servitium suum, alię xxiiii operantur, unaquaque iiii^or/diebus in ebdomada[5] et arat quattuor acras ante natale et iiii post natale,[6] et erciant et faciunt duas precationes[7] unam ante natale aliam post, et in estate i die warattent et altera die stercorant agros et unaquaque harum virgarum xxiiii reddit iiii denarios ad primum pascha,[8] et porcarius similiter iiii d. Reddit etiam quisque domus harum ii d. de custodia,[9] iiii harum xxiiii reddunt per annum unus xx d. alius xvi, alius xiiii, quartus ii d.[10]

Ęcclesiam, presbiterum, bordarios xx qui una die operantur in ebdomada et dant de capite suo ii d. et de coniuge sua et de serviente suo et de vaca si habent.[11]

PINBURY A

De Penneberia

In Penneberii iii hidras terrę, i in dominio, alias habent homines. Boves xxii, vacas ii in tribus carrucis, equum i, vacas vi cum vitulis, iuvencam i unius anni, vitulos iiii^or unius anni, oves l cum lacte, anniculos xxx, inter arietes et iercias[12] xlii, scrofas ii^os, porcos viii, molendinum i qui reddit xxxiii d., fabrum i, ecclesiam i cum sacerdote, villanos vii operantes v diebus in ebdomada,[13] bovarios

---

[1] The meaning is possibly, 'one load of other grain', if *fred'* is a form of *fretta, frettum*, load, and *frumenti* is taken in its general sense of grain.
[2] One flitch of bacon, two cheeses.   [3] Rents for the market stalls; cf. Fel. B 104.
[4] The farm was carried to Winchester for transmission via Southampton to Caen; cf. Fel. DE 30, 31.
[5] Cf. the duties of working virgates, Fel. DE 1.
[6] The services of ploughing 4 acres are said in Fel. DE 1 to be 'pro gabulo'.
[7] Possibly, as in Fel. DE 1 for the custom of the wood.
[8] 22 March. This may, however, be the payment said in Fel. DE 1, 29, to be due on Palm Sunday *ad foragium*.
[9] Wardpennies; cf. Fel. DE 1, 2, 'ii d. ad guard'.
[10] Probably these were *landgabulum* payments; cf. Fel. DE 8, 9.
[11] These bordars correspond to the smallmen owing one day's work a week, Fel. DE 54–64.   [12] Maiden ewes.
[13] In Pin. BC 8 virgates each owe four days' winter week-work, and five days' autumn week-work.

vi, cocez[1] iiii operantes tribus diebus, ancillas iii operantes tota ebdomada. Inter frumentum et mancor[2] c acras et lv, avene l.[3]

TARRANT A

In Tarenta x hidras terrę, iii in dominio et iii virgas, alias habent homines.[a] Acras frumenti l, acras c et xvi de mancor, avene l, boves xviii,[4] pisorum dimidiam acram,[5] vacas duas cum vitulis, vacam i sine vitulo, equum i, porcos x unius anni, scrofas v, porculos xv dimidii anni. Oves cum lacte cccl, inter arietes[6] cc et x, anniculos cc, quod totum est dcclx.[7] Villanos viii qui reddunt xii solidos et vi denarios operanturque duobus diebus in ebdomada, bordarios xiii diebus iii operantes in ebdomada.
Ecclesiam cum sacerdote, fabrum i, forestarium, ancillas iii, harum ii sunt mortuę alia vivit.[8]

MINCHINHAMPTON A

De Hant[one][9]
De Hantone receperunt firmarii[b] xxvi virgas terrę et dimidiam, xvii harum ad opus, viiii et dimidiam ad gablum. Bordarios xi, porcarios ii qui reddunt xx porcos, molendinos vii cum molendinariis et molendinum i vastatum, vi francos homines, presbiterum i, carrucas v unaquaque viii bovum, equos ii, xx et vii animalia quorum sunt vace vi una tántum cum lacte alię vitule unius anni et paulo plus. Urdriz dimidiam virgam ad gablum, Erdriz dimidiam virgam ad gablum. ccc oves xvi minus, cc/arietes unius anni xvii minus,[10] v sues, i ver, xiiii porcos unius anni, xx porceallos segregatos a lacte ante nativitatem Sancti Johannis. Capras xx ix

---

[a] *boves* crossed out.   [b] MS *firmari*.

[1] Cottars. There is no information about these, or the ploughmen in Pin. BC.
[2] Maslin, a mixed crop.
[3] These figures of 205 acres sown imply a demesne of between 300 and 400 acres, depending on the proportion sown.
[4] The scribe wrote *boves* after *homines* and crossed it out; the entry here is still too early, as it interrupts the list of crops; it should have followed the peas. The original was probably written in columns.
[5] 216½ acres sown implies a demesne of between about 320 and 435 acres.
[6] Possibly *et iercias* should have been added, as in the survey of Pinbury.
[7] These are long hundreds (120) and the total (7 long hundreds + 60) is 900, made up of 410 ewes, 250 wethers (and maiden ewes) and 240 lambs.
[8] The full complement of servile serving-maids was three; two had died and not been replaced.
[9] The entry is probably incomplete.
[10] The sheep are counted in long hundreds (344 ewes, 223 wethers, total 567).

inter magnas et parvas. 'iii virgas terrę quarum dimidiam virgam habet v lurice[2] ad opus et aliam dimidiam Urdrice similiter ad opus, Bristriz unam ad opus et alius Bristriz aliam dimidiam ad opus.

HORSTEAD A

De Horstede

In Horstede habemus ii carrucas in dominio, boves xxvii, vacas vii harum ii cum lacte, equam i, oves xix, arietem i, scrofam i cum vi porcis, capras xx et viiii cum lacte, et hircum et v capriculos.[3] Gallinas v, gallum i. Villanos xx et iii, bordarios v, servum i, ancillam i, molendinos iii qui reddunt solidos lx et pascunt ii porcos per annum. Villani supradicti et bordarii reddunt quadraginta et iii solidos et x denarios et naulum,[4] et iiii[or] sokemans qui reddunt xxx solidos per duos terminos anni. De quadam terra dominica quę est ultra aquam[5] habemus xi solidos per annum et iiii denarios.

Domum i cum buro,[6] ii grantias,[7] i coquinam, et pecudes hominum ville per consuetudinem ad caulas nostras[8] a festo Sanctę Crucis usque ad festum Sancti Martini. Duos tassos/garbarum, unum siliginis, alium[a] ordei et avenę mensurato latitudine et altitudine. Habemus iii adhuc villanos quos constituit Herveus firmarius noster qui prius ibi non erant, et ii novas domos et herbagium luci[9] quod venditur, et fabrum qui reformat ferros carruce, et presbiteri filium qui reddit xxx et ii denarios. Duo bordarii reddunt xiii denarios de terra quam habent per premium[10] de dominico. De piscibus molendini denarios xii. Redditus nummorum huius manerii per annum viii libras. Villani metunt annonam xvi diebus in augusto, et sokemans iiii supradicti portant firmam ad Wincestre.[11]

f.28v

---

[a] MS *alius*.

---

[1] The remainder of the entry may relate to a hamlet attached to Minchinhampton, possibly Rodborough.

[2] *Sic* in MS; probably a misreading of the name Wlvrice (Wulfric). But half a virgate is missing, and the scribe may have made a more substantial mistake.

[3] Kids; cf. *anniculi* for young lambs.

[4] Passage money; possibly payment for ferry dues or water transport.

[5] Possibly Cakeroo field, in the north of the village, across a small tributary of the Bure (cf. map reconstructed by W. J. Corbett, *TRHS* n.s. xi (1897), facing p. 70).

[6] Probably byre, cow-shed.

[7] i.e. *grangias*, barns.

[8] Fold-service.

[9] Herbage of the wood.

[10] Possibly *precium* is intended; but the meaning may be that they have earned it in some way.

[11] Cf. the duties of the sokemen in Fel. A.

'DINESLAI' A

De Dineslai[1]

In Dineslai habemus ii hidras et dimidia[a] in dominio. In his habemus iii homines, unus tenet ii acras et clausum et dat ii solidos per annum, alius acram et dimidiam et clausum xvi denarios per annum, alius ii acras et operatur die lune. In aliis tribus hidris habemus homines viii, quisque tenet dimidiam virgam et operatur duobus diebus in ebdomada et i die cum carruca, et reddit quisque xv denarios per iiii[or] terminos in anno, et vi commanes[2] qui tenent ii virgas et operantur ii diebus et tercia die arant et dant quisque viii denarios per iiii terminos in anno. Magni tenet dimidiam/ virgam et dat iiii solidos per iiii[or] terminos anni. Serit tenet i virgam et dat x solidos per annum. Alvine Sedgodesone tenet i commanesland et dat v solidos per iiii[or] terminos anni et arat i die in ebdomada. Alvi tenet dimidiam virgam et i commanesland et dat per annum vii solidos per iiii[or] terminos et arat die i. Edvi faber virgam unam et dat x solidos per iiii terminos anni et arat die i. Alvine lesteuard tenet dimidiam virgam et dat viii solidos per iiii terminos anni et arat i die. Algard faber dimidiam virgam et dat viiii solidos per iiii terminos anni et arat i die. David clericus tenet i commanesland et dat ii solidos per iiii terminos anni.

Bovarii v, et tenent xxx acros terre de dominio[3] quorum sunt iii liberi alii vero servi.[b] Femine eorum operantur die lune. ii molendinos qui dant xxiiii solidos per annum.

Boves xxii, vacas ii, equum i. Oves tercentum et xxi, harum sunt anniculi[4] li, capras lvii quarum xvi capriculi.[5] Porcos xxxiii, horum sunt scrofe xi, verrum i, alii ad nutriendum. Vasa apium x. et vii.

AVENING A

De Haveling[as][6]

De Havelingas receperunt firmarii xvii virgas terrę ad opus et viii et dimidiam ad gablum. Eduardus tenet ii virgas/et dat inde x solidos per annum[7] et alias ii virgas in franco respectu, et dimidiam virgam. Vidua quędam tenet virgam et dimidiam et dat vi solidos

---

[a] *sic* in MS. [b] MS *servus*.

[1] Possibly Dinsley in Hitchin (Herts.); see above, Introduction, pp. xxvi–xxviii.
[2] Cottars. [3] Ploughmen settled on the demesne with 6 acre holdings.
[4] Young lambs, possibly yearlings. [5] Cf. Hor. A.
[6] The survey of Avening is incomplete; there is no mention of any ploughmen. It is not clear whether Aston and Lowesmore are included or not.
[7] Possibly the tenement later held by Jordan of Nailsworth (Av. BC 3).

per annum. Bordarios v, molendinos iiii^{or} cum molendinariis, carrucas viii unaquaque viii bovum, equos viii, scrofas viii, verrum i.
Porcos xxiiii unius anni. Porculos xxvii natos ante festum Sancti
Johannis. Oves quinquies c cum lacte. Agniculos quater c et xvi,
arietes unius anni xxxvi, iercias xxxvi, arietes magnos xxiiii.[1]

[1] The sheep are counted in long hundreds: 600 milking ewes, 496 lambs, 36 yearling
wethers, 36 maiden ewes, 24 older wethers; total 1,192.

SECOND SERIES (B)

Cartulary copy, Bibl. nat. MS lat. 5650.

DATE, *c.* 1170; see above, Introduction, pp. xxxii–xxxvii.

DEPREDATIONS OF SIMON OF FELSTED

38v Notum sit omnibus quod Symon[1] seisiavit maneria abbatissę Sanctę Trinitatis Cadomi contra voluntatem eius et tocius conventus eiusdem loci et contra sacramentum quod fecit in capitulo Sanctę Trinitatis per preceptum domini regis, et probavit super abbatissam xl marcas sterlingorum iniuste et iniquissime. Ex his xl marcis domina abbatissa reddidit xx et viii marcas et dimidiam. De hac seisina quam ipse fecit super dominam suam maxime[2] evenerunt

.39 et abbatisse amissiones, scili/cet primum de avena quam seisiavit in Louesmer, quod appreciabantur homines x marcis, et etiam lucrum istius anni quod retinet legitimi homines abbatisse equiperant xx marcis, et insuper antequam posset reddere predictas xxviii marcas in leu[ca][3] perdidit abbatissa, quia dedit vicecomiti Glo[ucestrie] ii marcas et dimidium ut inducias haberet et etiam ii summas avene, et clerico suo ii sol., et iiii d. suo bedello, et duos sol[idos] dedit[a] de usura quando acommodavit predictam peccuniam, et insuper ballivi regis intendente muneribus Simonis magis quam abbattisse in namo ceperunt pecuniam[4] abbatisse quam bis fugaverunt ad Glouverniam pro hisdem nummis ita quod domina amisit valorem trium marcarum per hec duo itinera in detrimento pecunię suę, scilicet bovum et ovium et porcorum et equorum, et insuper amisit domina redditum istius anni, de hac sunt scilicet xxx sol' et vi d., et etiam pasturam quę recte pertinet Hantonię vi retinet quę in hoc anno valuit xi sol', et detinet iii sol' de

---

[a] MS *dedit dedit.*

---

[1] For Simon of Felsted see above, Introduction, pp. xl–xlii. These proceedings probably took place some time before 1175–6, when Simon of Felsted paid the king 100 marks for an agreement with the abbess of Caen (*PR 22 Hen. II*, p. 5). The abbess's complaint appears to be that Simon claimed seisin of manors which he should rightly have been holding at farm.

[2] Some such word as *damna* appears to have been omitted.

[3] The extension is doubtful; the scribe appears to have garbled the text of this record.

[4] In this context the meaning is clearly livestock.

pastura de Haselholt*[a][1] et etiam vastavit nemora de [Avening][2] ad valorem c solidorum, et notum sit quod quando Simon saisiavit predictam avenam de Louesmere sasiavit ibi quamdam vaccam quę cum vitulo valuit iiii sol'. Et hec est summa tocius perdite, iiii[gies]xx marce argenti et viii sol' et ii d.[3]

FELSTED B

De Felestede

1 Robertus Pincerna de v virgata[4] x sol' et xxxii d.

2 Rogerus de Salingis[5] pro dimidia virgata vi sol' et vi d.

3 Stephanus Rue[6] pro dimidia virgata vi sol' et x d.

4 Adricus infans pro dimidia virgata, pro v acris de war[a][7] xxxii d.

5 Robertus gfor'[8] pro i virgata x sol' et iiii d. de una grava et xii d. pro alia grava et pro viii acris iiii sol' et vii d. in voluntate abbatisse et pro terra Apstot ii sol' et pro terra Tuneman ii sol' ad placit' abbatissę et ipse de terra Blancard[9] servat forestum ad placita abbatisse.

6 Adwinus filius Sawlf[10] pro dimidia virgata xx d. et opus et quartam partem une virgat' iii sol' et ii d.

7 Virum Coleman[11] iiii sol' et viii d. et opus.

8 Willelmus filius Sigari x et ix d. et opus pro dimidia virgata.

9 Alvene de Grendelesmer[12] iiii d. et opus.

---

[a] MS *Halelholt.*

---

[1] Haselholt was one of the demesne woods in Avening.

[2] The reading is doubtful; the scribe has written *dū*, but the first letter could be a misreading of *a*. No wood in Minchinhampton-Avening had a name like *dun*; and therefore probably *av'* for Avening is intended.

[3] The figures recorded come to 75 marks 6s. 2d. plus two loads of oats, not valued; there are evidently errors or omissions in the text.

[4] Probably a mistake for *i virgata*; cf. no. 5 below.

[5] Cf. Walter of Saling, Fel. DE 30, a sokeman holding half a virgate for 5s. + 1s. 4d. *ad libras* and 2d. *de gward'* (6s. 6d.) and riding services.

[6] Cf. Fel. DE 31; a half-virgate sokeman's holding with money dues totalling 6s. 8d.

[7] Cf. *Terra Child*, Fel. DE 32; the land was assessed for geld as 5 acres. For *wara* see P. Vinogradoff, *The Growth of the Manor* (London, 2nd. edn. 1932), pp. 225–7; F. Baring in *EHR* xi (1896), 99.

[8] The *g* of gfor may be a misreading of an Anglo-Saxon rune (i.e. Robert of the Market); cf. Fel. B 104, Robertus For'.

[9] This land then carried the duty of attending the forest court for the abbess's pleas; cf. Fel. D 44, where a holding of 1 acre with the same name was held for harvest service; in Fel. E it was held for rent (below, p. 96 n.*e*).

[10] Cf. Fel. B 103; Adwin or Eilwin's brother married the daughter of Simon of Felsted. His holding corresponds to any half virgate of Fel. DE 2, 10–25, owing works and no landgabulum.

[11] Cf. Fel. DE 1; the money dues there total 4s. 8d.

[12] Later Gransmore.

10 Robertus armiger[1] ii sol' et opus pro dimidia virgata.

11 Herebertus Wad[e][2] x et ix d. et opus pro dimidia virgata.

f.41v **12** /Robertus le Wod'[3] viii d. pro viii acris et opus.

13 Willelmus Sperling[4] pro viii acris viii d. et opus.

14 More[5] pro dimidia virgata x et ix d. et opus et pro alia dimidia virgata iiii sol' ad placitum.

15 Godwinus filius feuwolvi[6] pro dimidia virgata xix d. et opus.

16 Sprunt pro viii acris viii d. et opus.

17 Radulfus faber v d. et opus et pro quo tenet de dominio xx d. ad placitum abbatisse.

18 Wulwardus pro dimidia virgata vi sol' et iiii d. et pro una quarteria iii sol' ad placitum abbatisse et pro alia quarteria xii d. et ob. et opus et pro aliis terrulis suis x et vii d.

19 Reginaldus pro i virgata v sol' et ii d. et opus.

20 Willelmus presbiter et Aiwinus d[enari]orem pro i virgata x sol'.

21 Robertus sutor pro terra peliparii xii d.

22 Aiwardus clericus pro dimidia virgata xix d. et opus et xx d. pro i sarto.

23 Aimerus Living'[7] pro viii acris viii d. et opus ad placitum abbatissę et pro sarto i d.

24 Hervi[8] pro dimidia virgata xx d. et opus.

25 Pater[9] [ ] pro vii acris opus ad placitum abbatissę.

26 Hedvardus tornor pro i acra war' ii d. et opus.

27 Filius Edeve pro dimidia virgata xx d. et opus et pro sarto i d.

28 Hervardus carpentarius vi d. et opus.

29 Holph xvi d. et opus.

30 Willelmus presbiter pro terra Baldvini quam Edvinus nutrix dedit cantarie ęcclesię ii d.[10]

31 Advinus de Grantia pro exsarto i d.

32 Advinus de Ripa[11] pro dimidia virgata xx d. et opus.

f.42 **33** /Thomas Porter pro dimidia virgata xx d. et opus.

---

[1] Cf. Fel. DE 5. [2] Cf. Fel. DE 6.

[3] Cf. Fel. DE 35; the sum of 8d. is owed *ad pundes*.

[4] Cf. Fel. DE 36; the name survives in Sparling's Farm.

[5] Cf. Fel. DE 3; by the mid-thirteenth century the half virgate held for 4s. at the abbess's will had been converted to a rent-paying tenure for 5s. secured by a charter of Abbess Juliana. The 19d. for the other half virgate was made up of 1s. 4d. *ad pundes*, 2d. on Palm Sunday, and 1d. at Pentecost.

[6] *Sic* in MS; probably a scribal corruption of Sewulf. [7] Cf. Fel. DE 34.

[8] Cf. Fel. DE 10. [9] A space is left blank in the MS.

[10] Cf. Fel. B 87. The rent for the chantry of the church may have been owed to the mother abbey at Caen; a fourteenth-century cartulary recording revenues of various chapels in the abbey included rents from Felsted (Archives du Calvados, H, Trinité de Caen, Cartulaire, p. 137, nos. 78, 79). [11] Cf. Fel. DE 15.

34 Thomas de Londoniis pro dimidia virgata xx d. et opus.

35 Thurchinus filius Orger pro dimidia virgata xx d. et opus et alia terra vi d.

36 Algar Colle[1] pro dimidia virgata xx d. et opus.

37 Willelmus Porch'[2] pro i virgata iii sol' et pro alia terra xii d. et pro tercia terra xiii d. et debet servare boscos et porcos.

38 Faber ad Farhaie[3] xvi d. et opus.

39 Ailmerus Hod'[4] pro i mesagio iiii communes vomeres.

40 Hosbertus porcarius[5] pro dimidia virgata x et ix d. et opus et pro alia terra xii d.

41 Willelmus Avenel ad porc' i vomerem pro i agrava retro domum suam ad placitum abbatisse.

42 Godoinus Aiardus vi d. pro terra sua et pro alia terra xii d. et opus.

43 Gondebrand pro i acra war'[6] xiii d. et opus.

44 Sewardus sutor xii d. et opus.

45 Nicholaus pro dimidia virgata xx d. et opus et pro alia terra ii d.

46 Filii Balduini v d. et opus.

47 48 49 Belte[7] xii d. et opus. Spac vi d. et opus. Holc xii d. et opus.

50 Ailwinus de quercu[8] pro dimidia virgata xx d. et opus et pro alia terra vi d.

51 Ricardus tornor viii d. et opus et ex alia parte vi d.

52 Willelmus Haiwardus pro dimidia virgata xx d. et opus et de alia dimidia virgata vi sol' ad placitum abbatissę et pro sarto ii d. et pro terra Godeve fil' solvit vi d.

53 Henricus de Ponte[9] pro dimidia virgata xx d. et opus.

54 55 Hugo xii d. et opus. Comes[10] i d. et opus.

56 Henricus[11] pro dimidia virgata v sol' et opus et pro mesuagio suo ii d.

f.42v **57** /Drinc hala[12] xx d. et opus et de exsardo ii d.

58 Alricus faber xii d. et opus.

59 Robertus Anglicus v sol' et v d.

60 Siwardus Bestem vi d. et opus.

61 Eadwinus sutor xx d. et opus.

---

[1] Cf. Fel. DE 13.   [2] Cf. Fel. DE 29.   [3] Cf. Fel. DE 69. Farheie is now Fairyhall.
[4] Cf. Fel. DE 70.   [5] Cf. Fel. DE 26.
[6] Probably land assessed as one acre; cf. Fel. B 4. The name Gondebrand survives in Fel. DE 98.
[7] Cf. Fel. DE 62, 103.   [8] Cf. Fel. DE 23.
[9] Cf. Fel. DE 18.   [10] Cf. Fel. DE 61.
[11] Cf. Fel. DE 97; if the holding is the same it had definitely become rented by 1224.
[12] Cf. Fel. DE 16.

62 Walterus sutor xiii d. vel opus pro terra Febern.[1]

63 Robertus pistor xvi d. et ad placitum abbatissę.

64 Direman[2] pro dimidia virgata xx d. et opus.

65 Aldit vidua pro dimidia virgata xx d. et opus pro tenamento bosci et pro exsarto iii sol'.

66 Faisant xx d. et opus ad placitum abbatissę.

67 Lavarchei ii d. et ob. et opus.

68 Aiston xviii d. ad placitum abbatissę.

69 Osebern franchellanus v sol' pro dimidia virgata[3] ad placitum abbatissę, et opus ad pre[carias] et pro Pirihag' viii d.

70 Becce ii d. et opus.[4]

71 Ricardus pro dimidia virgata xx d. et opus.

72 Robertus sutor[5] pro dimidia virgata iiii sol' et pro alia [blank] xx d.

73 Willelmus Sperie[6] pro dimidia virgata xx d. et opus et pro exsarto i d.

74 Quenild' xxx et ii d. ad placitum abbatisse.

75 76 Palmer[7] i d. et opus. Lohereng[er][8] ii d. et opus.

77 Mauricius ii d. et opus[9] et ii sol' ex alia parte.

78 Wulvricus de Halle iii sol' ad placitum abbatisse.

79 Moll xx d. ad placitum abbatisse.

f.43 80 Saman pro vii acris viii d./et opus et xvi d. pro terra Lohenroge ad placitum abbatisse.[10]

81 Hotuel Maldit xii d.

82 Drechesland[11] ii sol' ad placitum abbatisse quam tenet Haimarus, et de Presteshai[12] ii sol' ad placitum[a] et ipse pro dimidia virgata xix d. et opus et de exsarto ii d. et de terra Rain iiii d. et de Acre[ma]neland[13] xvi d. ad placitum abbatissę et de terra Sueteman iiii sol' ad placitum abbatisse.

83 Mauricius pro dimidia virgata xix d. et opus.

84 Willelmus de Glanvilla[14] ii d.

---

[a] MS pacit[um].

[1] Cf. Fel. DE 64, 94.   [2] Cf. Fel. DE 17.   [3] Possibly the same tenement as Fel. DE 96.

[4] Cf. Fel. DE 49; the 2d. is ad pundes.   [5] Cf. Fel. DE 28.

[6] Cf. Fel. DE 22.   [7] Cf. Fel. DE 54.

[8] Cf. Fel. DE 56.   [9] Cf. Fel. DE 52.

[10] Possibly part of the later holding of Ralph Seman (Fel. DE 53).

[11] Dracels occurs as a field-name in the 1725 maps (Essex CRO D/DCw P3).

[12] Cf. Fel. DE 25.

[13] Possibly Acremanesland (ploughman's land) is intended.

[14] The name survives in Glandfield's farm. The Glanvill family inherited the Domesday manor of Roger 'Deus salvet dominas' in Felsted (J. H. Round, 'Glanvills in Felsted', TEAS n.s. ix (1904–5), 231–2).

85 Hedricus haiward iii sol' ad placitum abbatisse.

86 Femina Cher¹ ii d. et ob. et opus.

87 Terra Blic² quam nutrix tenet xxxii d. ad placitum abbatissę, et ipse de Turoplecheland xii d. ad placitum abbatisse, et de suo feodo iii sol' et pro dimidia virgata xx d. et opus et de foro viii d. ad placitum.

88 Alricus rufus i d. et opus.

89 Gaufridus presbiter ii d.

90 Bras³ xv d. et opus.

91 Saiet xvi d. ad placitum abbatisse.

92 93 Willelmus clericus xiiii d. Ailmeru̇s Wider ii sol'.

94 Adwardus parvus iiii sol' ad placitum abbatisse.

95 Hunfridus xii d.

96 Herbagium de Faihaie ii sol' quod porcarius tenet.⁴

97 Terra de Fana⁵ vi sol' et viii d.

98 Molendinum de Hereford⁶ xxx sol' et molendinum Abachildewud'⁷ xxx sol'.

99 Molendinum de Suhalle xx sol'

f.43v 100 /Willelmus clericus frater Wulvwardi⁸ xii d. ad placitum.

*De Symone de Felesteda*⁹

102 Symon in tempore Henrici regis senis tenuit viii acras et reddidit viii d. et opus annuatim, et postea istas cepit porpresturas de dominio, scilicet Melmore et ibi molendinum,¹⁰ et aliud molendinum¹¹ habet, et dedit de dominio in excangio et parcum scilicet de defensa* abbatisse Rugeheie et Barheie,¹² et dimidium campum abbatisse qui vocatur Selverleie, scilicet xx acras vel plures et exsartum unum in Grendelesmere et exartum unum ad portam Hailwardi clerici et unum hominem hospitatum desuper, et unum exartum ad portam tornatoris Hedwini et unum hominem desuper et alium hominem ibi iuxta super parvum exsartum, et exartum Suesteifed' et ipsum rusticum desuper ospitatum, et exsartum unum

---

ª MS *defenfensa.*

¹ Probably the later *terra Kere* (Fel. DE 43).
² Cf. Fel. DE 42; in 1224 the holding had reverted to work. 'Nutrix' is probably Edvinus nutrix (Fel. B 30).   ³ Cf. Fel. DE 108.   ⁴ Cf. Fel. DE 29.
⁵ Cf. Fel. DE 31, 136.   ⁶ Hartford.
⁷ Cf. Apechildewude mill, Charters nos. 20, 21.
⁸ Both William the clerk and Wulvward also had houses in the market place (Fel. B 104).
⁹ See above, Introduction, pp. xl–xlii.
¹⁰ Cf. *Melmora et tenementum Johannis molendini* in Charter no. 5.
¹¹ Possibly *molendinum iuxta Longaland*, ibid.
¹² Cf. ibid., and for Simon's hunting rights Charter no. 2.

Subblahollehoie¹ et unum fabrum desuper et alium exartum et Subblahollehoie iuxta portam defensi et ibi quinque homines desuper hospitatos et unum exartum ibi non hospitatum, et unum alium exartum quod abbatissa tenuit in suo dominio et hominem desuper ospitatum qui modo remotus est, et unum exartum de Blacholleheie versus Nuteleie et ibi unum anglum de defenso preocupatum, et clausum extra defensum et unam gravam de La Farheie foris clausam quam Robertus carpen/tarius tenet et Sigarum molendinarium et terram suam, et unam acram de theumanlande quam Phanos molendinarius tenet et pratum ibi iuxta quod vocatur Holme, et Eadit vidua tenet de dominio terram quamdam excangiatam pro via quę est ante portam Symonis, et Symon preoccupavit herbagium chemini de Trauge et herbagium chemini de Stompstrate et dimidiam virgatam de nordlande quę fuit operaria, et omnia ista predicta sunt de demenio abbatisse preter viii acras predictas, et adhuc dedit unum exartum in Blancstanshaie pro terra quadam quę iacet in parco, et adhuc unam terram preocupavit quę vocatur Leteleheie.

De illis qui preocupaverunt de dominio

103 Robertus gener Symonis tenet de dominio duas particulas et unam moram, ille et frater suus Eilwinus filius Sewulvi² unam particulam. Seman prepositus preoccupavit de dominia cultura abbatisse duas particulas et unum parvum campum. Hoc dicunt iurati quod fere omnes homines de Felested exceptis illis de Salinges habent de dominio abbatisse exceptis iiii.

104 Isti hospicia habent in foro ante portam abbatisse.³ Ailmerus habet unum hospicium, Robertus for' unum hospicium, Robertus anglicus unum, Wulvwardus unum, Nico/laus unum, Samon unum, sanctimoniales unum et hortum, et mercator unum. Walterius sutor unum, Ruffus sutor unum, haiwardus unum, Willelmus clericus unum.

---

¹ Now Blackley; Cf. Blackley Wood in the 1725 map (Essex CRO D/DCw P3); J. French, 'An outlier of the royal forest of Essex' (*TEAS* n.s. xv (1918–20), 235–9).

² Cf. Fel. B 6.

³ Most of these men can be identified elsewhere in the custumal (Fel. B 5, 59, 18, 45, 80, 62, 100 or 92); the identities of Ailmer (? Fel B 93), Ruffus the cobbler, the merchant and the hayward are uncertain.

TILSHEAD B

f.44v   *Isti iuraverunt in Tidelfeshida*[1]
Gaufridus clericus. Robertus filius prepositi. Radulfus dodeman.
Walterus rex. Hardingus. Haywardus. Thedrincus. Ricardus gin-
man. Cupingus. Aelwinus.

1 Symon clericus tenet i virgatam terrę pro x sol' et carierat segetes.[2]
2 Aelisia vidua pro i virgata terre viii sol' et carierat.
3 Ebardus pro i virgata terrę viii sol' et carierat.
4 Walterus Hara pro dimidia virgata terrę iiii sol'.
5 Robertus filius prepositi pro i virgata terre x sol' et carierat.
6 Ricardus de Willon pro virgata terre x sol' et carierat.
7 Johannes novus pro i virgata terrę vi sol' et carierat.
8 Hardingus filius Hewardi[3] pro i virgata terre viii sol' et vi d et
carierat.
9 Walterus rex pro i virgata terrę viii sol' et carierat.
10 Robertus Hanebert pro i virgata terrę vii sol' et carierat.
11 Willelmus filius prepositi pro dimidia hyda xvi sol' et carierat.
12 Gaufridus clericus pro dimidia hyda xviii sol' et carierat.
13 Walterus prepositus pro i virgata et dimidia xii sol' et carierat.
14 Jordanus pro dimidia hyda xviii sol' et carierat.
15 Radulfus filius Donningi pro dimidia hyda xvi sol' et carierat.
16 Cupingus pro i virgata terrę vii sol' et carierat.

f.45   17 Hii sunt cotres, Turbertus/hur ii sol' et vi d.
18 19 Walterus faber iii sol'. Ricardus Ginman ii sol' et vi d.
20 21 Aelwinus pro dimidia virgata iii sol'. Robertus frater eius ii sol'
22 et vi d. Robertus filius Eadet ii sol' et vi [d.] Osmundus Velibanz
23 24 xii d. Osbertus filius Spargii ii sol' et vi d. Udian ii [sol'] et vi d.
25 26 Hardingus haiwardus ii sol' et vi d. Robertus haiwardus pro
27 dimidia virgata iii sol'.
28 Robertus filius Spargi ii sol' et vi d.
29 30 Osbertus cantor ii sol' et vi d. Theodricus ii sol' et vi.

---

[1] The jurors include a cross-section of the tenantry: Geoffrey clericus (12) held half a hide,
Ralph Dodeman is possibly Ralph Donningus who held half a hide and a virgate of
demesne (15); Robert filius prepositi (5), Walter rex (9) and Cupingus (16) held virgates;
Richard ginman (19), Aelwin (20) and probably Thedrincus (Theodricus, 30) were
cottars. Hardingus . Haywardus, written as two names, is probably a copyist's error for
one man, Hardingus haywardus, (26), a cottar.
[2] These light duties remained remarkably constant until the late fifteenth century. A survey
taken in 1461–2, after the Abbey of Syon acquired the manor, lists virgate holders who
paid 10s. and owed carrying services for husbote and heybote (PRO SC2/209/60).
[3] Probably a copyist's error for Hereward, as below, among the tenants on the demesne.

31 32 Eilaf ii sol' et vi d. Salwinus pro dimidia virgata iii sol'.
Omnes isti cotres secabunt pro garba, in voluntate abbatissę et
famulorum suorum.[1]

33 Persona ville pro c ovibus quas habet in pastura dabit iii sol' et c
oves habet quietas et v multones.

Isti tenent de dominico.

15 Radulfus Donningus i virgatam et valet viii sol'.

2 Aalisia vidua dimidiam virgatam.

3 Ebardus prepositus virgatam i.

10 Robertus Hanebert dimidiam virgatam.

13 Walterus prepositus dimidiam virgatam.

6 Ricardus Willon iii acras et dimidiam et valent x d.

7 Johannes novus ii acras et valent vi d.

8 Harduinus filius Hereward iiii acras et valent vi d.

11 Willelmus prepositus iii acras et valent ix d.

34 Ecclesia de Tidulfushida est in feudo domine. Ista villa habebat
undredum de Doleffelda,[2] in tempore Cecilię abbatisse et Matil-
f.45v   dis abbatisse[3] et in tempore Aa/lise abbatisse quamdiu Henricus
rex vixit, et inde habebat xx.[a] Et in tempore verre difforciatum fuit
et adhuc est.[4]

35 Homines de gara[5] clamant habere communem pasturam in Tidelfeshida, unde debent abbatisse dare x sol' et pro quoque animali
arare ii acras.

---

[a] *Sic* in MS.

[1] These cottars probably owed some light services, as in 1461–2. The duty of reaping 'pro garba' survived at that date; tenants then reaped an acre on Saturdays in return for the tenth sheaf (PRO SC2 209/60).

[2] The abbess did not recover any rights in the hundred of Dolefield, which was held by the king in 1281 (*PQW* p. 806); but at that date she successfully vindicated the exemption of all her tenants in Tilshead from suit of shire and hundred, in accordance with a charter of Richard I.

[3] The reference to the times of the abbesses Matilda and Cecilia should probably be taken to apply generally to the reign of Henry I, and not necessarily to mean that Holy Trinity, Caen, held Tilshead before 1113, though that possibility cannot be entirely excluded.

[4] This is the passage that caused the editors of *Gallia Christiana* (*GC* xi. 433) to state that Aalisa died in 1135, and to invent an abbess 'Verra'. But Aalisa (Alicia) may have lived into the time of war after Henry I's death in 1135, and was probably succeeded immediately by Dametta.

[5] Tenants of land assessed for geld, or gafol land (cf. Neilson, *Customary Rents*, p. 45). See P. Vinogradoff, *English Society in the Eleventh Century* (Oxford, 1908), p. 106; and his reference on p. 344 to 'Saxon ceorls on *gafolland*, transformed after the Conquest into villeins on *warland* or villeins holding 5 hides *de wara*'.

36 'Instauramentum huius ville est viii boves, unusquisque apprecia-
tus iii sol', et septem viginti oves matres adpreciatas iiii d., et lx
et xii inter gerces et hogastres, medietatem gerces et medietatem
hogastres superannatos, et xl agnos, et xxx acras frumenti, et
quater viginti de mancor, et x acras ordei, et x avene et i grantiam.

AVENING B[2]

(*No rubric*)
Isti sunt qui iuraverunt.
Rogerus presbiter, Ranulfus, Ricardus clericus, Jordanus de
Nail[esworth], Willelmus Hele, Helias filius Avi, Thomas, Rad-
ulfus clericus, Ricardus canon, Willelmus Spin'. Radulfus mol',
Reginaldus for', Harduinus, Reginaldus de Idi, Haimerus, Hal-
waldus, Hulvendus, Robertus carpentarius. Isti iurabant et omnes
alii in Hantonia et in Aveningia.[3]

1 Radulfus tenet ii virgatas terre et xii nummatos de dominio et i
acram pro ix sol' et i d. annuatim, et quoque anno iiii vicibus
aravit et ii vicibus messuit et una vice cariavit.

f.46   **2** Rogerius[4] reddit xx sol'/abbatisse et iiii vicibus arat et ii metit et
una vice cariat.

3 Jordanus[5] x sol' de ii virgatis et iiii vicibus arat et ii vicibus metit.

4 Reginaldus for' pro molendino vii sol' et vi d. et ii vicibus arat et
ii metit.

5 Alwaldus iii sol' pro dimidia virgata et vi nummatis de dominio[6]
et vi vicibus arat et iii metit et i cariat.

6 Robertus car[pentarius] ii sol' pro dimidia virgata et vi arat et iii
metit et i cariat.

7 Hernaldus iiii sol' pro virgata una et ii metit.

---

[1] This corresponds to information given for other manors in Survey A, when Tilshead was
not in the abbess's possession. The level of demesne production may have been unusually
low at this date; but no figures are available for comparison until 1299, when the number
of oxen had increased from 8 to 18, the number of sheep from 252 to 558, and the number
of acres sown with corn from 130 to 362 (Charter no. 26).

[2] See above, Introduction, pp. xxxiii–xxxiv.

[3] Jordan of Nailsworth (Av. B 3), Reginald for' (miller, Av. B 4) and perhaps Halwaldus
(Av. B 16) can be identified as tenants of Avening. Richard clericus (Min. C 93), Helias
filius Avi or Avice (Min. C 95), William Helivant (Min. C 98), possibly Radulfus
mol[endinarius] (Min. BC 11) as tenants of Minchinhampton. It is possible that the
named jurors gave general information, and all the others who swore stated their personal
obligations.

[4] Roger does not occur in Av. C.   [5] Jordan of Nailsworth; cf. Av. D 22.

[6] These holdings possibly correspond with those of Alwold's widow, Av. D 21, 88, where
one demesne holding is described as 2 acres and another as 1 1/2 acres.

8 Radulfus et due vidue vi sol' pro ii virgatis et vi arat et iii metit et i cariat.

9 Ricardus iiii sol' pro i virgata et vi arat et ii metit et i cariat.

10 Godewinus faber pro i virgata xvi d. et iiii carruchis ferramenta et clavos duobus auris*a* ante et viii falci[culos] et alio anno unam acram et vi vicibus arat et iii metit et i cariat, et brasium facit sine numero.

11 Reginaldus[1] pro dimidia virgata dimidium annum operatur et i acram arat in hyeme et quadragesima dimidiam, ad waretum i acram et preter hec vi arat et preter hec equum suum accomodavit ad carbones ducendos et ad alias voluntates eorum agendas precepto eorum, et iii metit et viii acr[as]*b* seminat in ebdomada sua, et Ricardus pro dimidia virgata sicut Reginaldus et tantum summavit quod numerum nesc[it].[2]

12 13 Robertus sicut Reginaldus pro [dimidia virgata]*c* et Alwinus

14 sicut alii pro [dimidia virgata]*d* et Lewinus sicut alii et

46v**151617** Wulvricus/sicut alii et Helwardus sicut alii et Godricus.

18 Hugo iiii sol' pro una virgata et pro Hucenabra iii d. pro Homme i ob. et pro Reuland' ii d.[3] et vi arat et vi metit et i cariat.

19 Robertus de Cleicumbe iii sol' pro molendino et iii arat et ii metit.[4]

20 Robertus Beric xvi d. pro vi acris et ix arat et iii metit et suum opus ad voluntatem eorum.

21 Wulvricus ii sol' pro quarta parte virgate et ix arat et iii metit et se ipsum et ad parc' agendum et vivariam et ad omnia negocia ad voluntatem eorum.

22 Hedricus xxx d. pro molendina et ix arat et iii metit et i cariat et preter hec hostia et herces quam pluries facio.[5]

23 Robertus Cotteldus quaque ebdomeda duabus vicibus a[rat]*d* operatur et in autumpno iiii, et ix arat.

24 Hedricus Strongulo sicut Robertus.[6]

---

a Sic in MS.   *b* MS acre.

c MS dei; probably a misreading of d.v. (dimidia virgata).

d Sic in MS; the word is inserted out of place.

---

[1] Called Reginald de Bosco, Av. C 11.

[2] The tenant's own words have probably been copied here. For the duties of working virgates see Av. C 60.

[3] These three holdings were encroachments on the demesne; cf. below, Av. D 67; the rent is there stated as 11d. in alternate years when the land was sown, and is equivalent to the 5½d. per annum specified here.

[4] Cf. Av. D 57.

[5] The tenant's own words have been copied down; his duties are more precisely defined in Av. D 56.

[6] Cf. Av. D 45; at that date Edric Strongbow held half a virgate, and since the number of cottars had then declined to five he had probably acquired a second cottar's holding.

25 Hordricus sicut alii.

26 27 Robertus Peter sicut alii et Rogerius sicut alii

28 et Semerus similiter.

29 Alwinus niger et Hugo habent terram bubulcorum[1] pro ii solidis et pro xx et iiii diebus operis in autumpno.

30 Wulvricus Pechedei[2] xv d. pro vi acris.

31 Hedricus et Guimundus ii sol' pro iii acris et dimidia et servientes sicut alii.[3]

32 Halwardus xii d. pro ii acris cum suis bederipes et aliis serviciis.

33 Gisle in ebdomada ii diebus operatur cum cunctis aliis serviciis.

34 Daia[4] pro vi acris quaque die pastorem suum ad bidentes observandos.

35 Robertus Pal[mer][5] v sol' pro i virgata et ix arat et iii metit et i cariat.

36 Bedeford[6] xii d. cum aliis serviciis suis.

37 Godewinus[7] sicut cotseldus.

f.47   *De Hantonia*[8]
De Hastonia

38 Rogerius v sol' pro i virgata et vi vicibus aravit[9] et iii metit et ii cariat.

39 Radulfus sicut Reginaldus de bosco[10] pro dimidia virgata.

40 Alvricus senex iiii sol' et vi vicibus arat et iii metit et i cariat.

41 Hastmerus pro dimidia virgata ii sol' et alia ebdomada in autumpno operari et sicut alius serviens.

42 Saiet ii sol' pro dimidia virgata et aliam ebdomadam in autumpno, et de more i acram et dimidiam arat et preter hec sicut alii servit.

43 Vidua pro dimidia virgata sicut Reginaldus.

---

[1] A former ploughman's holding; cf. Av. D 52. The later survey states that the number of working ploughman's holdings had declined from eight to three.   [2] Cf. Av. D 77.

[3] The individual holdings of these two tenants are more precisely defined in Av. C 31.

[4] The dairyman (or dairymaid) had the equivalent of a ploughman's holding. He does not occur in Av. C.

[5] This had previously been a working tenement; Cf. Av. D 17. In Av. C he also owed ¹/₂d. or two horse-shoes, probably for a small increment.   [6] Cf. Av. D 81.

[7] Cf. Av. C; he personally owed cottar's services, but the tenement did not carry them.

[8] The rubric should read *De Hastonia*. Aston, with Lowesmore, formed a detached portion of the ancient parish of Avening, lying to the NE, beyond Cherington (*VCH Gloucester* xi, 156, 157). This section is a continuation of Avening B. Administratively, however, Aston was part of the Minchinhampton complex, and in the later court rolls the tithingmen attended view of frankpledge at Minchinhampton.

[9] *Sic* in MS; probably a literal transcription of the tenant's statement of what he had done in the past year.

[10] Cf. Av. BC 11; he held a working half-virgate.

44 Hailwardus[1] pro i virgata quaque ebdomada operatur et v acras de more arat et preter hec servit sicut alii.

45 Hugo iiii sol' pro virgata sua et servit sicut alii.

46 47 Hailwardus fort et Radulfus operantur sicut alius Hailwardus et eodem faciunt et serviunt.

48 Wulvricus stuul ii sol' pro dimidia virgata et sicut alius servit.

49 Alvricus[2] iuvenis pro i virgata sicut Hailwardus et eodem servit.

50 Halvine vidua[3] sicut Ailwardus et preter hec quaque virgata operaria in Aveninges et in Haston in quoque autumpno iii diebus et in estate tres dies ii homines invenit.

51 Et in Louesmer[4] Boie[5] pro i virgata operatur sicut alii operarii

52 et eodem servit, et Lewinus filius suus similiter pro dimidia et

53 54 Harding similiter et Harnaldus pro quarta parte virgate xviii d. et in autumpno operatur.

HORSTEAD B

50

[6]*Isti iuraverunt de Horstede*

Willelmus presbiter

Hugo de Hunton

Wulvricus de Hag'[7]

Gocelinus clericus

Hede

Godvinus chingesmann

Wulmerus de Staninghal'

Galfridus filius Hanundi

Turchildus Brunus

Hachi

Ricardus de Staninghal' clericus

Ricardus de Launwud'[8]

Robertus de Launwud'

Frater eius Willelmus

Ailwardus

Godewinus roc

---

[1] Cf. Av. D 32. [2] Cf. Av. D 31.

[3] This tenant does not occur in Av. C, but the tenement may be that later held by Aluward the Palmer (Av. C 71).

[4] Lowesmore.

[5] Cf. Reginald Bie, who occurs in Lowesmore in Av. D 61.

[6] The first ten jurors named can be identified in the list of those holding for varying rents (nos. 1, 2, 4, 5, 23, 7, 6, 3, 20, 22); the next six may have been representatives of the unnamed 'landsettles' or villeins.

[7] Possibly from the hamlet of Hegget or Haygate. [8] Larwood.

Isti de dominico preocupaverunt[1]

1 Willelmus presbiter reddit iii sol' de tenamento suo.

2 Hugo de Hunton ii sol' et una vice arat et una metit et unam gallinam ad natale et quinque ova ad pascha.

3 Gaufridus filius Anunt vi sol' et iii d. et una vice arat et tribus metit et i gallinam ad natale et quinque ova ad pasca.

4 Wulvricus de Hag' iii sol' et quinque vicibus arat et tribus metit et unam gallinam ad natale et quinque ova ad pasca.

5 Gocelinus clericus ii sol' et quinque vicibus arat et tribus metit et ad natale i gallinam et ad pasca quinque ova.

6 Wulmerus[2] iii sol' et i d. et alias consuetudines sicut alii.

7 Godvinus cingesman[2] iiii sol' et sicut alii.

f.50v **8** /Ricardus pullus[3] iiii sol' et vi d. et sicut alii.

9 Ewardus et frater eius iii sol' et sicut alii.

10 Lefeld' xviii d. et sicut alii.

11 Ricardus pro uno tenamento xxx d. et sicut alii et pro alio tenamento xxvii d. pro omnibus serviciis.

12 Terra Edwini v sol' et vi d. et sicut alii.

13 Ricardus filius Halde[n] xii d. et sicut alii.

14 Herman et Johannes xxvii d. et sicut alii.

15 Ailmerus faber xii d. et sicut alii.

16 Hervi xviii d. et sicut alii.

17 Adam iii d. et sicut alii.

18 Willelmus de Helle[4] iii sol' et iiii d. et sicut alii.

19 Adam filius Cotel xxv d. et sicut alii.

20 Turchillus brunus iii sol' et sicut alii.

21 Johannes ii sol' et sicut alii.

22 Achi ix d. et ob. et sicut alii.

23 Hede iiii sol' et i d. et sicut alii.

24 Matildis vi d. et sicut alii.

25 Eadwinus boleman iii d. et sicut alii.

26 Willelmus filius Chetel xviii d. et sicut alii.

27 Lewinus claudus ii d. et sicut alii.

---

[1] The list probably describes old holdings on demesne land. The total of the rents due from these tenants, added to the rents from 'Dalegate' and Staninghall, comes to within a few pence of £8, the cash revenue from the farm in Hor. A.

[2] Sons of Wulmer, Godwin Kingesman and Richard Pulein held shares in the mill of Neford in the early thirteenth century (Charter no. 19).

[3] Richard Pullus (Pulein) was concerned in two substantial conveyances of land in Horstead in 1202 (*Feet of Fines for the County of Norfolk*, ed. B. Dodwell (PRS, N.S. xxvii, 1950), nos. 414, 415); cf. also preceding note.

[4] William de Hill and Goda his wife were parties in one suit against Richard Pulein (ibid., no. 415).

28 Hedstanus vi d. et sicut alii.

.51 **29** /Goge ii d. et sicut alii.

30 Radulfus clericus x d. et sicut alii, et de tribus asilibus[1] iii d. et sicut alii.

31 Hermerus ix sol' et iii d. pro omnibus serviciis.

32 Alberada ii sol' pro omnibus serviciis.

33 Petrus xv d. et sicut alii.

34 Willelmus albus ix d. pro omnibus serviciis.

35 Asgarus vii d. et sicut alii.

36 Radulfus vi d. et sicut alii, et duo asilia ii d. et unum asile iii d.

37 Elvine iii ob.

38 Wilvricus xii d. et sicut alii.

39 Radulfus xii d. et sicut alii.

40 Wulvwardus iiii d. et sicut alii.

41 Godwinus bercarius ix d. et sicut alii.

42 Thurchild' mercator x et ix d. et sicut alii.

43 Robertus presbiter iii d.

44 Willelmus diacon vii d. et sicut alii.

45 Robertus et Willelmus vii sol. et iii d. et sicut alii.

46 Ricardus filius Cetel iiii sol' et sicut alii.

47 Thure xii d.

48 Hervi et Willelmus et Hedricus ii sol' et iiii d. et xiii d. in autumpno et sicut alii.

49 Godwinus clericus xviii d. et una vice arare et alia metere, et gallinam et ova.

50 Godricus de ęcclesia ii sol' et eundem servitium.

f.51v **51** /Sawardus xiii d. et similiter.

52 Homines de Dalegate[2] iii sol' et quisque iii dies in autumpno et gallinam et ova. Et viginti et vii landsetles[3] habentur preter istos predictos, et reddunt xl et v sol' et iii ob. et servitium secundum tenamentum suum.

53 Homines de Stanigehale debent xviii d. ad firmam portandam ad Felestede.

54 [I][a]sti homines tenent de dominio et reddunt censam, quos amodo nolumus nominare.

---

[a] Blank space left for rubricated initial.

[1] An unusual word, not in *DML*. The most likely explanation is that it is a corrupt derivation from *argillum*, clay, and refers to clay-pits.

[2] Dall Gate was across the river Bure in Belaugh; possibly the abbey had a few dependent tenants there. The name Deeles, however, occurs in Horstead itself.

[3] Customary tenants or villeins; cf. *Cartularium monasterii de Rameseia*, ed. W. H. Hart (3 vols. R.S. 1884–93), iii. 261–5 and *passim*.

De dominio

55 Willelmus filius Hulfortel tenet ix acras de dominio et hospitatur
19 desuper.[1] Adam filius Cetel xv acras et desuper hospitatur et unam particulam prati.

De purpresturis

34 Willelmus albus xii acras et dimidiam et grangeam super.
Johannes xiii acras et particulam prati, et hospitatur desuper.
Wuillemerus de Staningehale xi acras.
35 Asgerus i acram et desuper hospitatur.
24a Radulfus filius Matildis i acram et desuper hospitatur.
Aluware i acram.
Simon iii acras et desuper hospitatur.
Aluware dimidiam acram et desuper hospitatur.
3a Godoinus filius Anunt iiii acras.
22 Achi vi acras et particulam prati et desuper hospitatur.
Radulfus presbiter iii acras et desuper hospitatur.
Gothe iii acras.
4 Wulvricus de Hage vii acras et desuper hospitatur.
Matildis dimidiam acram.
Gotche carpentarius ii acras.
30 Radulfus clericus vii acras et desuper hospitatur.
Radulfus palmer ii acras.
f.52   Thurchild' ii acras et dimi/diam et desuper hospitatur. Filius eiusdem dimidiam acram.
Rogerius ii acras.
Eadwinus ii acras.
Edstanus ii acras et desuper hospitatur.
Leuwinus dimidiam acram et desuper hospitatur
Eadwinus taucus ii acras et desuper hospitatur.
Piteman xii acras et desuper hospitatur.
Hermer xxiiii acras et desuper hospitatur, et ii homines hospitatos desuper.
Airicus i acram et desuper hospitatur.
Thomas i acram. Thurchildus i acram. Gowinus faber i acram et
44 dimidiam. Willelmus diaconus vii acras.
46 Ricardus filius Cetel xx acras et desuper hospitatur.
47 Thure xiii acras et desuper hospitatur.
Ricardus clericus i particulam prati. Wulvricus dimidiam acram.

---

[1] Twenty-two new houses are recorded in the list of demesne settlements and purprestures elsewhere.

Et iiii asilia habentur quę sunt de dominio, et iii molendini de Horsted valent viii libras annuatim.[1]

Et illi homines qui sunt prescripti, scilicet Willelmus presbiter et alii secundum iuramentum suum appreciaverunt destructionem boscorum de Horsted ad valorem sexaginta marcharum et plus preter hoc quod sumpserunt ad domos curie reparandas et ad molendinos, et preter hoc quod domina abbatissa dedit.

DESTRUCTION OF WOODS IN AVENING AND MINCHINHAMPTON

De tenamento de Avening'

Homines de Aveni[n]g' dicunt super iuramentum suum quod bosci de Aveni[n]g', scilicet Wnverderug, Heselholt, Westgrove, Rettingedene,[2] sunt destructi plus de medietate. In quibus boscis poterant mille porci pasci quando/pessun veniebat tunc temporis, et modo non possunt pasci v c, et in iiii[or] locis sunt essartez quod computant xii acras unde domina abbatissa nec abbatissa que post ipsam venerit nunquam aliquid proficuum accipiet nisi aliud consilium capiatur, et preter hec dampnum de Wnverderug appreciant xx marcas et plus, et de aliis tribus boscis xvi marcas et plus, et hoc damnum factum est per cendrarios[3] et per carbunarios[4] et per venditiones et per dona sine proficuo ville.

.52v

De tenamento de Hant[on']

Homines de Hant[on'] appreciaverunt dampnum de bosco de Colecumbe[5] super iuramentum xii marcas et plus preter hec quod dominus et homines dispenderunt in necessitate ville, et de bosco de Nordeg usque Lincub iiii marcas et plus, et assart de Lincub xx sol' et plus. De Burleia[6] usque Moggemore per magnam rodam cum bosco de Brechecumbe[7] et de Rodeberewe[8] appreciant dampnum xiii marcas et plus, et de Moggemer usque Trolwelle[9] et sub

---

[1] The great increase in the value of the mills from £3 in Hor. A to £8 was probably due to the spread of cultivation into the woods, and explains the policy adopted in the early thirteenth century of buying out the farmers of the mills (cf. above, Introduction, p. xlv).

[2] Cf. Av. D 6. Bradegrave is not included in the list here. Haselholt (later Hazel Wood) was a demesne wood. Rectingdene and Westgrave woods (cf. *TBGAS* liv (1932), 365) were demesne hazel groves standing in the fields. Wunferderug was a common wood for the township.

[3] Potash makers; their appearance here may be connected with the rising wool-industry.

[4] Charcoal-burners.

[5] Cowcombe wood (*EPNS Glouc.* i. 96–7); the derivation may be a valley where charcoal is burnt.

[6] Burleigh (*EPNS Glouc.* i. 96).

[7] Cf. *EPNS Glouc.* i. 100.

[8] The hamlet of Rodborough.

[9] Trulwell, near Box.

et supra per magnam rodam x marcas et plus et damnum de Gatecumbe[1] appreciaverunt v marc' et plus, et assart de magna roda cum essart Barlag[2] iii marc' et plus, et preter hoc appreciaverunt damnum de sepe unde parcum fuit clausum vi marc'.

f.53 /In tempore quo Symon recepit Hant[on'] et Avening' ii m. porci poterant pasci in omnibus boscis de Hant[on'] quando pessun veniebat, et modo non possunt mille, et ist[i] bosci vastantur per carbunnarios et per cendrarios[3] et per venditiones et per dona sine proficuo ville.

MINCHINHAMPTON B

f.53 *De francalanis de Hant[on'] et de moribus ville et de reddita*
1 Alveredus de Colecumb reddit viii d. et bede.
2 Ricardus de Col[cumbe] i virg' pro v sol' vel operabitur.[4]
3 Sensil xii d. pro fininge[5] et bed'.
4 Edricus pelleparius[6] i quar[terium] pro ii sol' vel operabitur.
5 Gerardus i virg' pro iiii sol' vel operabitur.
6 Vidua fitun i quar[terium] pro xviii d. et bed'.
7 Am[m]e chaue dimidiam virg' operariam et dimidiam virg' pro ii sol' et oper' in augusto vel opera' totum.[7]
8 Ostable dimidiam vir' pro ii sol' et oper' in augusto vel totus oper'.
9 Chanterel dimidiam virg' pro ii sol' et oper' in augusto vel totus oper'.

Astaford[8]
10 Godardus pro molendino de Staford et pro quar[terio] v sol'.
11 Radulfus de Calef[ord'][9] pro molendino et dimidia vir' viii sol'.
12 Henricus filius Seluve pro domo sua viii d. et bed'.
13 Rabite[10] dimidiam vir' pro xii d. et oper' in augusto vel tot' oper'.
14 Bernardus Cole dimidiam virg' oper' et quar[terium] pro xii d.

---

[1] Gatcombe.   [2] Cf. Min. BC 35.
[3] Potash makers and charcoal burners, as at Avening.
[4] This formula describes tenants holding for rent at the time of the survey, who owed rent or works at the abbess's will.
[5] Possibly Vininge; cf. Min.D 8.
[6] Cf. Min.B 65 and above, Introduction, p. xxxv. These two entries refer to the same tenant, entered in two different ways.
[7] Cf. Min.C 7. These two entries certainly refer to the same holdings, possibly with a different tenant, but more probably giving different nicknames for the same man. One virgate was held for works; the other for rent and autumn works, but it might revert to works at the abbess's will.
[8] Stoford.   [9] Chalford.   [10] Cf. Min.D 53.

15 Gisle[1] et Bonum cor i quar[terium] pro ii sol' et bederipes.

53v **16** /Ricardus de Hida[2] dimidiam virg' pro ii sol' et oper' in augusto vel tot' op'.

17 Serlo dimidiam virg' pro ii sol' et operat' august' vel tot' op'.

18 Wulvricus[3] living i virg' pro ii sol' et oper' in augusto.

19 Godwinus[4] de Hida i quar[terium] pro ii sol', et pro demen' ii d. vel oper'.

20 Welond dimidiam virg' pro ii sol' et bederipes.

21 Alwoldus de Burl[eia][5] dimidiam virg' pro ii sol' et bed'.

22 Rogerus de Burl[eia] dimidiam virg' pro ii sol' et opera' in augusto vel tot' oper'.

23 Radulfus botre[6] dimidiam virg' pro xii d. et oper' in augusto vel tot' op'.

24 Alvricus cervus[7] i quarterium pro viii d. et oper' in augusto vel tot' op'.

25 Adam cestel dimidiam virg' pro ii sol' et oper' in augusto vel tot' op'.

26 Henricus de Bremesc[umbe][8] dim' virg' pro ii sol' et op' in augusto vel tot' op'.

27 Alveredus fulon[9] ii sol' pro dimidia virg' et oper' in augusto vel tot' op'.

28 Edwardus cestel i quar[terium] pro ii sol' et pro demen' ii d. et bed'.

29 Robertus Walensis dimidiam virg' operariam et i lusdi[10] pro xii d.

30 Alexander et Willelmus i virgatam de demen' pro v sol'.

31 Gilbertus canis pro molendino et pro quar[terio] x sol' et bed'.

32 Rogerius fullo dimidiam virg' pro ii sol' et op' in augusto vel tot' op'.

33 Thomas parvus pro terra sua xiiii d. et oper' in augusto.

34 Elmarus auceps[11] pro i lusdi vi d. et pro demen' vi d. et op'.

35 Adam barlag[12] pro domo vi d. et pro assart vi d. et bed'.

36 Edricus filius Aldwi tenet i lusdi et dat pro demen' ii d.

37 Edricus de Harestan dimidiam virg' pro vii sol' vel servabit

---

[1] Cf. Min.D 54, Min.E 34, 35. [2] La Hyde.
[3] Cf. Min.D 51. [4] Cf. Min.D 14.
[5] Burleigh. [6] Cf. Min.B 68, and note to Min.B 4.
[7] Cf. Min.B 69, and note to Min.B 4. [8] Brimscombe.
[9] In Min.E (c. 1306) a fulling mill was recorded at Brimscombe; but at this date Alfred may have been a foot fuller.
[10] A variation of *lundinarium*, a small plot originally held for Monday work (cf. P. Vinogradoff, *Villainage in England* (Oxford, 1927), p. 256; *Gloucester Cartulary*, iii. 207).
[11] A fowler; cf. Min.D 24.
[12] Cf. Min.D 25, where the holding is described as a *lundinarium*.

f.54   por/cos et pro demen' xvi d.[1] et bed'.

38 Bernardus canis[2] i quar' pro xvi d. et bed'.

39 Aldwinus de Neilesw[u]rd'[3] dimidiam virg' pro v sol' vel op'.

40 Vidua et Walter pro molendino et i quar[terio] vi sol' et bed'.

41 Aldwinus filul[4] pro demen' xvi d. et bed'.

42 Edricus de Fronterton' i virg' pro iiii sol' et op' in augusto vel tot' op'.

43 Edricus ursus dimidiam virg' pro ii sol' et op' in augusto.

44 Willelmus Smedbred dimidiam virg' pro xvi d. et oper' in augusto.

45 Aldwinus de Dudd[en'] i virg' et i acram de demen' pro iii sol' et bed'.

46 Filius potarii[5] i quarterium pro xii d. et oper' in augusto vel tot' oper'.

47 Satis longus[6] i lusdi pro xii d. vel op'.

48 Robertus de fonte[7] i quar[terium] pro xiiii d. et oper' in augusto vel·tot' op'.

49 Jordanus de fonte dimidiam virg' pro ii sol' et op' in augusto vel tot' op'.

50 Wulmarus de fonte dimidiam virgatam pro ii sol' vel op'.

51 Pugnator[8] pro demen' vi d. et bed'.

52 Radulfus albus dimidiam virg' pro ii sol' et bed'.

53 Hubertus pro terra sua ii sol' et bed'.

54 Bulle xii d. et i bed'.

55 Matildis[9] xii d.

56 Sutor xii d.

57 Eluwinus connestabule dimidiam virg' pro ii sol' et op' in augusto.

58 Polite[10] ii sol'.

59 Abraham[11] viii d.

60 Ustmarus pro demen' vi d.

61 Willelmus mercator pro Wudiedihc[12] xii d.

62 Bedellus pro demen' i d.

f.54v **63** /Alvricus filius Hedew[u]lf pro domo sua i lusdi[13] in augusto.

64 Alveredus filius Eilaf pro demen' iiii d.

---

[1] Cf. Min.D 28 for the demesne holding.   [2] Cf. Min.D 29.   [3] Nailsworth.
[4] Probably a misreading of Suul (later Swele), as in Min.C 41.
[5] A double entry with Min.B 71; cf. note to Min.B 4. *Filius potarii* and *filius figulide* both mean 'potter's son'.   [6] Cf. Min.D 48.
[7] A double entry with Min.B 70; cf. note to Min.B 4.
[8] Possibly a champion in judicial duels.   [9] Cf. Min.D 45.
[10] Cf. Min.D 2.
[11] Cf. Min.E 124 for *terra Abraham*.   [12] i.e. Wudiedich; cf. Min.D 9.
[13] In this context *lusdi* must mean either a boon work or a Monday work.

62 Alvricus bedellus dimidiam virg' operariam pro qua est prepositus domini.

65 Edricus pellepar[1] tenet i cotselde et operatur ii dies in ebdomada, et debet auxiliare bracino et quot diebus erit bracino erit quietus ab opere alio et ille cum sociis habebit unum sestarium de cervesia et debet fugare animalia ubi precipietur et portabit gallinas et servabit fures cum bubulcis,[2] et bidentes servabit documento bercarii quando agnelabunt, et servabit caseum per noctem et porcos in pessun cum porcario et quot diebus vel noctibus fuerit in his serviciis tot diebus erit quietus ab opere suo.

66 Wulvricus cithareda[3] de i cotselde similiter.

67 Aldwinus de Besseber pro i cotselde similiter.

68 Radulfus botte[4] de ii cotseld' cum mesuage[a] Henrici similiter.

69 Alvricus cervus[5] i cotselde similiter.

70 Robertus[6] de Fonte de i cot' similiter.

71 Filius figulide[7] i cot' similiter.

72 Decem bubulci[8] sunt in Hanton. Unusquisque debet habere v acras et sabbato sibi arare et a quaque carea i garbam et omnes bubulci debent habere i acram frumenti ad augustum et a hocedei[9] usque ad augustum habebunt lac de bidentibus mane diebus dominicis nisi in die Pentecosten et terciam acram/de decima et tercium agnum, et femine eorum trahent bidentes, et habebunt mesge cum bercariis et unaquaque operabitur i lusdi post festum sancti Michaelis usque ad tempus quo incipiet trahere oves.

De bercariis

73 Duo sunt bercarii qui habent i virg' et debent custodire bidentes et facere caseum et custodire per totam ebdomadam usque in die sabbati et quoque sabbato habebunt vas in quo premitur caseus plenum sale, et per xii dies Natalis habebunt faldam super terram suam, et erunt quieti a bederipes et[a] set femine metent duas et filii et filię facient bederipes, et ipsi habebunt lac mane in die Pentecost' et ii vellera et ii agnos.

---

[a] *Sic* in MS.

---

[1] Cf. Min.B 4.

[2] The account of the ploughmen's duties (Min.B 72) does not specify the guarding of thieves, but the information recorded is incomplete on many points.

[3] A minstrel or harpist.

[4] Cf. Min.B 23. [5] Cf. Min.B 24. [6] Cf. Min.B 48. [7] Cf. Min.B 46.

[8] Two to each plough; in Min.A there were five ploughs on the demesne.

[9] Hokeday: the second Tuesday after Easter.

74 Hustmarus est vacarius qui habet dimidiam virg' et custodit vaccas
et ociosa animalia.

75 Haiwarderia reddit vi sol' cum Gatec[omb'] et Colec[umb'] sed
solebat reddere iii sol' et l gallinas et ii c ova.[1]

76 Terra de Glowecestria reddit iiii d.

Pratum de Pilesmore[2] reddit xx sol' secundum calumniam Gilberti
de Sunninges, sed plures dicunt quod debet reddere xxx sol'.

De operariis

77 Omnes virgate operarie de Hanton' debent operari unaquaque
ebdomada sine sabbato et summare et arare semel et herciare
unaquaque ebdomada et a quoque aratro iii acras ad benas arare

f.55v et herciare et illi de monte/arare[a] pro herbagio i acram et verberare
bladum ad semendas iii predictas acras, et ter in anno debent
accomodare aratra et semel metere[b] in augusto sicut sibi ipsi, et si
domina fecerit tabernam virgat[a] debet emere nummatam cervesie, et semel debent cariare in augusto in die iiii careas infra
herdewicam et iii ultra, et ii virgat' debent invenire i equum ad
portandum caseum et bacones ad Subhanton'[3] semel in anno, et
quisque molendinarius debet invenire i equum et quisque bercarius
i et ii porcarii ii equos, et domina potest facere i defens' preter
dunas contra animalia hominum usque ad festivitatem omnium
sanctorum, et post nullum preter dunas, et ad hoc defens non
habebit Longgerstun[4] nec inlond, et omnis qui tenet terram operariam debet metere iii bederipes et femina wivenirip scilicet cum
tribus hominibus sed famulus qui vadit ad opus erit tertius,[5] et a
quaque domo ex qua exit fumus debent dare i gallinam contra
Natale et contra Pascha v ova, et omnes qui non sunt liberi masculi
et femine debent metere iii bederipes, et operarii debent facere
brais et in die quo siccant erunt quieti ab alio opere, et ad bracinum
debent invenire vasa; et a quoque porco superannato debent

f.56 dare i d. et de illo qui/habet dimidium annum i ob. sive pessun sit
in bosco sive non; et á taverna[c] dare i d. vel nummatam cervesię

---

[a] MS *arardi*.   [b] MS *meteri*.   [c] *Sic* in MS.

[1] Cf. Av.C 68 note; the fact that the hayward farmed the right of collecting the poultry and
eggs due for the custom of the wood may explain the omission of these dues from Min.BC,
whereas there are many references in Min.E.

[2] The rent was not increased. In 1328 (*Cal.Inq.Misc* ii. no. 1023) the meadow of Pillesmor
was said to contain 100 acres, of which 60 were worth 45s. and 40 worth 6s. 8d., and to
be held of the abbess of Caen for 20s. 1d. annually.

[3] Cheese and flitches of bacon were sent to Southampton for shipping to Caen.

[4] Part of Garstons (*EPNS Glouc.* i. 101).

[5] i.e. the tenant, his wife and one other member of his household.

de tolnei; et si operarius vendit equum infra tenamentum debet dare ii d. de tolnei, et qui emit ii d. et de bove i d. Unusquisque qui habet feminam debet dare i denarium sancti Petri et qui non habet feminam i obolum preter francalanos, et hos denarios colligit domina et reddit de tenamento v sol' sancto Petro,[1] et dimidia virgata debet facere dimidium predicti servicii.

'f.56] **78** Unaquaque virga quę est in hida[2] debet claudere v percatas circa Brumesgrave preter terram Adam Spil' et in cuius petura invenietur ad claudendum in die Ascensionis dabit ovem cum agno de forisfact', et si mulieres se[r]viles mecentur[3] venient ad halimotum et si non poterint se excusare cum v feminis iudicabuntur in forifacto de x sol'.

Unaquaque virga supra montem debet claudere x percatas in campis, sed ipsi de Benescrib' et de Elsisl' defendunt se pro i virg'[4] et cuius petura non fuerit clausa dabit forisfactum sicut de Brumesg[rave].

79 Alvricus de Beul[eia] et filius tenent virg' operariam.

80 Dewi[5] dimidiam virg' operariam.

81 Willelmus de Burl[eia] dimidiam virg' operariam.

82 Burgleia dimidiam virg' operariam.

83 Ernaldus et Rogerus de Elsisl' i virg' operariam.

84 Semarus i lusdi.

85 Rogerus de Brechec[umbe] dimidiam virg' operariam.

f.56v **86** Wulvricus fullo dimidiam virg' operariam.

87 Wulvricus Wilde dimidiam virg' operariam et pro Limburi x d.

88 Estmarus dimidiam virg' operariam.

89 Wulmer filius Ailuve similiter.

90 Alvricus suul[6] similiter.

91 Hugo greihwei similiter.

---

[1] By the late thirteenth century, owing to the decreased number of unfree peasants, the sums collected invariably fell short of 5s., but the sum paid by the abbess remained fixed at 5s.; cf. Min.E 162.

[2] The reference may be to holdings in La Hyde; but Adam Spilman's land was towards Rodborough, and the more general definition in Min.D 1 suggests that hide is used as a measure of land rather than a place.

[3] i.e. *mœchentur*; for this clause see above, Introduction, pp. xlvi–xlvii. Cf. also Min.D 1, 'Mulier que libera non est de stupro respondebit et in curia iuri stabit'.

[4] The tenants in each of the hamlets of Brimscombe and Allsley were collectively responsible for the fencing duties of one virgate.

[5] His name remained attached to a working virgate in Min.E 38.

[6] Later Swele; the name survives in Swell's Hill (*TBGAS* liv (1932), 224). Other names that recur (of Burleigh (Min.E 43), of Brechcombe (Min.E 65–7), of Allsley (Min.E 61–2)) are those of hamlets rather than tenant families.

92 Sevarus pro v acris de demen' et pro terra quam Herduinus vendicat oper' ii diebus in ebdomada.

De francalanis et de consuetudinibus eorum.[1]

De Panneberie

1 Warinus pro una virg' a sancto Michaele usque ad Vincula sancti
Petri quaque ebdomada iiii diebus operatur, et in autumpno
quinque et summeat et si habeatur aliquod festum ad opus eius
sit, et quot habet iuga tot arabit acras.
2 Hedricus pro i virg' similiter.
3 Alvricus pro i virg' similiter.
4 Ernilda pro i virg' similiter.
5 Martinus pro i virg' similiter.
6 Alvredus et Sawardus pro i virg' similiter.
7 Walterius et Hedred pro i virg' similiter.
8 Radulfus et Aluwinus pro i virg' similiter.

De gabulo.

9 Ricardus pro i virg' v. sol' vel opus in voluntate abbatisse.
10 Robertus West' pro i virg' similiter.
11 Robertus furneis pro i virg' similiter.
12 Willelmus pro dimidia virg' ii sol' et vi d. vel opus.
13 Presbiter tenet cum ęcclesia unam virgatam.

---

[1] The 'franklins' here listed, as at Minchinhampton, appear to be the men personally free;
some held working tenements. There is no mention of the cottars and ploughmen who
figure in Pinbury A, and the survey must be incomplete.

THIRD SERIES (C)

Cartulary copy; Bibl. nat. MS lat. 5650.

DATE: *c.* 1170, very shortly after the B surveys.

AVENING C

47v ¹Omnes isti hec iura/verunt, Baro, Robertus Pal[mer], Willelmus, Caduf', Aiwardus, Vid, Lewinus, Godricus, Godricus m[olendinarius].

*De Aveningia firma*²

3 Jordanus de Naileswurde tenet ii virgatas terrę unde reddit x sol' et recta consuetudine una vice arat in yeme et alia in quadragesima sicut sibi ipsi, et una vice metit in autumpno sicut sibi ipsi et homines sui.³

4 Reginaldus mol[endinarius] pro molendino et pro quarta parte virgate vii sol' et vi d. in voluntate abbatisse, et arare et metere sicut Jordanus.

1 Radulfus tenet duas virgatas terrę et unam mesuagiam*ᵃ* et unam acram pro ix sol' et i d., sed alia est militaris,⁴ et debet duabus vicibus arare et una metere, ille et sui homines sicut sibi ipsi.

7 Harnaldus forestarius pro i virg' iiii sol' et arare et metere sicut alii.

72 Radulfus Walterius thein pro i virgata v sol' et arare et metere sicut R[adulfus].

ᵃ Sic in MS.

---

¹ The list of jurors is written as if it were a continuation of the last section in Avening B, before the rubric *De Aveningia firma*; but it ought certainly to preface Avening C. Baro cannot be identified with certainty; Robert Palmer is Av. BC 35, William Av.C 61, Aiwardus Av.C 62, Vid (Wid) Av.C 56, Lewin probably Av.C 60, Godric Av. BC 17, Godric m[olendinarius] probably Av.C 57. Caduf' might be a misreading of Radulfus, either Av.BC 1 or Av.C (?) 72. Six of the nine may be, and three certainly are, tenants omitted from Av.B. Quite apart from the haphazard arrangement of B, its incompleteness may have been a reason for the second survey, C, which includes the sworn testimony of men omitted from the first.

² The marginal numbers in this section are the same as those for the corresponding tenements in Av.B; occasionally the tenant changed between the surveys. Numbers higher than 54 are for tenements that cannot be traced in Av.B.

³ The ploughing and carrying services of Jordan and most other tenants were for the right to take wood for repairs and fires; cf. Av.D 6. The same services were performed in Minchinhampton.

⁴ For military virgates cf. above, Introduction, p. xxxv.

8 Radulfus et ii vidue pro ii virgatis vi sol' et arare et metere sicut R[adulfus].

10 Godvinus pro i virgata xvi d. et ferramenta iiii caruchis et clavos duobus auris ante et viii falciculos et viii sarclones et amendare pent[ur]as hostiarum et gu[mo]s et haspas et unam dacram de ferris[a] alio anno et ad ista perficienda habet unam acram frumenti de dominio in autumpno, et debet arare in yeme acram dimidiam et quadragesima dimidiam, et preter hec arare et metere sicut R[adulfus].

f.48 **6** Robertus carpentarius pro di/midia virgata ii sol' et arare et metere sicut R[adulfus].

5 Alwaldus pro dimidia virgata et ii acris de dominio iii sol' et arare et metere sicut R[adulfus].

35 Robertus palmer[1] pro i virgata v sol' et i ob. vel ii fer' et arare et metere sicut R[adulfus].

18 Hugo pro i virgata et forlonda iiii sol' et v d. et ob. et arare et metere sicut R[adulfus].

55 Sired[2] pro dimidia virgata ii sol' et arare et metere sicut alii.

56 Wid[3] pro dimidia virgata ii sol' et arare et metere sicut alii.

30 Wulvricus pechedei pro terra bubulci xviii d. et arare et metere sicut alii.

20 Robertus belric pro vi acris xvi d. et arare et metere sicut alii.

29 Hugo fuler[4] pro vi acris xii d. et arare et metere sicut alii.

33 Gisle pro viii acris xx d. et arare et metere sicut alii.

31 Gudmundus pro una mesuagia et pro una acra et dimidia xii d. et arare et metere sicut alii.

32 Haluwardus xii d. et metere sicut alii.

31 Hedricus pro una mesuagia et ii acris xii d. et arare et metere sicut alii.

36 Bedefrod xii d. et metere sicut alii.

57 Godricus mol' xl d. et unam hercem et iiii gallinas et auxiliari ad paranda et reparanda hostia et portas et domos curię et boderipes[b] et denarios pro pascuis[5] quando habet et arare et metere sicut alii.

22 Hedricus mol' xxx d. et alias consuetudines sicut Godricus.

---

[a] MS *feiris*.   [b] *Sic* in MS.

---

[1] Cf. Av.D 17, 65.

[2] Sired and Wid replace Av.B 9, who held i virgate. Cf. also Av.D 10.

[3] Cf. previous note, and Av.D 27.

[4] There was a band of fuller's earth on the higher slopes of the valleys of Avening. No reference to a fulling mill has been found before the thirteenth century, and the fulling may have been done by foot at this time.

[5] For pasture rights.

19 Robertus mol' de Claicumbe iii sol' et alias consuetudines sicut Godricus, sed sine bederipes.

21 Wulvricus de bosco ii sol' et arare et metere sicut alii.

58 Ailwardus xii d.

59 Willelmus[1] pro Huchenacra iiii d.

.48v *Isti sunt qui gabulant*[2]

60 De operariis. Lewinus pro una virgata debet operari quaque die ebdomade sine sabbato cum uno homine et in estate waratare ii acras de bene et quietus de duobus diebus operis sui, et ii acras in yeme et quietus de duobus diebus operis sui, et cum suo opere verberare semen his duabus acris et herceare eas cum equo suo, et in quadragesima unam acram et herceare eam et quietus de duobus diebus operis sui, et in estate iii dies ad sarcleandum cum uno homine et cum suo opere et iii dies in autumpno, et super hęc suas bederipes et wifirip[3] et summeare quaque ebdomada et facere braisium quando iubetur et ad hoc quietus de uno opere et ad brasium siccandum capere buscam sine dampno, et si domina non possit perarare[4] waretum suum ad pascha homines sui secundum posse bovum suorum ei adiuvent, et tribus vicibus nosiare in autumpno, et preter hęc i a[rare] et m[etere] sicut alii.

61 Willelmus pro i virgata similiter eius servicii.

17 Godricus pro dimidia virgata operatur alia ebdomada et eadem summeat et facit dimidiam consuetudinem virgate integre operarie.

16 Haluwardus pro dimidia similiter.

15 Wulvricus pro dimidia virgata similiter.

13 Aluwinus pro dimidia virgata similiter.

12 Robertus pro dimidia virgata similiter.

14 Leuwinus pro dimidia virgata similiter.

11 Ricardus pro dimidia virgata similiter.

62 Ailwardus pro dimidia virgata similiter, sed autumpno quaque ebdomada.

11 Reginaldus de bosco pro dimidia virgata sicut Godricus.

f.49 **28** Semer pro i cotsel/da quaque ebdomada duobus[a] debet operari et reddere iiii gallinas ad festum sancti Martini, et si braciant ad curiam et ipse eis adiuvet in loco operis sui et quot diebus adiuvet

[a] *Sic* in MS; the sense requires *duobus diebus.*

[1] Cf. Av.D 68, where he is described as the brother of Hugh (Av.BC 18, Av.D 67).

[2] Custumary tenants who perform gavel-works for rent; cf. the *gavelmanni* of Felsted (below, p. 91, n. 1).

[3] Wifirip or wiverip: a boon reaping in which the wives of tenants participated.

[4] i.e. complete her ploughing.

tot diebus sit quietus ab opere suo, et si domina sit Bristoie vel Glowernie[1] vel alias ipse equus vel pedes ei portabit gallinas, et si bidentes agnellant easdem bidentes cum agnis suis observabit seperatim per doctrinam ipsius pastoris,[2] et si aliqua pecunia debetur duci Felstudiam vel Horstudiam[3] vel alias ipse easdem ducet et quamdiu moratur quietus sit ab opere suo.

23 Robertus pro i cotselda eiusdem servicii est cuius et Semer.

25 Hordricus pro i cotselda similiter.

26 Robertus Peter pro i cotselda similiter.

27 Rogerius pro i cotselda similiter.

24 Hedricus pro i cotselda similiter.

37 Godewinus pro i cotselda duobus diebus ebdomade operatur, sed hac cotselda non dicitur predictarum cotseldarum c̃onsuetudine esse.

29 Hugo fuller iiii gallinas ad festum sancti Martini.[4]

29 Alwinus niger similiter.

63 Leuricus similiter.

64 Ailricus similiter.

65 Selewinus similiter.

66 Osogot similiter.

67 Gisle similiter.

57 Guodricus mol' similiter.

22 Hedricus mol' similiter, et omnes operarii Aveningie pro mortuo bosco et pro spina et pro arabla in Hasleholt[5] quilibet de i equo ii d. et de se ipso si sine equo est i d., et hec consuetudo ad voluntatem abbatissę.

68 Et omnes homines ab orientali parte curię pro [pas]cuis[a] suis quas
f.49v   debent habere de unoquoque bove/habente iii dentes i d. ad festum natalis, et de bove non habente i gallinam et de quinque mesuagiis quaque mesuagia quaque ebdomada i die operatur, et haiwarderie[6] de Aveningis vi sol' preter ova et gallinas.

---

[a] MS *cuis*; the word occurs at the beginning of the line, and the scribe has probably mistaken the *pro* which ends the preceding line for *pas* and omitted the first syllable.

---

[1] The inclusion among the regular services of the duty of supplying food if the abbess was at Bristol or Gloucester indicates that abbesses made regular visits to the English properties in the twelfth century.

[2] i.e. according to the shepherd's instructions.

[3] These duties, linking the manors of the group, must, like that of carrying food for the abbess, have been added after the acquisition of the properties by Holy Trinity, Caen.

[4] The hens were owed for churchset, cf. Av.D 56.

[5] Haselholt was a demesne wood; cf. Av.D 6.

[6] The office of hayward appears to have been farmed for a fixed sum in addition to the hens and eggs which the hayward was responsible for collecting for pasture rights (cf. Av.D 46).

De virgatis

69 Avening' primo habentur ii vi[r]gate militares,[1] postea v pro franco gabulo, et post xiiii in voluntate abbatisse vel pro gabulo vel pro opere. Et de pascua iuxta Pillesmer v sol'.

De Hastonia

70 In Hastonia sunt xii virgate et in Louesm[ere] ii virgate et i cotselda. In Hastonia i virgata et dimidia militares et modo reddunt iiii sol' cum aliis consuetudinibus, similiter arare et metere.

40 Alvricus tenet i virgatam pro iiii sol' que debent[a] reddere tale servicium quale Godwinus de Avening' cum ii sol' de gabulo.

38 Rogerius longus v sol' vel opus in voluntate abbatisse.

71 Aluwardus palmer pro i virgata iiii sol' vel opus.

45 Hugo iiii sol' vel opus.

41 Hastmerus ii sol' pro dimidia virgata vel opus.

42 Saiet pro dimidia virgata ii sol' vel opus.

49 Alvricus iuvenis pro i virgata operatur quaque ebdomada, cum omnibus consuetudinibus quas facit virgata operaria in Avening'.

44 Hailwardus pro i virgata similiter.

46 Hailwardus fot et Radulfus orpedere pro i virgata similiter.

47 43 Radulfus Leuric et vidua pro i virgata similiter.

48 Stuol pro dimidia virgata sicut alius operarius pro dimidia.

50 Boie de Lovesmere pro i virgata sicut alii operarii.

'.50 51 52 Lewinus et Hardingus/pro i virgata similiter.

53 Hernaldus pro una cotselda sicut alius cotseldus et aruras et mess' sicut alii.

Et homines Hastonie consuetudinem quandam habent in pascuis Hantonie.[2]

'.56v *De tenamento de Hant[on]*[3]

93 Ricardus clericus debet ter arare in anno et semel metere cum omnibus famulis sicut sibi et a quaque domo sue terre accommodabit i hominem unde fumus exit.[4]

---

[a] *Sic* in MS.

[1] See above, Introduction, p. xxxv.
[2] For details of the pasture-rights of the men of Aston on the downs of Minchinhampton, which adjoined their fields, see Av.D 46.
[3] The opening section on free tenants, nos. 93–104, is not in Min. B.
[4] He is to provide one man from each house with a hearth on his land for certain ploughing and carrying services for the custom of the wood.

94 ¹Adam Spile(man) tenet virgatam terre et dimidiam et debet per
f.57   Angliam libere² et/ter arabit et semel metet cum omnibus famulis
sicut sibi et a quaque domo suę terrę accomodabit i hominem et
cariabit semel.

95 Helias filius Avice³ iii virgatas i quart' minus pro eodem servicio
et i virgatam pro ii solidis. Et facit consuetudines sicut Adam.

96 Johannes filius Fulc' i virg' pro eodem servicio et i virg' pro iii sol',
et iii d. pro demenio et i d. pro terra ante portam suam, et facit
consuetudines sicut Adam.

De ipsis qui gabulant libere

97 Thomas ii virg' et dimidiam pro xx sol' et facit consuetudines sicut
Adam.

98 Willelmus Helivant⁴ ii virg' pro x sol' et pro demenio ii d. et facit
consuetudines sicut Adam.

99 Hamon virg' et dimidiam pro xv sol' in voluntate abbatisse, et
facit consuetudines sicut Adam.

100 Paganus i virgatam pro x sol' et pro demenio iiii sol', in voluntate
abbatisse et facit consuetudines sicut Adam.

101 Eilaf et filius eius et Lulle virg' et dimidiam et molendinum pro
xiiii sol' et faciunt consuetudines sicut Adam.

102 Elmarus de Colec[umbe]⁵ ii virg' pro vii sol' et pro prato de
demenio vii d. et facit consuetudines sicut Adam.

103 Reg[inaldus] de Hida v virgatas pro x sol' et facit consuetudines
sicut Adam.

104 Harduinus filius Rogeri iii virg' et dimidiam et Hawinge et terram
quam Sevarus tenet pro xvi sol' et pro P[er]e acra vi d. per alium
annum, et facit consuetudines sicut Adam.

  1 ⁶Alveredus de Colecestre* reddit pro terra sua viii d. et facit iii
bederipes.

ᵃ Sic in MS; an error for *Colecombe*.

---

¹ For the serjeanty tenures, nos. 94–6, cf. Min.E 72, 76. The Spilman tenement continued
in the same family; it was situated in Rodborough. The services of ploughing and reaping,
owed by tenants of varying status, appear from details given in Min. E to have been due
for the custom of the wood (housbote and heybote; cf. Neilson, *Customary Rents*, pp. 52–3,
57, 83). Some tenants had the right to carry an axe in the wood; others, of a humbler
tenure, had not.

² *Sic* in MS; some words describing riding and escort duties have been omitted. For details
see Min.E 72.

³ Possibly a scribal slip for *Helius filius Avi tenet*; he appears under that name in the list of
jurors heading Avening B.

⁴ Occurs as a witness to Charter no. 3.   ⁵ Cf. Min.D 6.

⁶ From this point all the tenements can be identified with those in Min.B, and have the
same numbers.

2 Ricardus de Colec[umbe] tenet i virg' operariam pro v sol' et facit consuetudines sicut Adam.

57v **3** Seisil/ pro fininge xii d. et bederip'.

5 Girardus i virg' operariam pro qua reddit iiii sol' et facit consuetudines sicut Adam.

6 Vidua fitun i quar[terium] pro xviii d. et bederip et facit consuetudines sicut Adam.

7 Carcifer [Am]me dimidiam virg' operariam et dimidiam virg' pro ii sol' et operatur in augusto in voluntate abbatissę et facit consuetudines sicut Adam.

8 Constabularius dimidiam virgatam operariam pro qua reddit ii sol' et oper' in augusto et facit consuetudines sicut Adam.

9 Chanterel similiter.

10 Godardus pro molendino de Staford et pro i quarteria v sol' et facit consuetudines sicut Adam.

11 Radulfus de Chalef[ord] pro molendino et pro dimidia virg' viii s. et facit consuetudines sicut Adam.

11a Rogerus de Chalef[ord] pro molendino et iii quar[teriis] vii sol' et facit consuetudines sicut Adam.

12 Henricus filius Seluve viii d. et bederip'.

13 Rabite dimidiam virg' operariam pro qua dat xii d. et oper' in augusto et facit consuetudines sicut Adam.

14 Bernardus Cole dimidiam virgatam operariam et i quar[terium] pro xii d. et facit consuetudines sicut Adam.

15 Gisle et bonum cor i quar[terium] pro ii sol' et bederip'.

16 Ricardus de Hida dimidiam virg' operariam pro qua reddit ii sol' et oper' in augusto et facit consuetudines sicut Adam.

17 Serlo similiter.

18 Wulvricus living i virg' pro ii sol' et oper' in augusto et facit consuetudines sicut Adam.

19 Godvinus de Hida i quar[terium] pro ii sol' in voluntate abbatissę et pro demenio ii d. et facit consuetudines sicut Adam.

20 Welond dimidiam virg' pro ii sol' et bed' et facit consuetudines sicut Adam.

21 22 Alwoldus de Burl[eia] similiter. Rogerus de Burl[eia] dimidiam virgatam operariam pro qua reddit ii sol' et oper' in august' et

25 cętera. Adam Castel similiter.

26 Henricus de Bremes[cumbe] similiter.

27 Alvredus fullo similiter.

28 E[d]wardus cestel i quar[terium] pro ii sol' et pro demenio ii d. et bed'.

f.58   **29** Ro/bertus Walensis dimidiam virgat' operariam et i lusdi pro xii d. et facit consuetudines sicut Adam.

  30 Alexander et Willelmus i virg' de demenio pro v sol' et faciunt consuetudines sicut Adam.

  31 Gilbertus canis pro molendino de Dudebrug' et pro i quar[terio] x sol' et bed' et facit consuetudines sicut Adam.

  32 Rogerus fullo dimidiam virg' operariam pro qua reddit ii sol' et oper' in augusto et facit consuetudines sicut Adam.

  33 Thomas parvus pro terra sua xiiii d. et oper' in augusto.

  34 Elmarus auceps pro i lusdi vi d. et pro demenio vi d. et bed'.

  35 Adam barlag pro domo sua vi d. et pro assart vi d. et bed'.

  36 Edricus filius Aldwin' tenet i lusdi et dat pro demenio ii d.

  37 Edricus de Harestan dimidiam virg' pro vii sol' pro qua servabit porcos et pro demenio xvi d. et bed' et facit consuetudines sicut Adam.

  38 Bernardus canis i quar[terium] pro xvi d. et bed' et facit consuetudines sicut Adam.

  39 Aldvinus de Neilesw[u]rde dimidiam virg' operariam pro qua reddit v sol' et facit consuetudines sicut Adam.

  40 Vidua et Walter pro molendino et quar[terio] vi sol' et bed' et faciunt consuetudines sicut Adam.

  41 Aldwinus suul pro demenio xvi d. et bed'.

  42 Ailricus de Fronter i virg' operariam pro qua reddit iiii sol' et oper' in augusto et facit consuetudines sicut Adam.

  43 Edricus ursus dimidiam virg' pro ii sol' et oper' in augusto et facit consuetudines sicut A[dam].

  44 Willelmus fullo dimidiam virg' pro xvi d. et oper' in augusto et facit consuetudines sicut A[dam].

  45 Aldwinus de Dudden' i virg' et i acram de demenio pro iii sol' et bed' et facit consuetudines sicut A[dam].

  47 Satis longus i lusdi pro xii d.

  49 Jordanus de fonte pro dimidia virg' operaria ii sol' et oper' in augusto et facit consuetudines sicut A[dam].

  50 W[u]lmarus de fonte similiter.

f.58v   **51** Pugnator pro demenio/vi d. et bed'.

  52 Radulfus albus dimidiam virg' pro ii sol' et bed' et facit consuetudines sicut A[dam].

  53 Hubertus pro terra sua similiter.

  54 Bulle xii d. et bed'.

  55 Matildis xii d.

  56 Sutor xii d.

57 Aluwinus constabl' dimidiam virg' pro ii sol' et oper' in augusto et facit consuetudines sicut A[dam].

58 Polite ii sol'.

59 Abraham viii d.

60 Ustmarus pro demenio vi d.

61 Willelmus mercator pro Widiedihc ii sol' per alium annum.

63 Alvricus filius Hedewulf pro domo sua i lusdi in augusto.

64 Alveredus filius Eilaf pro demenio iiii d.

62 Alvricus bedellus dimidiam virg' operariam pro qua est prepositus domini*a* et pro demenio i d.

79 Alvricus de Bouleia et filius tenent i virgatam operari[am].

80 Dewi dimidiam virgatam operariam.

81 Willelmus de Burl[eia] dimidiam virgatam operariam.

82 Brugl' dimidiam operariam.

83 Ernaldus et Roger de Elsisl' i virg' operariam.

84 Semarus i lusdi.

85 Roger' de Brechec[ombe] dimidiam virg' operariam.

86 W[u]lvricus fullo similiter.

87 W[u]lvricus Wilde similiter et pro Limburi x d.

88 Estmarus dimidiam virg' operariam.

89 W[u]lmer' filius Ailuve similiter.

90 Alvricus suul similiter.

91 Hugo greihwei similiter.

92 Sevarus pro v acris de demenio et pro terra quam Harduinus vendicat operat ii diebus in ebdomada.

De cotseldes

66 Wulvricus cithareda tenet cotselde et operatur ii dies in ebdomada, et debet auxiliare bracino et ille cum sociis habebit i sextarium de cervesia, et debet fugare animalia ubi precipietur et gallinas portare et fures servare cum bubulcis et servabit bidentes documento bercarii quando agnelabunt et servabit caseum nocte et porcos in pessun cum porcario, et quot diebus vel noctibus fuerit/ in his serviciis tot diebus erit quietus ab opere suo.

67 Adwinus de Beseburi pro i cotselde similiter.

65 Edricus pelleparius dat pro i cotselde ii sol' in voluntate abbatisse.

68 Radulfus botte pro ii cotseldes et pro mesuagio Henrici dat xii d. et operatur in augusto.

69 Alvricus cervus pro i cotselde viii d. et oper' in augusto.

a *Sic* in MS.

71 Filius potarii pro i cotselde xii d. et oper' in augusto.

70 Robertus de fonte pro i cotselde xiiii d. et oper' in augusto.

De consuetudinibus operariorum[1]

77 Unaquaque virga operaria de Hanton' debet operari unaquaque ebdomada et per totam ebdomadam nisi sabbato et summare per [to]tum annum, et quaque ebdomada semel arare et herciare et a quoque aratro tres acras arare ad benas et herciare et semen verberare his acris, et illi de monte arare i acram pro herbagio et ter in anno aratra accomodare et semel metere sicut sibi ipsi et semel cariare in augusto, in die iiii careas infra Herdowicam et iii ultra, et si domina fecerit tavernam virga debet emere nummatam cervesie et ad bracinum operarii invenient vasa et facient brais' et in die quo siccant erunt quieti ab alio opere, et ii virge invenient equum semel in anno ad portandum caseum et bacones ad Sub-hanton' et quisque molendinarius inveniet i equum et quisque bercarius i et quisque porcarius i, et domina potest facere i defens de herbagio preter dunas contra animalia hominum usque ad

f.59v festum omnium sanctorum et post nullum preter dunas/et ad hec defens non habebit longgerstun nec inlend'. Omnis qui tenet terram operariam metet iii bederipes et femina sua wivenirip scilicet cum iii hominibus sed famulus qui vadit ad opus erit tercius, et omnes qui liberi non sunt masculi et femine metent iii bederipes, et a quaque domo exit fumus dabunt i gallinam contra Natale et v ova contra Pascha et a quoque porco superannato dabunt i d. et de illo qui habet dimidium annum i ob. sive pessun sit in bosco sive non, et á taverna[a] dabunt i d. de tolnei vel nummatam cervisie, et si operarius vendit equum infra tenamentum dabit ii d. de tolnei et qui emit ii d. et de bove i d. Omnis qui habet feminam preter francalanos dabit i denarium sancto Petro et qui non habet feminam i ob. et hos denarios colliget domina et reddet de tenamento v sol' sancto Petro.

De peturis

78 Unaquaque virga que est in Hida debet claudere v percatas circa Bromesgrave preter terram Adam Spil[eman] et cuius petura non fuerit clausa in die Ascensionis dabit ovem cum agno de for[isfacto]. Unaquaque virga supra montem claudet x percatas in

---

[a] *Sic* in MS.

---

[1] The substance of these customs is the same as in Min.B; the drafting is better.

campis sed ipsi de Bremesc[umbe] et de Essisb' defendunt se pro i virg' et cuius petura non fuerit clausa dabit for' sicut de Bremesgrave. Si mulieres serviles mecentur venient ad halimotum, et si non poterint se excusare cum v mulieribus iudicabuntur in forisfacto de x solid'.

72 *De bubulcis.*/[D]ᵃecem bubulci sunt in Hanton. Quisque habet v acras et sabbatho sibi arabit et a quaque carea habebit unam garbam, et omnes bubulci habebunt i acram frumenti ad august' de blado domine, et abᵇ Hocedei usque ad august' habebunt lac de bidentibus mane diebus dominicis, nisi in die Pentecost', et habebunt terciam acram de decima et tercium agnum, et femine eorum trahent bidentes, et habebunt mesge cum bercariis, et unaquaque operabitur i lusdi post festum sancti Michaelis usque ad tempus quo incipiet trahere oves.

73 *De bercariis*
Duo sunt bercarii qui habent i virgatam terrę, pro qua debent custodire per totam ebdomadam usque in die sabbati, et quoque sabbatho habebunt vas in quo premitur caseus plenum sale, et per xii dies Natalis habebunt faldam super terram suam, et lac mane in die Pentecoste[n], et erunt quieti a bederip', sed filii et filie facient bederip et femine eorum ii bederipes et uterque eorum habebit unum vellus et i agnum.

74 Hustmarus est vacarius qui habet dimidiam virgatam pro qua custodit vaccas et ociosa animalia.

75 Haiwarderia reddit vi solidos cum Gatec[umbe] et Colec[umbe] sed solebat reddere iii sol' et l gallinas et cc ova.

76 Terra de Glowecestria reddit iiii d. Pratum de Pilesmore reddit xx solidos secundum calumniam Gilberti de Sunninges, sed plures dicunt quod debet reddere xxx sol'.

PINBURY C

De francalanis
/De Penneburia.

1 Warinus pro i virg' terrę a festo sancti Michaelis usque ad Vincula sancti Petri quaque ebdomada iiii diebus operatur, et in augusto v, et summeat, et si habeatur aliquid festum ad opus eorum est, et quot iuga habet tot acras arabit

2 H[ed]ricus pro i virg' similiter.

ᵃ Space left for rubricated letter.   ᵇ MS *ad.*

3 Alvricus similiter.

4 Ernilda pro i virg' similiter.

8 Radulfus et Aluwinus similiter.

5 Martinus pro i virg' similiter.

6 Alvredus et Sewardus pro i virg' similiter.

7 Walter' et Edred pro i virg' similiter.

9 Ricardus pro i virg' v solidos vel opus in voluntate abbatisse.

10 Robertus Westerne pro i virg' similiter.

11 Robertus furneis similiter.

12 Willelmus pro demen'¹ ii sol' et vi d. vel opus.

13 Presbiter i virg' tenet cum ęcclesia.

¹ Probably a misreading of *dimidia virgata*; cf. Pinbury B 12.

MINCHINHAMPTON AND AVENING D

Worcestershire Record Office. 705:128 BA 88/11 (iv).

DATE: *c.* 1200.

Part of a roll containing a survey and custumal of the manors of Minchinhampton and Avening with Lowesmore. It includes the names of the demesne furlongs, woods and meadows, and notes of encroachments on the demesne. The first one or two membranes, containing most of the survey of Minchinhampton, are missing. Of the remainder the first membrane is now separated from the second, but the marks of the stitching correspond; the second and third membranes are slotted together with a parchment strip.

Size: width 22.5 cm. – 24.8 cm., tapering to 21.7 cm. at the bottom.

Script: Court hand of *c.* 1200; a few marginal notes are in a hand of about the same date; the last addition on m. 3 is in a slightly later hand.

MINCHINHAMPTON D

1 Et vaccarius habet dimidiam virgatam, et custodiet xv vaccas et ociosa animalia et habebit boves suos cum ipsis et faciet trahere vaccas et faciet caseum in domo sua sicut bercharius, et alias consuetudines. Et in die Pentecost' habebit lac mane. Et caula invenietur ei in estate et in autumpno.

Quisque qui terram tenet, scilicet virgatam vel dimidiam vel amplius et liber non est, ad obitum suum dabit de heriet carius animal domus sue et melius, vel equum vel bovem.[1] Et qui liber est dabit equum suum cum cella et freno et aliis pertinenciis ad equitandum. Mulier que libera non est de stupro respondebit et in curia iuri stabit.[2] Et liber dabit filiam suam cum licencia sed non emet, et non liber emet. Omnis qui terram tenet ab Elseleya supra montana claudet quoque anno partem suam in muro qui non est inter ii campos, et qui hoc non fecerit ante Ascencionem dabit ex forisfacto i nigram ovem.[3] Et qui operarius est, hic iii diebus Rogacionum non faciet aliud opus et in die veneris post operabitur sed non summabit. Et omnes qui terras tenent preter Elyam Spileman[4] debuerunt habere partem suam circa Brumesgrave antequam

---

[1] Marginal note: *Memorandum de heriettis liberum tenencium.* Cf. the heriot paid at Felsted; Fel.D 136.

[2] Cf. Min.BC 78.

[3] Cf. Min.BC 78, where the forfeit was said to be a ewe and lamb. This may be a scribal error for *matricem ovem.*

[4] The successor of Adam Spilman (Min.C 94).

parcus fieret,[1] et parare contra Ascencionem et post nichil intromittere ante alium annum et si non ad illum terminum parasset esse in forisfacto sicut de alio muro. Sed postquam parcus factus fuit de hoc nichil actum est. De transitu muri de Brumesgrave est forisfactum de x solidis in introitu et totidem in exitu. De boscis est forisfactum de x solidis et de saunguine sive de pugna de x solidis. Et de aliis placitis xx sol'.[2]

Omnis qui non libere tenet et habuerit viva animalia ad precium xxx d. dabit i d. ad denarios sancti Petri,[3] et similiter in Avening', sed viduus non dabit nisi obolum, neque vidua. Et domina ex ipsis dabit domino episcopo v s. et superplus retinebit.

De dominiis.[4]
Hec sunt dominica Hamptone:
2 Hugo Polite[5] dat pro terra sua per annum ii s.
3 Alexander xii d.
4 Sehet Guiget xii d.
5 Alveredus de Colecumba[6] viii d.
6 Elmer de Col[ecumba][7] viii d. pro i prato.
7 Radulfus de Chale[ford][8] xii d. pro rudigga.
8 Aldwin pro Vininge xii d.
9 Wydiedich[9] xii d.
10 Willelmus Hocale viii d.
11 Herricus Avis vii d.
12 Filius Gille iiii d.
13 Ricardus Cole i aucam.
14 Godewin de Hida[10] ii d.
15 Mainard xii d.
16 Henricus Irenherd viii d.
17 Wersirudinge iiii d.
18 Radulfus de Brechecumbe xii d.
19 Semer[11] Rivenagor'[a] i lundi vel xii d.

---

[a] *Rivenagor'* superscript.

---

[1] There is no mention of the park in Min.BC 78; but the report on damage to the woods refers to hedging material being taken for the making of the park, evidently during the administration of Simon of Felsted (above, pp. 75–6).
[2] See above, Introduction, pp. xlvi–xlvii.
[3] Marginal note: *Memorandum de denariis beati Petri.*
[4] Not all these are new encroachments; a number can be traced back to before 1170 in Min.BC.
[5] Cf. Min.BC 58. [6] Cf. Min.BC 1. [7] Cf. Min.C 102.
[8] Cf. Min.BC 11. [9] Cf. Min.BC 61. [10] Cf. Min.BC 19.
[11] Cf. Min.E 65.

20 Radulfus Durchel xii d.

21 Johannes filius Fulcon' dat pro rudinga iiii d.

22 Limbirih xii d.

23 Terra que fuit Pipere[1] fecit ii lund' et nunc reddit xiiii d. et operatur in Augusto.

24 Omer auceps[2] tenet i lund' pro xii d. Et pro Bagginecroft debet dare xii d.

25 Terra Barleg[3] [i] lund' et nunc reddit xii d.

26 Edricus de Cumba tenet i lund' et pro rudinga dat xiiii d.

27 Jul' pro domo ante portam suam ii d.

28 Edricus de Harstan[4] xvi d.

29 Terra canis[5] xviii d.

30 Wulvricus Suul[6] pro rudinga infra croftam suam i aucam.

31 W[u]lfhelmesmora xviii d. et iuxta est rudinga que reddit i aucam.

32 Ricardus de Buxo pro i acra i d.

33 Abraham clericus pro Langemed iiii d. sed antequam vivarium esset factum pater suus reddebat xii d.

34 Rogerus de Forwode habet i acram in utroque campo pro excambio de Cheldremed et Dodingmed.

35 Herdwin habet mesuagium et croftam cuiusdam bubulci retro domum suam pro excambio eorundem pratorum, et pro excambio parci turveram iuxta croftam suam.

36 Dominus Hel[ias] habet ortum iuxta domum suam de parco.

37 Faber habet pro excambio parci vii acras super inland[7] et Wulvricus prepositus i acram super Wisdemere,[8] et Rogerus de Hida i acram et Wulvricus Suul i acram.

38 Goldive i lund' pro viii d.

39 Matill' i lund' pro viii d.

40 Burwin i lund' viii d.

41 Godivagai i lund' pro viii d.

42 Livina tenet ortum pro vi d.

43 Edit berceresse pro domo sua et ii acris in utroque campo xvi d.

44 Filia Cole xii d.

45 Matillis vidua[9] xii d.

---

[1] Possibly Wulfric the minstrel's land, Min.BC 66.
[2] Cf. Min.BC 34.
[3] Cf. Min.BC 35.
[4] Cf. Min.BC 37; Harstan is the Horstone (Min.E 80, 81).
[5] Cf. Min.BC 38, 31.
[6] Cf. Min.BC 41, 90.
[7] On the demesne.
[8] The site can no longer be identified, though the name appeared in an eighteenth-century tithe map, now lost (*TBGAS* lxi (1939), 79).
[9] Cf. Min.BC 55.

46 Rogerus Parmenter¹ xii d.

47 Aldwin commes pro domo sua et crofta et ii acris in utroque campo xviii d. et W[u]lfleya i d.

48 Satislongus² xii d. pro mesuagio et i acra in uno campo et i acra in alio.

Hec sunt purpresture unde servicium non agitur:³

49 Edwardus habet quoddam clausum iuxta Crauwelle.

50 God[winus] de Hida parumper terre iuxta Pechespuite.

51 Wulvricus Living tenet domum et ortum iuxta Cucestane, et maram super domum Gille.

52 Wulvricus prepositus habet quoddam clausum ante portam suam.

53 Rabite ampliavit croftam de dimidia acra.

54 Gille habet domum et croftam super quam Ursus mansit.

55 Henricus de Bridleya habet i acram in Capicrofta.

56 Aldwin de Bessebir' habet quoddam clausum ante hostium suum.

57 Crufta Willelmi Albi aucmentata [est] subter fontem.

58 Sara de Burleya habet domum ante portam suam.

59 Oxonfold ampliatur.

60 Quicquid Mahel⁴ tenet super viam que iacet inter terram suam et boscum est purprestura preter croftam contra domum que fuit Palmer.

61 Pastura de Seincle⁵ reddit iii s. ii annis quibus seminatur, et tercio anno quando iacet ad guaret nichil.

62 Omnes qui in villa sunt equitatores et liberi et qui per denarios tenent debent ducere per i diem cum plaustris vel quadrigis segetem domine in autumno si boves habent vel equum, vel in estate fenum, et qui domine fenum non ducet segetem.

63 Mulgerus tenet parumper terre in crofta Aldwin de purprestura.

64 Predicta terra de Seincle est dominium domine ad proprium lucrum.

65 Quoddam pratum est sub Brechecumba quod dicitur mara⁶ de dominio.

¹ A tailor or furrier; in court rolls of the thirteenth century the name Le Tayleur occurs, but the two functions may not have been sharply distinguished in a village craftsman.

² Cf. Min.BC 47.

³ Since no service was taken from these purprestures the holdings cannot be traced in the earlier surveys, but a number of the tenants can: Godwin of La Hide, Min.BC 19; Wulfric Living, Min.BC 18; Rabite, Min.BC 13; Gille, Min.BC 15; Aldwin of Bessbury, Min.BC 67.

⁴ This is the first appearance of a member of the Mael family, later to become prominent; cf. Charter no. 22, and Min.E 89.

⁵ Later a number of holdings were established at Senkley; the garbled modern version of the name is St. Chloe or St. Loe. The entry shows that in these plots of land a three course rotation was followed.

⁶ The demesne meadow called Burimoor in later surveys. It was situated below Senkley, in the Woodchester valley.

AVENING D

1 Dominia de Avening.[1] Quedam pars de Langetro in uno campo. Benfurlung' turvure iuxta in occidentali parte vie. Furlung' supra domum Alwoldi. Furlung' extra fossam, terram infra fossam. Furlung' de Wadden vii acras. Dunfurlung. Lintun.

2 In alio campo alia pars de Langetru. Hukenacre. Wufurlong. Terra sub Langenham. Terra de Ruggewei. Furlung supra vivarium. Rifurlung. Brademedefurlung. Benfurlung. Westgravefurlung. Wanleyfurlung. Halstanescliff. Aldefeld.

3 Et in illo campo sunt prata sub Pileswelle, Brademed et Holemed et quoddam pratum versus Rettingedene. Dune sunt ad pascendum boves domine, et cum ipsis dominus W. persona habebit viii boves et ii vaccas in pascua domine ex libertate ecclesie, et alibi utrique, et de virgata unde equitat totidem.

4 Et super dunas est spinetum in defens et in quadam parte i pratum quando tempus pluviosum erit. Et ad Lousmer sunt dune et spinetum et pratum sicut in Avening.

5 Dominia de Lousmer.[2] Horsul, terra iuxta horrea apud aquilonem, Breche, Benfurlung, Hodene furlung, Bernfurlung, Langefurlung, Honebire, Wudecoccestorn, terra iuxta nigram crundlam, Octhunelesfurlung, Dunfurlung, Eshmereshul.

6 Bosci de Avening. Heselholt est defens. Bradegrave et Rettingedene et Westgrave sunt ii grave corulee inter campos lucrabiles, et non sunt communes. Wunfurderug[3] est communis boscus omni ville, ad capiendum quicquid opus erit ad domum et ignem, et pro hoc arabunt bis in anno, semel in yeme et semel in quadragesima, et in autumno metent sicut ipsi de Hamtun.[4]

7 Willelmus de Avening[5] tenet i virgatam per servicium equitandi, et ii virgatas pro viii solidis per concessum abbatisse Damete unde cartam suam habet.

8 Martinus tenet ii virgatas et dimidiam servicio equitandi.

---

[1] Some of these furlongs gave their names to later fields (*VCH Glouc.*, xi 161): Longtree, Linton, Ridgway. Cf. *EPNS* Glouc. i. 88–9 for later occurences and variants of Aldefield, Bradmed, Holemed, Rettingedene.

[2] Several of the furlong names, e.g. breche, bernfurlung, indicate land newly broken up.

[3] Possibly the later Windsor Edge; cf. PRO SC6/856/19.

[4] The details are lost in Min.D; but cf. the custom of the wood in Min.E 6 and *passim*.

[5] Cf. *CDF* no. 445; Fel.D 87. Both this and the following holdings are serjeanty tenures, comparable to Min.C 94.

De fabris.

9 Alwoldus de Estun tenet dimidiam virgatam pro ii solidis, et dimidiam virgatam pro servicio fabri, et inveniet ferras iiii aratris ad
Louesmer si tot sint, et vii falces et vii sarcellos et pendet ii hostia
orrei et i ostium boverie eodem modo quo faber de Hamton debet.
Et de frumento eliget secundam meliorem acram preter femeiz[1] et
habebit viii boves cum bobus abbatisse in pascua super dunas de
Louesmer et inveniet clavos ii equis ante et ferrabit, sed ferra non
inveniet sed vetus ferrum accipiet de custodibus equorum. Et faciet
carbonem in Haselholt ad proprium negocium abbatisse.

10 Syred[2] tenet dimidiam virgatam pro xvi d. et dimidiam pro servicio
fabri, et tantundem faciet ut Alwoldus et tantundem accipiet preter
hec quod pannagium dabit, et ad benam arabit dimidiam acram
in yeme et dimidiam in quadragesima et dimidiam in estate.

11 Idem Alwoldus habet dimidiam virgatam pro ii s. que est operaria.

12 Ricardus filius Palmer[3] tenet i virgatam pro iiii solidis que operaria
fuit tempore Henrici regis et in tempore Stephani regis, sed nes-
ciunt quomodo libera facta fuit, sed abbatisse J[ohanne][4] dedit iiii
solidos ut teneret eam sicut pater suus et pater suus tenuit eam
pro servicio preposito et post pro iiii solidis.

13 Rogerus Magnus[5] tenet i virgatam pro v solidis que fuit operaria,
sed ipse tantum fecit apud Symonem de Felstude et postea apud
alios quod pro v solidis eam tenuit hucusque; et pro virgata quam
Hugo Niger tenuit que operaria fuit iiii solidos pro qua pater suus
prepositus fuit, sed Hugo tenuit eam pro iiii solidis et adhuc tenet
dimidiam pro ii solidis.

14 Radulfus clericus et socii sui tenent ii virgatas et ortum ante domum suam et Aldebire pro vi solidis.

15 Ricardus clericus i virgatam que fuit operaria pro iiii solidis in
voluntate abbatisse J[ohanne].

16 Regen' tyleier i virgatam pro v solidis.

17 Vidua Palmer[6] i virgatam pro v solidis que antiquitus operaria
fuit.

18 Hugo prepositus i virgatam pro iiii solidis in voluntate abbatisse
quia operaria fuit, sed ipse fecit tantum apud Simonem et alios
quod et pro iiii solidis eam tenuit.

---

[1] The meaning is, 'except for the manured land.'
[2] Cf. Av.C 55, Av.D 64; his name survived into the fourteenth century in Siredesmulle
(*EPNS Glouc.* i. 89).
[3] Probably the son of Av.C 71.   [4] Johanna occurs as abbess from 1183; see Appendix.
[5] Possibly Roger Longus, Av.BC 38.
[6] Cf. Av.BC 35.

19 Radulfus longus i virgatam pro iiii solidis.

20 Ricardus carpenter dimidiam virgatam pro ii solidis, que operaria fuit ante tempus Ricardi Rufi.

21 Vidua Alwoldi dimidiam virgatam pro ii solidis que operaria ante tempus Alwoldi.

22 Jordanus de Neyleswort[1] ii virgatas pro x solidis.

23 Rogerius de Neyls[wort] i quart' cum molino pro vii solidis et vi denariis.

24 Willelmus frater Hugonis i virgatam pro iiii solidis in voluntate abbatisse.

25 Goldiva vidua dimidiam virgatam pro xviii d. et operatur in autumno.

26 Hugo canonicus dimidiam virgatam pro ii solidis et operatur in Augusto.

27 Wid[2] dimidiam virgatam pro ii solidis et operatur in autumno.

28 Herding' dimidiam virgatam pro ii solidis et operatur in Augusto.

29 Osebertus Longus dimidiam virgatam pro ii solidis et operatur in Augusto.

30 Ern' Mance dimidiam virgatam pro ii solidis et operatur in Augusto.

Omnes qui operantur in Augusto facient plenum opus quando placitum fuerit abbatisse.

De operariis.

31 Alvricus iuvenis[3] tenet i virgatam operariam.

32 Aylwardus[4] i virgatam.[5]

(Membrane 2)

33 Pinche i virgatam.

34 Hugo Mance dimidiam virgatam.

35 Robertus Fullo dimidiam virgatam.

36 Godewinus dimidiam virgatam.

37 Egdewin dimidiam virgatam pro xii d. et operatur in Augusto, et mesuagium est de dominio.

38 Reginald' Albus dimidiam virgatam operariam.

39 Wibald i virgatam.

40 Vidua Roberti dimidiam virgatam.

---

[1] Cf. Av.BC 3, Av.D 89.   [2] Cf. Av.C 56.
[3] Cf. Av.BC 49.   [4] Cf. Av.BC 44.
[5] The membrane ends here; *Will' Godewin utrumque* is written very faintly under the stitching for the next membrane.

41 Alwinus albus dimidiam virgatam.

42 Wysdom dimidiam virgatam.

43 Vidua de Monte dimidiam virgatam.

44 Vidua de Ponte dimidiam virgatam debilem, et ideo non summabit neque faciet brais.

45 Edricus Strongboe[1] dimidiam virgatam.

iiii operarii verberabunt i ladam de frumento et fabis, et iii i ladam de ordeo et pisis, et ii i ladam de avena, et unus claudet ii percas et nusquam amplius, et de virgis colliget ii fasciculos et portabit ad curiam de Avening' vel de Lousmer, et de spinis portabit iii fasciculos ad virgultum et claudet, et iiii portabit et non claudet, et cindet[2] v chevruns et dimittet, et ii cindent v et celabunt, et xii furcas portabit ad caulam, et xii pollas[3] ad curiam, et de tegmine colliget xl garbas. [4]Omnes alias consuetudines facient que predicte sunt in Hamtun in bederips et summagiis et ceteris preter closturam de Brumesgrave et de muro apud Wisdemer, et preter hoc quaque virgata operaria arabit ad benam ii acras in yeme et i in quadragesima et ii in estate, et in hieme semen verberabunt et herciabunt et in quadragesima non verberabunt sed herciabunt et dimidia virgata dimidium servicium faciet, et quaque acra acquietabit i diem ab alio opere, et in ebdomada qua arant benas non summabunt neque in Hamtun.

[5]*Aston pro pastura sua ad averos suos.*

46 Homines de Estun habent pascuam super dunas de Hamtun sicut signatum est per crucem celatam in terra iuxta Stapelberewe usque ad superius capud de Shortedich, et inde usque ad dunas de Fromtun, et dabunt pro quoque animali dentes habente ii d. per annum, i ad Vincula sancti Petri et i in Vigilia Domini, et pro animali superannato dentes non habente messario[6] i gallinam primo termino et aliam secundo vel obolum, et quando Wacchenhulle seminatur ipsi invenient sibi viam quam peccora sua possint fugare et in alio anno domina inveniet illis viam per Wacchenhul et sic per Stapelborewe sicut homines de Estun, et post festum Omnium Sanctorum pascent per totum usque ad Purificacionem, et super eandem pasturam est spinetum in defenso et iuxta est

---

[1] Cf. Av.BC 24; Av.D 58.
[2] A variant spelling of *scindet*.
[3] Probably branches (from pollarded trees).
[4] Marginal note, *Memorandum*.
[5] A cross is drawn in the margin here.
[6] The hens were collected by the hayward; cf. Av.C 68.

pascua bobus domine et pratum supra.[1] Cum bobus domine persona habebit viii boves et ii vaccas de libertate ecclesie. Si domina fecerit tabernam quisque operarius in Hamtun et Avening de virgata emet i sistarium secundum quod venditur, et de dimidia virgata dimidium sistarium, et si non venerit pro cervisia tantumdem dabit quam si venisset.

De cotselles.

Eadem consuetudo est cotselles de Avening que est hiis de Hamtun.

47 Johannes Botte[2] tenet i cotsel'.

48 Willelmus Com i.

49 Ricardus de Monte i.

50 Robertus Petrus[3] i.

51 Ordricus[4] tenet i et si opus fuerit servabit porcos et habebit xii sues et i ver, et si servet illos in Gatecumba vel aliquibi extra terram de Avening' victus suus ei invenietur.

52 viii bubulci debent esse in Avening, sed non sunt nisi iii, et quisque debet habere mesuagium cum orto et crofta et vi acras, et eadem consuetudo est hiis que est in Hamtun,[5] preter hoc quod qui accipit terram bubulci accipiet illam totam seminatam et victum suum usque ad fructum, sed non vaccam neque oves, et quisque habebit i vaccam cum bobus in pascua abbatisse.

53 Berkarius habet mesuagium cum orto et crufta et vi acras et debet custodire d oves, et domina faciet arare terram suam et waretare et segetem ducere ad domum suam, et quando l oves agnaverint habebit i operarium in adiutorium usque ad seperacionem, et de decima partem suam habebit contra bulbulcos[6] et omnes alias consuetudines faciet et accipiet sicut dictum est in Hamtun, preter hoc quod uxor sua non faciet bedripes neque famuli sui.

54 Berkarius de Louesmer debet tantumdem custodire oves, et eandem consuetudinem habere, et viii bubulci ibi debent esse cum eadem consuetudine que est in Avening.

De molend'.

55 Regen' Saverlac[7] tenet i quart' cum molino pro xl denariis et alio anno inveniet de bosco domine herciam gallicam, et alio anno herciam anglicam, et dabit de chirechshet quoque anno iiii galli-

---

[1] Marginal note: *Pastura pro bobus persone de Hampton.*

[2] Cf. Min.BC 68.   [3] Cf. Av.BC 26.   [4] Cf. Av.BC 25.

[5] This section is missing in Min.D; but cf. Min.BC 72.

[6] Cf. Min.BC 72, 'et habebunt terciam acram de decima et tercium agnum'.

[7] Cf. the customs of Godric the miller, Av.C 57. These mills are grinding mills.

nas, et alio anno quando Rugwei campus seminatur[1] de quoque bove qui habet ii dentes i denarium in Vigilia Domini de lessolver et de iuniore quando transierit annum i gallinam.

56 Edricus[2] tenet i quart' pro xxx denariis et similiter faciet has predictas consuetudines et hii ambo faciunt bederipes et sui.[3] Et hii ambo portabunt caseum et bacones sicut ipsi de Hamtun. Omnes cotselles dabunt chirechseht et lessolver sicut supradictum est, sed qui non haberet uxorem non dabit nisi ii nec vidua et lessolver dabunt similiter, et omnes bubulci idem facient nisi pro vacca qui pascit cum bobus domine.

57 Robertus de Cleycumbe[4] tenet i quart' cum molino pro iii solidis, et alio anno inveniet herciam gallicam et alio anno anglicam.

58 Strongbow dabit lessolver et omnes qui manent in occidentali parte curie habebunt animalia sua in pascuis cum bobus domine post festum Omnium Sanctorum pro lessolver sicut supradictum est.

59 Ad Louesmer debent esse xii sues et i [ver], ad Avening debent esse c capre. Omnia alia stauramenta sunt prescripta per loca.

60 Plenum forisfactum de Avening est de xl solidis quia de corona, et de bosco et de sanguine sicut in Hamtun.[5]

Louesmere.

Hec sunt dominia:
iiii sunt lusdis.

61 Regen' Bie tenet dimidiam virgatam operariam et ortum ante domum pro xii d.

62 Ern' i terram bubulci et facit opus sicut cotseld.

63 Willelmus similiter et vidua similiter.

64 Syred pro rudinga xx ferra anno quo seminatur.

65 Vidua Palmer obolum pro prato anno quo ordeum seminatur.

66 Alwinus albus obolum eodem anno.

67 Hugo[6] vii d. eodem anno pro Huchenacra, et alio anno iiii d. pro Reulade.

68 Willelmus frater suus iiii d. pro Hucenacra.

69 Abraham clericus ii aucas pro domo et orto suo.

70 Gatherde[7] pro terra sua ii solidos vel servabit c capras si tot sint.

71 Elwardus mercer xii d.

72 Filius Gudmund xii d.

---

[1] This indicates a two-course rotation on Ridgeway furlong.
[2] Cf. Av.BC 22. [3] i.e. with their households. [4] Cf. Av.BC 19.
[5] Cf. above, Introduction, pp. xlvi–xlvii [6] Cf. Av.BC 18. [7] The goatherd.

73 Willelmus Palmer iiii d.

74 Willelmus de Wadden' xii d. et operatur in Augusto ii dies in ebdomada.

75 Uxor Recha' xii d. et ii dies in Augusto in ebdomada.

76 Edit filia Belrich[1] xvi d.

77 Pechedey[2] xxx d.

78 Edricus de Nail[eswort] pro rudinga xii d.

79 Radulfus carbon[arius] xii d.

80 Willelmus persona xii d. pro virgulto et vi d. pro Wanleia et ii d. pro acra supra domum suam anno quo seminatur, et ii d. pro terra de Gerstun.[3]

81 Terra Bedefrod[4] reddebat xii d. tempore Henrici regis, et postea Ricardus clericus eam tenuit et ipse tenet in voluntate abbatisse.

Hec sunt purpresture:

82 Selewin habet dimidiam acram et rudingam.

83 Ordricus i acram de rudinge.

84 Rogerus bubulcus i acram et quart' et de alia terra i acram.

85 Ern' niger dimidiam acram et ii quart'.

86 Ricardus fullo i quart'.

87 Ricardus de More i quart'.

88 Vidua Alwold i rudingam de acra et dimidia et ii acras alibi.

89 Jordanus de Neil[eswort] habet plures purpresturas.

(*Membrane 3*)

90 Quamdiu operarius fuerit sine uxore non faciet brais tam in Hamtun quam in Avening. Quando operarii de Hamtun accipiunt ladas in Hamtun ad portand' ad Glouc[estriam] faciunt plenum opus. Et quando accipiunt ad Avening vel ad Lousmer faciunt dimidium opus sicut quando vadunt ad Bristoll'. Sed ipsi de Avening' non facient nisi dimidium opus si ituri sint ad Glouc[estriam] quamvis in Hamptun ladas accipiant. Et ipsis inveniet domina hospicium per viam ubi possint hospitare cum equis et ladis.

91 Domina habet pascuam super dunas de Haregrave pro qua debet arare xii acras per annum tribus terminis et dare i caseum et i sedlep plenum de frumento. Et ad Kemele habet pratum quod dicitur Pilesmore[5] quod reddit xx solidos et solebat reddere xxx solidos et tempus fuit quando fenum trahebatur ad Hamtun.

---

[1] Cf. Av.BC 20.
[2] Cf. Av.BC 30.
[3] Later The Gastons (*EPNS Glouc.* i 88).
[4] Cf. Av.BC 36.
[5] Cf. *EPNS Glouc.* i. 101.

92 Omnes operarii de Hamptun invenient vasa ad faciendam cervisiam domine quociens opus fuerit, scilicet i virgata i cuvam et i
alveolum, et ii dimidie virgate tantumdem. Et omnes simul debuerunt invenire plumbum et tripodem. Sed in tempore abbatisse
Cecilie[1] ipsi emerunt ea et dimiserunt ad curiam ut ab hoc servicio
immunes forent.

93 Domina habet ad Glouc[estriam] ex burgagio de redditu iii d. et
obolum.

94 [2]Accidit quod quidam obiit nomine Valterus betrix qui tenens fuit
cuiusdam rustici nomine Willelmi de Ponte. Decrevit curia quod
abbatissa haberet heryetum et soluta fuit una equa.

---

[1] 1113–1127; see Appendix.
[2] The last note is added in a different hand, and was probably recorded in a later session
of the manor court; cf. above, Introduction p. xxxvii. The sub-tenant was evidently a
person of some substance, since his best beast was a mare.

FELSTED D

Essex County Record Office, D/D Sp. M40.

DATE: 1223/4, with later additions up to *c.* 1241.

Roll of 4 membranes, containing a custumal of Felsted. The main entries on the face of all membranes and the dorse of m. 4 are in the same hand, but some in lighter ink appear to be later insertions. A second hand has inserted some corrections and additions in spaces on the face and on the dorse of mm. 1 and 2.

Size: width 15.5 cm.

Script: Court hand of the early thirteenth century; additions in a second hand of the mid-thirteenth century, very like the hand of Master Roger of Saling (see above, Introduction, p. xxxviii).

FELSTED E

Public Record Office, SC 11/2/186.

Copy of Felsted D made in the fourteenth or early fifteenth century, written in a single hand, incorporating many of the additions in the original roll but omitting the final additions. Roll of 4 membranes; no stitching for another. The face appears to have been copied from a fair copy of D, made at an earlier date, but not including all the additions. The date, vii° (instead of viii°) Henry III is probably due to a slip of the pen. The dorse contains lists of tenants owing reaping and weeding services, and a list of the fifty-eight feast days allocated to the workers on the manor, written in a fifteenth-century hand.

The text of D is printed, with the significant variations of E in textual notes. Minor variations in spelling are not indicated wherever they occur; neither version spells consistently. D more often has *submonitus, padnagium*; E *summonitus, pannagium*; E more often spells such words as *ieme* or *woderightes* with a *y*, but *hayz* occurs in D and *haiz* in E. The lists on the dorse of E have not been printed.

Essex

Iste sunt consuetudines ville de Felstede iurate per xii[cim] probos homines eiusdem ville, et servicia que facere debent per annum domine abbatisse Sancte Trinitatis Cadomi anno regni regis Henrici octavo.[a]

Iste sunt virgate operarie.

1 Coleman[1] tenet unam virgatam et debet qualibet septimana facere iiii[or] opera, scilicet die lune, martis, mercurii, iovis nisi festum evenerit, et si forte opus suum die statuto facere non poterit queret respectum sole stante ipso die et operabit in crastino absque forisfactura. Et debet esse submonitus sero quale opus facere debet mane, vel triturare vel fossare vel claudere vel alia, et si submonitus sit ad triturandum debet triturare, nec amovere eum debet prepositus de incepto opere usque perf[iciat]ur nisi forte malum tempus vel aliquid aliud superveniat quod inceptum opus facere non possit, tunc potest prepositus illum ponere ad aliud ut opus perficiatur. Et sciendum quod novem operarii triturantes bladum possunt et debent habere decimum operarium ad purgandum bladum suum [sicut] mos est in oreo cum uno van[no].

Debet arare in ieme infra unum mensem [iiii[or] acr] as pro gabulo et herciare illas si opus fuerit, et iiii[or] acras in quadragesima et

---
[a] *vii*° E.

---
[1] Cf. Fel.B 7.

herciare[a] et infra illum mensem faciet iiii[or] opera et faciet tres bedes
in anno, in ieme, in quadragesima, in estate et ideo habebit contra
Natale Domini woderidtes et hayz ad carucam,[1] et herciabit in
ieme cum uno equo, in quadragesima cum ii equis, et quietus erit
de vii[tem] operibus, scilicet ad faciend' hayz i opus, pro aratura i
opus in ieme et i opus in quadragesima, similiter pro herciatura ii
opera in estate, pro haiz et aratura ii opera.[b] Et ad preces carucarum veniet in ieme cum quanto mugit semel pro i opere ad
panem et ad cervisiam domine et in quadragesima, et habebit tria
rationabilia fercula vel de carne vel de pisce scilicet inter duos
homines v allecia.[c] Et debet falcare pratum cum i falce una die et
habebit panem et baconum crudum rationabiliter sicut mos est, et
caseum rationabiliter sicut mos est pro ii operibus, et veniet ad
levandum fenum una die si pulcrum tempus sit, et si pluvia su-
pervenerit veniet in crastino et ita donec levatum sit pro i opere[d]
et veniet sero in prato et falcabit unum swad sicut mos est, et una
die trahit fenum ad curiam pro ii operibus cum uno plaustro,[e] et
sciendum quod si quis forte non venerit ad diem statutum ad
arandum bede in campo domine cum aliis veniet in crastino et
arabit unam acram.

Debet etiam secare bladum in autumpno pro gabulo scilicet iiii
acras infra xv dies pro operibus suis ad diem statutum, et si non
venerit sicut mos est in misericordia est,[f] et nullum festum ei
computabitur infra xv dies, et debet cariare bladum bis pro gabulo
per ii dies, scilicet virgata cum quadriga vel cum ii bigis sicut mos
est. De aliqua turvera[g] plus de aliqua minus.

Debet preces in tercia ebdomada et ad illas preces debet mittere
iiii[or] homines ad minus et si plures habuerit[2] per totum autumpnum[h] metentes in campo suo proprio ad stipendia sua plures mittet,
et habebit ad terciam vel ad meridiem in campo panem et baconum
et caseum rationabiliter sicut mos est, et ad vesperam duo rationabilia fercula cum pane et cervisia[i] sicut mos est de carne, et probi
homines ad vesperam venient ad curiam domine et debent habere

---

[a] *et herciare* superscript in D; *et herciare illas si opus fuerit* E.
[b] *scilicet . . . aratura ii opera* added between the lines in the original hand, D.
[c] *scilicet . . . allecia* added in the original hand, D.
[d] *pro i opere* added in the original hand, D.
[e] *cum uno plaustro* added in the original hand, D.
[f] *scilicet . . . misericordia est* added in the original hand, D.   [g] *i scholte* superscript, E.
[h] *per totum autumpnum* added in the original hand, D.
[i] *cum pane et cervisia* added in the original hand, D.

---

[1] The right to take wood for repairing his plough.
[2] A virgater might have as many as four or five men working for his wages in harvest.

panem et cervisiam et iii fercula rationabilia sicut mos est. Item ad siccas preces ii homines ad unum repastum sicut mos est et sciendum quod probi [homines] venientes ad magnas preces ad prandium ad vesperam panem nec carnem de iure non possunt nec debent asportare, sed si puer vel garcio contra aliquem venerit licet illum intrare et manducare et bibere.

Post preces cariare bladum ad curiam cum uno carro de proximis culturis a mane usque meridiem sicut mos est, de longinquis culturis sicut antiqua consuetudo est. Pro hoc predicto cariagio habebit axem[1] cum alio minuto apparetu pertinente ad plaustrum in bosco domine, et hoc cariagium debet facere per tres dies in Augusto ad custum proprium sicut mos est nec computabitur ei pro opere. Et sciendum quod non facient siccas preces nisi faciant magnas preces, nec tercium cariagium. Cotmanni et minuti homines venient ad soccand' in campo contra vesperam cum carucariis et servientibus curie vel non possunt intrare ad prandium.

Et sciendum quod panis erit racionabilis per visum proborum hominum ad pratum, de quar[terie] frumenti quadraginta octo panes fiunt et similiter ad siccas preces in Augusto. Ad magnas preces operariis in campo de quart[erio] frumenti lx et xii panes, ad vesperam operariis de quarter[io] frumenti $\frac{x\ x}{iiii}$ et xii panes, de remanenti facient quod voluerint.

Debet facere duas melting' in anno, unam de gruto pro uno opere et unam de braisio pro alio opere, scilicet sex bussellos gruti et xii braesii, et habebit virgas ad cletas[a] faciendas in bosco domini et veniet ad granarium ad recipiendum grutum vel braesium, et domina mittet ad hospicium recipientis, et quando paratur receptor mittet ad curiam domine per equum suum sicut mos est, et faciet racionabiliter sicut mos est plenariam mensuram. Si defectus sit inde facient plenum.

Debet etiam bis in anno claudere merkes contra defensum domine de operibus suis, scilicet post Pascha una septimana pro herbagio custodiendo et una septimana ante festum Sancti Michaelis pro pessono[b] padnagio custodiendo, et erit quietus de operibus suis per xv dies, et si domina voluerit averabit London' bis in anno et erit quietus in ieme de iiii operibus in estate de iii operibus, ad London' erit ad custum proprium[c] versus hospicium super proprium, et de averagio Maldon' vel alibi tam procul erit quietus de i opere. Ad Pascha xxx ova de qualibet virgata. Omnes gavel-

---

[a] *clayas* E.   [b] *pessono* superscript in D.   [c] *ad custum domine* E.

[1] The right to carry an axe to cut his customary allowance of wood.

manni[1] debent ire propter duo milia allecis apud Horstede super custum proprium si domina voluerit, et qualibet virgata erit quieta de iii operibus in septimana.

Si habet porcos dabit padnagium racionabile sicut mos est si sint in bosco domine et plen' peisson' sit, pro porco superannato vel plus ii d. si de dimidio anno unum denarium, si minori etate sit i[nde] minus. Si habeat porcos simili etate bene licebit domine habere decimum, tertium meliorem,[a] pro padnagio et si peisson' plenarie non sit in bosco domine, non dabit nisi medietatem padnagii sicut mos est, et si porcos suos custodiat quod non veniant in bosco domine ad plenum peissonum dabit medietatem padnagii nec vendere nec occidere eos potest antequam padnagiati sint a festo Sancti Michelis usque festum Sancti Martini. Si habeat suem det padnagium semel pro ea et quieta sit quamdiu vixerit illa sola, et illo anno quando illam vendere vel occidere voluerit det padnagium sicut pro aliis ad terminum padnagii.

Debet ad quatuor libras[2] xxxii denar' quolibet anno et erit quietus si convictus sit in curia domine de omni forisfactura que pertinet ad dominam, exceptis blodwite et rap et roberia et felonia et aliis talibus que pertinent ad coronam domini regis.

Debet ad terminum Sancti Michaelis quolibet anno xvi d. pro landgabulo, et in die Pasche Floridi iiii[or] d. super forefacturam nisi interrogaverit respectum, et in die Pentecost' ii d. eodem modo.

Debet si domina voluerit quod hesie teneantur sicut solebant antiquitus infra peisson' venire ad curiam et interogare materiem et closturam et si inveniatur faciet hesiam, si non quietus sit.

Debet semel in anno cariare materiem de boscis domine pro uno opere et secundo lignum pro i opere, tertio closturam pro i opere, et sciendum quod debet cariare bis suum plaustrum in die de bosco domine sicut mos est, et si non habet plaustrum veniet cum duabus bigis et bis cariabit sicut mos est.

Item semel in anno ficus[b] usque meridiem pro ii operibus sicut mos est, et curia inveniet auxilium ad cariandum. Si non potest venire cum aliis veniet in crastino et cariabit per se sine auxilio, et virgas[c] ad trahend' in plaustro et expandet fimum scilicet i acram pro ii operibus.[d]

Nullum halimotum debet venire nisi velit per diem festum nisi

---

[a] *tertium meliorem* superscript in D.   [b] *fimos* E.   [c] *virgas inveniet* E.
[d] *Si non potest . . . operibus* inserted later in the original hand, D.

[1] Customary tenants (cf. Av.C 60) who work for rent; cf. *gavelwhile* below, p. 92.
[2] The payment is also called 'ad pundes'; see above, Introduction, p. xlviii.

sit ad audiendum vel faciendum preceptum domini regis, sed per
diem operarium veniet ad halimotum et ita computabitur ei unum
opus quando domina vel ballivus voluerit sicut mos est nisi infra
gavelwile, et debet ii homines ad pratum levandum unum cum
furca ferrea et alterum cum rastello, et ii homines ad magnam
sarclaturam pro i opere et i acram ordei secare pro iii operibus et
ad fabas et pisas et ad alia communia opera unum hominem usque
meridiem pro i opere. De relevio dabit x sol'[1] et herietum sicut mos
est.

Ad herbagium solebant[a] in bosco domine in Blaconolheie bovem
vel vaccam pro iii d. in estate, iuvencam et corellum pro ii d. et
vitulum superannatum i d. et secundum etatem aliquando plus
aliquando minus. Iumentam et equum pro iiii d. et secundum
etatem minorem minus dabit.

Item virgata Coleman.
Debet si habet tenentes habentes portas quilibet illorum debet
facere tres consuetudines sicut mos est, et si scalar' nichil.[2] Ita
debent facere omnes gavelmanni, cotmanni et smalemanni.

Si habet equum vel bovem de propria nutritura sua non potest
vendere sine licencia domine vel ballivi sui ita quod non perdat
occasione dilacionis ballivi si forte ballivus iratus sit versus eum,
nec potest filiam suam maritare extra villam sine licencia et nisi
faciat guare.[b]

2 Medietatem huius servicii debet dimidia virgata Saward, excepto
landgabulo, sed inveniet falcem sicut Adgar et dabit ii d. ad
gward'.[3]

(Membrane 2)
3 Virgata More[4] tale servicium solebat facere quod Coleman excepto
landgabulo. Modo dat pro dimidia virgata v sol' firme per annum.[c]
4 Dimidia virgata Barbe medietatem servicii quod Coleman excepto
landgabulo.

---

[a] *solebant* superscript D.   [b] *et nisi faciat guare* omit E.
[c] Add *Habet cartam domine abbatisse Juliane* E.

[1] The relief payment remained the same in the reign of Elizabeth (*EHR*, xxvii (1912), 519).
At that date the virgate was 60 acres.
[2] The customary works owed by sub-tenants living separately were for the custom of the
wood. Paid workers lodged in the houses of others were excluded from these customs.
[3] Wardpenny.   [4] Cf. Fel.B 14.

5 Dimidia virgata Armigeri[1] medietatem servicii quod Coleman excepto landgabulo.

6 Virgata Wade[2] tale servicium quod Coleman excepto landgabulo.

7 Virgata Hesie tale servicium quod Coleman excepto landgabulo.

8 Dimidia virgata Corvi medietatem servicii quod Coleman sed dabit vii d. ad landgabulum.

9 Virgata Reginaldi et Ailwini tale servicium quod Coleman sed dabit xx d. ad landgabulum.

10 Dimidia virgata Willelmi Herevi[3] medietatem servicii quod Coleman sed nullum landgabulum sed dabit ii d. ad ward' et falcem inveniet ut Coleman.

11 Dimidia virgata Olaf solebat facere idem servicium antiquitus, modo v sol' firme per annum.

12 Dimidia virgata Anguli tale servicium quod Willelmus Herevi.

13 Dimidia virgata Colle[4] tale servicium quod Willelmus Herevi.

14 Dimidia virgata Living tale servicium quod Willelmus Herevi.

15 Dimidia virgata de Ripa[5] tale servicium quod Willelmus Herevi.

16 Dimidia virgata Drinkale[6] tale servicium quod Willelmus Herevi.

17 Dimidia virgata Dureman[7] tale servicium quod Willelmus Herevi.

18 Dimidia virgata de Ponte[8] tale servicium quod Willelmus Herevi.

19 Dimidia virgata Franceis tale servicium quod Willelmus Herevi.

20 Dimidia virgata Piscis tale servicium quod Willelmus Herevi.

21 Dimidia virgata Estrild' tale servicium quod Willelmus Herevi.

22 Dimidia virgata Smeri[9] tale servicium quod Willelmus Herevi.

23 Dimidia virgata Quercus[10] tale servicium quod Willelmus Herevi.

24 Dimidia virgata Ailard tale servicium quod Willelmus Herevi.

25 Dimidia virgata Presteheie[11] solebat tale servicium quod Willelmus Herevi, modo v sol' firme per annum et iiii d. et iv acras [seure][a] et iiii consuetudines.[b]

26 Dimidia virgata porcarii tale servicium quod Willelmus Herevi.

27 Virgata Roberti clerici et Stephani tale servicium quod Coleman excepto landgabulo.

28 Virgata Roberti suttoris[12] tale servicium quod Coleman excepto landgabulo.

29 Porcarius[13] tenet unam virgatam terre, medietatem pro custodia

---

[a] sic in D; seminare E.   [b] modo ... consuetudines added later in original hand, D.

[1] Cf. Fel.B 10.   [2] Cf. Fel.B 11.   [3] Cf. Fel.B 24.
[4] Cf. Fel.B 36.   [5] Cf. Fel.B 32.   [6] Cf. Fel.B 57.
[7] Cf. Fel.B 64.   [8] Cf. Fel.B 53.   [9] Cf. Fel.B 73.
[10] Cf. Fel.B 50.   [11] Cf. Fel.B 82.   [12] Cf. Fel.B 72.
[13] Cf. Fel.B 37.

bosci et aliam medietatem pro custodia porcorum, et debet iiii^{or} acras arare de gabulo in ieme et quadragesima, et unam acram pro bede nisi venerit cum aliis et herciare si domina vult^a et i hominem ad sarclandum et falcandum et ad fenum levandum, et inveniet ii homines ad siccas preces et iiii^{or} homines ad metendum ordeum et Radulfus faber quintum hominem super custum,^{b} et porcarius inveniet ii quadrigas una die ad trahendum bladum domine sicut mos est post siccas preces, et dum famuli manduca-bunt licet disiungere averia sua et pascere in pastura domine et aquare, et iiii^{or} homines ad preces domine in Augusto nisi plures habuerit in proprio campo cum omnibus tenentibus suis, et aver-abit sicut una virgata scilicet Maldon et tam longe et non alibi,^{c} et custodiet porcos in peisson' tam in bosco domine quam in curia et famulus suus habebit potagium cum famulis curie et si porci fu-gantur extra villam ad peisson' ipse inveniet hominem suum cum porcis usque ad locum quo ducentur cum hominibus domine ad custum domine et si ibi remanet ad custum domine remanebit. Item porcarius faciet v hesias circa Farheiam ad custum suum^d et domina inveniet materiem et porcarius habebit cablum^1 et pecora sua quieta per totum annum in Farheie, et iiii^{or} porcos quietos in peisson' in Blaccuolheie cum porcis domine, et quando mercabit porcos habebit decimum, et si remanent triginta habebit unum, et si remanent l habebit unum, et faciet porkerias ad custum suum et domina inveniet mairemium,^{e} et debet occidere porcos et cus-todire carnem in sale donec levetur de sale et habebit exitus tercii melioris porci et dabit xxxii d. ad pundes et iiii d. ad forag' in die Pasche Floridi sicut mos est et ii d. ad ward'.

Porcarius debet habere v averia in pastura de Blaccudheia quieta cum averiis domine sicut mos est, et cablum^1 de boscis qui sunt in custodia sicut mos est, de [coperenos et chuches']^2 sicut mos est.^{f}

Isti sunt sokemanni.

30 Galterus^g de Saling'^{3} dimidiam virgatam pro v sol' et xvi d. ad libras^h et ii d. de gward'.

---

^{a} *sic* in D; *voluerit* E. ^{b} *super custum suum* E.
^{c} *scilicet . . . alibi* superscript D; omit E; add *nullum opus computabitur pro averagio* in margin D, in text E. ^{d} *ad custum domine* E
^{e} *et domina . . . mairemium* superscript D; for *mairemium* read *matēriem* E.
^{f} *Porcarius debet . . . sicut mos est* added later in original hand D; omit E.
^{g} *Rogerus* E. ^{h} *pundes* E.

---

^{1} i.e. *caballum*, horse. ^{2} Very faded; perhaps it refers to keeping dogs in the coverts.
^{3} Cf. Fel.B 2.

31 Johannes et Rand' de Fanna similiter dimidiam virgatam[1] pro v
sol' et xvi d. ad pundes et ad guard iiii d. et debent ad quemlibet
terminum[a] equitare cum firma domine et partim portare ad custum
domine usque Winecestr' et redire ad custum proprium, et si forte
equus morietur domina reddet v sol'. Hoc idem servicium faciet
Walter' de Saling' predictus, scilicet una dimidia virgata ad unum
terminum et altera dimidia virgata ad alterum et domina ad tercium sicut mos est,[b] et bis in anno quando domina vendet xl sol'
bladi vel plus Walter' de Saling' qui tenet dimidiam virgatam
inveniet[c] unum hominem cum equo et sacco et brochia ad portandum bladum Maldon' sicut mos est, et Johannes et Rand' qui
tenent aliam dimidiam virgatam similiter et eodem modo et debent
portare quilibet illorum apud Maldon' super equum suum de
frumento iii bussellos[d] et de avena iii bussellos cumulatos.[2]

32 Terra Child de firma ii sol' et iiii d. ad pundes et ii d. ad gward
et averagium apud Maldon sicut Walter' de Saling'. 'Terra Child
defendet se pro v acris.[3]

Isti sunt cotmanni.

33 Herevicus Godulf tenet i quart' et debet qualibet septimana iii
opera, scilicet die lune, die mercuris, die veneris, nisi festum evenerit, et habebit falcem in prato sicut Willelmus Herevi et averag'
apud Maldon' Colecestr' et tam longe cum i equo pro i opere
qualibet septimana, et quando ei precipitur Maldon' Colecestr'
pro pisce, pro sale vel alia re pro i opere, et grutum et brais semel
facere in anno sicut mos est, et in quadragesima ter herciabit cum
i equo pro iii operibus. In Augusto metet gabulum infra xv dies
sicut una virgata sicut mos est, ad magnas preces mittet ii homines
sicut mos est, ad siccas preces duos homines si contigerit die suo
operario, si non unum, et claudet mercias[f] sicut alii eadem lege pro
iii operibus, et viii d. ad pundes, et padnag' de porcis sicut alii. De
relevio xxx d.[4] et heriet' sicut mos est, et debet expandere ficus

---

[a] *ad quemlibet terminum* superscript D; omit E.
[b] *Hoc idem servicium . . . sicut mos est* omit E.
[c] For *Walterus de Saling . . . inveniet* substitute *isti sokemanni invenient* E.
[d] *iii magnos bussellos* E.   [e] *Terra Child . . . v acris* omit E.   [f] *merkas* E.

[1] This corresponds to the half virgate of Stephen Rue, Fel.B 3.
[2] The size of the heaped bushel depended on whether it was fully or partly heaped; cf.
Titow, *Winchester Yields*, p. 7. Walter of Henley preferred the more precise struck bushel
as a measure (D. Oschinsky, *Walter of Henley*, (Oxford, 1971), pp. 324–5).
[3] The land was assessed as five acres; cf. Fel.B 4, Adricus infans.
[4] This remained the customary relief for copyhold tenants of a quarter virgate in 1576
(*EHR* xxvii (1912), 519).

sicut mos est unam acram pro ii operibus, et falcabit si quid remanet in Kenewolds[a] post gavelmannos ad falcandum pro i opere dimidiam acram ubicumque opus sit, et debet viii ova uno anno et altero anno vii ova ad terminum Pasche, ter debet herciare in quadragesima pro iii operibus et faciet grutum et braesium sicut una virgata.

(*Membrane 3*)

34 [b]Living idem servicium solebat facere quod Herevi, sed modo tempore Willelmi de Rodebereghe[1] relaxavit domine unam moram quam tenuit in Redinges, et quandam cruftam que vocatur Polecroft, et domina relaxavit ei duo opera a festo Sancti Michaelis usque Ad Vincula et tercium averagii et tercium braesii et gruti et tercium tallagii et scotti et tercium de relevio. [c]Living a festo Sancti Michelis usque Ad Vincula Sancti Petri unaquaque ebdomada unum opus, scilicet die lune, et ab Ad Vincula Sancti Petri usque ad festum Sancti Michelis idem servicium quod Hervi, et habebit falcem in prato sicut Hervi et herciabit bis pro ii operibus, et defendet terram suam sicut terciam partem de i quart' de lottis et scottis, et debet tercium averagium.

35 [d]Wode idem servicium quod Hervi Godulf.

36 Spirling' idem servicium.

37 Aulanda idem servicium preter averag' cum equo et preter falcem, sed averabit pedes sicut mos est.

38 Johannes carp[entarius][2] idem servicium solebat facere quod Herevi sed averabit pedes.[e]

39 Terra Betaghe[3] solebat facere idem servicium quod Herevi.

[a] *Kenewoldesmed* E.
[b] *Living idem servicium . . . tercium de relevio* squeezed in at the top of membrane 3, D.
[c] *Living a festo . . . debet tercium averagium* added at bottom of membrane in second hand D. In E the whole entry relating to Living reads: Levyng idem servicium quod Hervicus Godulf sed tempore Willelmi de Radebergh' dictus Levyng relaxavit domine abbatisse unam moram quam tenuit in campo de Redyng et quandam croftam vocatam polcroft. Et domina abbatissa relaxavit eidem Levyng ii opera a festo Sancti Michaelis usque Ad Vincula et tercium averagium et tercium bras' et grut' et tercium de relevio et tercium tallagii et scotti et habet scriptum domine abbatisse Juliane. Debet modo a festo Sancti Michaelis usque Ad Vincula Sancti Petri unaquaque ebdomada i opus, scilicet die lune et ab Ad Vincula usque festum Michelis idem servicium quod Hervicus. Et habet falcem in prato sicut Hervicus et herciabit bis pro ii operibus. Et defend' terram suam sicut terciam partem de i quart' de lottis et scottis. Et debet tercium averagium.
[d] In D the second hand repeats the following three entries after 43, and then crosses them out.
[e] Insert here *Terra Blanchard x d. per annum scilicet ad ii terminos pro omnibus serviciis* E.

[1] William of Rodborough was one of the abbess's bailiffs or attorneys; cf. above, Introduction, pp. xliii–xliv, and for his family *TBGAS* liv (1932), 355.
[2] Cf. Fel.D 45.   [3] Cf. Fel.D 46.

40 Simon Turner idem servicium quod Herevi.

41 Ran' idem servicium quod Herevi.

42 43 Terra Blic et terra Kere idem servicium quod Herevi.

44 Blanchard' i acram, mession' in Augusto.*

45 Stephanus Carpenter qui tenet terram que fuit Johannis patris sui debet firme per annum iiii°r solidos et in Augusto iiii°r acras seure.*

46 Willelmus de Stebbing' qui habet terram Bekache* cum filia sua debet firme per annum iii sol' et in Augusto v acras* et pro quadam parte prati in Widimere vi d. quando Widimere seminatur.

(Membrane 4)

47 48 *Smalemanni.* Mite et Egge* ii opera qualibet septimana, et ad pundes ad unum terminum ii den' et obolum, et ad aliud terminum iii d. et debet falcem sicut cotman' et averag' pedes et semel in anno braesium vel* grutum, scilicet iiii°r corbellos avene vel duos* frumenti, et debet gablum in autumpno sicut una virgata, et pro qualibet acra quam defendit i ovum per annum et iiii communes consuetudines.

49 Becke idem servicium preter falcem et brais et debet ii d. ad pundes.

50 Bere² solebat facere idem servicium quod Becke modo iii sol' et i den' et tres consuetudines.

51 52 Sawin et Moricius de Finchingefeld'idem servicium quod Mite.

53 Rad' Saman³ ii opera qualibet septimana per cartam abbatisse Damette pro quadam parte terre sue, et ex alia parte debet xl d. firme per annum et viii d. ad pundes, et non debet averare nec braesium facere.

54 Palmarius unum opus qualibet septimana et in autumpno dimidiam acram gabli cum opere et averag' pedes et ad pundes i d. et tria communia opera, scilicet ad sarclandum ad fenum levandum et ad preces magnas et ad siccas preces.

55 Hog'* idem servicium.

56 Siward Lorenger⁴ idem servicium.

57 Ordgarus* Fullo idem servicium.

ª *Blanchard . . . Augusto* added in second hand D; omit E.
ᵇ *sic* D; *secare* E.   *ᶜ* *Betache* E.   *ᵈ* Add *secare* E.   *ᵉ* *Sugge* E.
ᶠ *et* E.   *ᵍ* *duos bussellos* E.   *ʰ* *Willelmus Hog* E.   *ⁱ* *Adgarus* E.

---

¹ Cf. Fel.B 5.   ² Cf. Fel.D 101.

³ Cf. Fel.D 109. His daughter Leticia married John of Warlemont, steward of the abbess; see above charter no. 23.

⁴ Possibly a harness-maker; many of these smallholders are tradesmen or craftsmen (fuller, weaver, cooper, smith, turner); possibly a man from Lorraine.

58 Alricus Telarius idem servicium.

59 Cuppere idem servicium.

60 Alexander Faber[a] idem servicium.

61 Comes idem servicium.

62 Belte[b] idem servicium.

63 Albertus Turner idem servicium preter gablum, sed dabit ii d. ad pundes.

64 Friebarn[1] idem servicium quod Palmer, modo[c] tenet Radulfus David per cartam domine pro xvi d. firme per annum.

65 Limewei[d] qualibet ebdomada in autumpno i opus et xiii d. firme per annum.

66 Hendiman idem servicium et xii d. firme per annum.

67 Fether[e] idem servicium et xviii d. firme per annum.

68 Gunebrand idem servicium et xviii d. firme per annum et i d. ad pundes.

69 Warinus faber[f] xvi d. firme et tres consuetudines et mediet' ovi.[g]

70 Hod quatuor vomera et tres consuetudines et mediet' ovi.

71–78 Octo acermanni[2] pertinent ad curiam de Felsted qui defendunt terras suas per tenendas carucas curie, scilicet Apesmite,[h] Tuneman, Gernun, Stephanus, Herevicus, Pollard, Tortepiliche, Fot. Hec est consuetudo eorum, habebunt carucas[i] quolibet alio sabbato, et in die Natalis Domini domina pascet eos semel et in die Pasche semel et in die qua homines ville falcabunt prata domine unusquisque habebit panem cum cumpernagio, et ad magnas preces habebunt prandium et post prandium facient soccas in campo, ad preces carucarum habebunt prandium et ad quadragesimam pervantem habebunt carnem sicut mos est, et quando perseminaverint habebunt plenum seadleap frumenti in yeme et quando caruce iacent propter[j] gelu vel pro alia re venient ad curiam et facient quod prepositus docebit. Et super iurnatam carucarum quod arare debent in die pascent oves suas quiete, scilicet acermanni, prepositus et heiwardus.[k]

Et si domina non habet instaurum ad pascendum herbagium coram carucis suis in dominio suo, homines sui habebunt coram caruca v oves pro uno denario.

---

[a] *Alexander Smyth* E.   [b] *Willelmus Belte* E.   [c] *Deinde* E.   [d] *Lowey* E.
[e] *Stultus* E; the nickname has the same meaning in Latin and English.
[f] *Smythe* E.   [g] *dimidiam ovi* E.   [h] *Apelstane* E.   [i] *carucas domine* E.   [j] *pro* E.
[k] *Et super iurnatam . . . et heiwardus* added later in first hand D.

[1] The name of the holding, not the tenant; cf. Fel.B 62, *terra Febern*, and Fel.D 94.
[2] Ploughmen.

(*Added later, in lighter ink in first hand*)
Si mesuagium aliquod per infortunum venti vel ignis deficitur vel quod ita vetus sit quod amplius stare non poterit, per visum proborum hominum ville debent homines ville habere husbote.

Liberi homines solebant habere woderidte in boscis domine et ad huc petunt ut habeant sicut mos est sicut habere solebant tempore Simonis et Willelmi de Felstede et tempore David et Willelmi de Haveling' et aliorum.*

*b*Quilibet homo qui tenet dimidiam virgatam terre ad opera debet esse prepositus si domina abbatissa voluerit, et debet esse quietus quantum pertinet servicii ad dimidiam virgatam, et debet habere prandium si facit moram per totam diem pro necessitate domine. Et debet habere equum suum in curia ad servicium domine, et debet habere plenum plaustrum feni in prato de Kenewold, et habebit unum porcellum ad porcos merkier' et debet habere wodericht' sicut una virgata, et debet habere animalia sua in campis quieta in warecto ante carucas.

Omnes homines qui dant denarios ad pundes debent esse quieti de misericordia pro xvi d. nisi sit pro magno forisfacto.[1] Et post obitum hominum de villa de Felsted debent habere pacem heredes eorum et uxor usque xxx dies de relevio et herietto.

79 Radulfus faber tenet terram suam pro ferramentis carucarum faciendis et habebit iiii quercus ad carbonem per annum.

Gavelmanni debent habere axes, scilicet qualibet virgata unum axem in bosco domine.*

Virgata Coleman et alii gavelmanni debent ire pro ii millar' de allece apud Horsted' semel in anno pro iii operibus virgat'.
*d*Hii sunt iuratores de consuetud'.[2]
Robertus Pincerna. Henricus Ruffus. Johannes de Horsted. Thomas filius Osberti. Robertus clericus. Alanus porcarius. Henricus

---

a *Liberi homines . . . et aliorum* omit E.
b *Quilibet homo . . . semel in anno pro iii operibus virgat'* added at bottom of m. 4 in second hand, D.
c *Gavelmanni . . . bosco domini* omit E; but cf. below p. 102 n. *c*.
d The names of the jurors are written across the end of the membrane in the first hand, D.

---

[1] Cf. above, Introduction, p. xlviii.
[2] Most if not all the jurors were free tenants, holders of larger standard tenements, or manorial servants. Robert Pincerna (PRO CBN iii. 218, Archives du Calvados H, Trinité de Caen, Cartulaire no. 33), John of Horstead (Fel.DE 84, PRO CBN iii. 246–7, 252, 255, Archives du Calvados H, Trinité de Caen, charters in Liasse Angleterre, Cartulaire no. 31), Thomas filius Osbert (PRO CBN iii 217–8, 225, Archives du Calvados, Cartulaire nos. 16, 34, 53) all had their own seals; Henry Ruffus (Fel.DE 97) and

arch[erius]. Willelmus Holdeburg'. Reginaldus Wade. Walterus prepositus. Willelmus porch'. Stephanus Coleman. Radulfus Saman. Andr' Heiward.

(*Membrane 4 dorse*)

Hec sunt subtracta a curia de Felsted¹ tam de dominicis quam exartis, pratis, boscis et viis per abbatissam, et senescallum domine abbatisse et ballivos et per concilium tocius ville.

80 Saward Saulf ii acras in Tunemaneland per David senescallum² pro viii d.

81 Gilebertus Blundus vi acras per liberacionem domine abbatisse pro iii sol'.

82 Item Walterus Saward vi acras per Willelmum et Rogerum³ pro iii sol'.

83 Item Walterus in Widimere iiii°ʳ acras per Rogerum et Johannem Spileman⁴ pro xvi d.

84 Johannes de Horstede iii acras in Alkeresfeld in escambio pro tanta terra per Rogerum clericum.

85 Johannes de Glanville⁵ i acram in Tunemanesland per Rogerum clericum pro vi d.

86 Berenger terram unius bubulci⁶ per dominam abbatissam pro iiii sol'.

Item Berenger parvam Pirifeld⁷ per dominam pro x d.ᵃ

87 Robertus porc' v acras in Farheie pro xx d. per Willelmum de Aveling' senescallum.⁸

ᵃ *Blanchard vii acras in Gryndysmere per dominam Damettam pro una acra messionis in autumpno* add E.

Ralph Saman (Fel.DE 53) held land by charter. Henry Archer was probably of the family of John Archer who held free and customary tenements (PRO CBN iii. 224–5, 230–1; Archives du Calvados, Cartulaire, nos. 10, 21, 24). Robert clericus (Fel.DE 27), Reginald Wade (Fel.DE 6) and Stephen Coleman (Fel.DE 1) held service tenements; William Holdeburgh later sold a service tenement to John of Warlemont (PRO CBN iii. 217–8; Archives du Calvados, Cartulaire no. 33). Alan porcarius, William porcher, Walter prepositus and Andrew Heiward (Fel.DE 111) were probably all manorial servants, though Heiward may have been a family name.

¹ The implication is that they were held freely, and were not subject to the jurisdiction of the manorial court.

² For David the steward see above, Introduction, pp. xxviii, xliii.

³ Probably William of Avening and Roger Auude; cf. above, Introduction, pp. xliii–xliv.

⁴ Cf. charters nos. 16, 17; *TBGAS* lxi (1939), 50–94.

⁵ See above, p. 43 n. 14. In 1330 Walter de Glaunvyle of Felsted held 4 acres for 8d. of the abbess of Caen and about 50 acres of the king for rent (*Cal.IPM* vii, no. 190).

⁶ The ploughmen's land would originally have been demesne land.

⁷ Later Pear Tree field; cf. maps in Essex CRO, D/DCw P2, 3.

⁸ Cf. above, Introduction, p. xliii.

88 Swift viii^to acras pro ix d. per dominam abbatissam tempore David. Item Swift tenet unam gravam pro xii d. s[cilicet] herbagium et mortuum boscum.

Item idem exartavit de eadem grava iii acras et dimidiam tempore David.

Item idem exartavit viii acras in Farheia pro ii sol' tempore Rogeri.

89 Item Robertus porcarius iii rodas ibidem pro iii d. tempore David. Item idem Robertus i acram pro iiii^or d. tempore Rogeri.

Item idem Robertus iiii^or curtilagios tempore W. de Haveling' senescalli pro viii d.

90 Willelmus filius Osberti i acram exsarti per eundem pro [   ].^a Item idem Willelmus dimidiam acram exsarti per Rogerum pro iii d.

91 Matheus i perticulam exsarti per David senescallum pro iiii d.

92 Willelmus Marter i perticulam.

93 Baldewynus porcarius i curtillagium per Rogerum clericum pro i d.

94 Radulfus David tenet exsarta quorum nescimus quantitatem per dominam abbatissam pro xvi d.

Item idem pratum Saulf per eandem pro xii d.

Item idem terram Friebarn per eandem pro xvi d. que fuit ad operacionem.^1

95 Eustacius i curtillagium per David senescallum pro i d.

96 Willelmus Francus tenet dimidiam virgatam pro v sol' per dominam abbatissam. Item idem i particulam exsarti pro ii d. per David.

97 Henricus Ruffus dimidiam virgatam pro v s. per eandem^2 que fuit operaria. Item idem de exarto iii d. per David.

98 Gunebrand ii acras exsart' per David pro vii d.

99 Benedictus Tanur i acram exsarti pro i d. per W. de Aveling' senescallum.

100 Ricardus Anglicus i curtillagium per dominam abbatissam pro iii d. Item idem i particulam exsarti.

101 Gilebertus Bere^3 i particulam exsarti per dominam abbatissam pro i d.

102 Saman porcarius i particulam exsarti per Rogerum pro ii d.

103 Mauricius Belte unam particulam exsarti per eundem Rogerum pro ii d.

---

^a Space left for figure D; omit *pro* E.

---

^1 Cf. Fel.DE 64.   ^2 i.e. *per abbatissam*.   ^3 Cf. Fel.DE 50.

104 Robertus filius Thome pincerne[1] iiii[or] acras pro xii d. tempore David.

105 Robertus Limewei i curtillagium per iiii[or] firmarios[2] pro i d.

106 Henricus Pincerna[3] clausit vicum ante portam suam tempore Willelmi de Aveling' senescalli et dat ii d. firme per annum. Item idem terram Ailard per ipsum Ailard qui coram villa in plena curia domine constituit Johannem filium predicti Henrici heredem suum de tota dimidia virgata faciend' inde servicia domine abbatisse quod ad terram pertinet.

107 Osbern niger i curtillagium per Ricardum clericum pro ii d. Item Henricus Pincerna tenet mesuagium Edwardi Canthay pro ii vomera[a] tempore David senescalli, quod mesuagium emit ad Henricum de Presteheie et ad Aliciam uxorem suam pro vi s. et viii d.

108 Willelmus Bras totum tenementum suum de dominio per David senescallum pro xxxii d.

109 Radulfus Saman ii acras in Saltcote[4] et unam domum et curtilagium pro xii d. per Willelmum de Felsted.

110 Johannes Molendinarius Cunescroft per Ricardum clericum pro xii d.

111 Andr' Heiward i curtillagium per dominam abbatissam pro iiii[or] d.

112 Arnulfus Faber i curtillagium per David senescallum pro i d. Alexander Faber i curtillagium tempore [etc.].[b]

113 Robertus Parmentarius i perticulam terre.

114 Robertus Capell' i placiam pro i d.

115 Regin' i bordellum pro iii d.

116 Juliana i bordellum per dominam abbatissam pro vi d.[c]

117 [d]Ricardus Gernun[5] unum curtilagium pro iiii d. per annum per Rogerum clericum.

118 Kirlefert unum parvum incrementum pro iii d. per annum per Rogerum ballivum.

---

[a] *Sic* in D, E.　　　[b] Space left blank D; *tempore etc* E.

[c] E adds, *Additum est tempore Juliane abbatisse post mortem Johannis Warlemont senescalli quod xii homines eiusdem ville iur' anno regni regis Henrici: Gavelmanni debent habere axes, scilicet qualibet virgata i axem in bosco domine.* All further entries are omitted in E.

[d] The next four entries (117–120) are added at the side of roll D in the second hand.

---

[1] Probably Robert Pincerna, one of the jurors.

[2] It is not certain when four farmers held the manor, but an early date, before the time of Simon of Felsted, is likely.

[3] A substantial freeholder; cf. Fel.B 1.

[4] This holding was later sub-let to Ralph's daughter Emma, and later to her daughter Alice for 12d. rent; cf. charter of 1245–6 (PRO CBN iii. 221; Archives de Calvados, Cartulaire, no. 13, pp. 10–11).

[5] Cf. Fel.DE 73.

119 Rogerus Ballivus cepit unam perticulam terre et clausit et postea
per Willelmum de Redebergh' et Rogerum Auude et consilium
ville tradita fuit R. Living' pro xii d. per annum.¹

120 Belte i incrementum pro ii d. per R. clericum.

121 ªWillelmus de Stok' unum incrementum de Prestesfeld ii s.

122 Johannes filius Osberti unum mesuagium xviii d.

123 Radulfus Cocus unum mesuagium xii d.

124 Henricus Corveis' i mesuagium xv d.

125 Margar' i mesuagium vi d.

126 Osbertus Porkarius i mesuagium pro xii d.

127 Willelmus Syward i bordellum iii d. in foro.

128 Ricardus mercator i seudam xii d.

129 Sawine i bordellum pro viii d.

Idem i parvum incrementum tempore Thome de Avening' ballivi²
i d.

[Rad'   ]ᵇxi d.

Ista incrementa fecit Roger'³ per consilium ville et per litteras
patentes quas idem Roger' tulit ex parte domine abbatisse quod
stabile et firmum et pro rato haberet hec quod faceret per consilium
ville.

(*Membrane 2 dorse in second hand*)

Tempore Magistri Johannis de Warlem' senescalli domine abbatisse in Anglia.

130 Ricardus de Enefeld⁴ per concordiaᶜ facta inter dominam abbatissam et ipsum novum incrementum iuxta gardinum suum pro vi d.
Item idem i incrementum in Reding' pro vii d. per annum per
eundem J. de Warl[emont].

131 Warinus faber i incrementum novum pro ii d.

132 Johannes Ruffus novum incrementum pro viii d. per annum tempore J. de Warl[emont].

ª Entries 121–129 are added at the bottom of m.3 dorse in D. These and the remainder of
the entries are in the second hand.   ᵇ Illegible in D.   ᶜ *Sic* in D.

¹ Cf. Fel.DE 34.

² Thomas of Avening occurs as the attorney of Abbess Juliana in a charter recording a sale
by William, son of Martin (PRO CBN iii. 231–2; Archives du Calvados, Cartulaire, no.
45, pp. 32–3); and is probably the Thomas of Avening, clerk, who purchased a market-
stall from Richard merchant (PRO CBN iii. 246; Archives du Calvados H, Trinité de
Caen, original charter in liasse Angleterre).

³ Probably Roger Auude.

⁴ Cf. *Cal. IPM* viii. no. 368; in 1342 John of Enefield held, besides a messuage for 2d. of the
king in chief, 5 acres of land in Felsted of the abbess of Caen for 15d. annually.

133 Walterus Guch dimidiam acram terre de terra de Suthall' pro iiii d. per annum per eundem J[ohannem].

134 Willelmus Bras i incrementum de vivar' pro ii d. per annum.

135 Terra de Pirifeld viii s. et iiii d. per annum per magistrum J. de Warl[emont].

(*Membrane 1 dorse, in second hand*)

136 Robertus de Fanna[1] fecit fidelitatem domine abbatisse pro terra Henrici de Chaur[ee] patris sui, et reddidit heriettum et relevium et ensem, calcaria, sellam, frenum et capistr[um][2] et solvit relevium scilicet xxxix d.

---

[1] Cf. the sokemen, Fel.DE 31.

[2] Cf. the heriot due from free tenants in Minchinhampton, Min.D 1. For a discussion of the distinction between heriot and relief see Paul R. Hyams, *King, Lords and Peasants in Medieval England* (Oxford, 1980), pp. 77–9.

MINCHINHAMPTON E

Public Record Office, SC 11/19/238.

Roll of 4 membranes, 24.2 cm. wide at the top.

Copy in a late fourteenth-century hand of a custumal made *c.* 1306, incorporating and occasionally misplacing some corrections and additions up to *c.* 1320 (see above, Introduction, pp.   ). After the first two entries about 10 cm. have been left blank. Marginal entries in the hand of the main roll give the cash sums due from each tenement; they are discontinued from no. 40 to no. 73. These marginal sums have not been printed; discrepancies are indicated in the footnotes.

Script: Court hand of the late fourteenth century; the scribe frequently uses the letter thorn.

Endorsements: *Custumale de Minchinhampton* (late medieval).
Custumarie of the lordship of Mynchynhampton (16th cent.).

NOTE: The tenants are listed geographically; beginning in the south-east at Cherington the survey then crosses the downs and follows the settlements on the north side of the ridge above the river Frome, from Cowcombe through Hyde, Wimberley, Bessbury, Burleigh and Brimscombe, to Rodborough; it then lists tenants in the valleys on the southern side of the ridge above the Woodchester valley, in Brechcombe, Senkley, Wadden, Box, the village of Minchinhampton itself, Dudden and Gatcombe. No attempt was made to group together tenants of a like tenure. Though irregularly distributed, the service tenements were mostly in the vicinity of the great fields or the earlier settlements along the Frome valley; the ploughmen's lands were all near to the village. The bulk of the tenants in the region from Rodborough through Senkley to Nailsworth held either by serjeanty tenure, or for rent and boon-works.

An indication of local pronunciation is that the scribe frequently wrote D for B: e.g. Durimore for Burimore, Deulee for Beulee, dederipe for bederipe.

A translation of the custumal was printed, without the Latin, by C. Ernest Watson, in *Transactions of the Bristol and Gloucestershire Archaeological Society* liv (1932), 203–384. This contains much valuable topographical and genealogical information; unfortunately there are slips in the transcription, and the interpretation is often extremely fanciful; for instance the service of carrying cheese and 'bacons' is rendered as 'rick-making and salting', and a pound of cummin becomes a ledger for the office.

1 Margeria le Neuman pro i mesuagio et i quart' terre apud la Pole de pertinenciis columbar' ii s. per annum, viii dies metacionis in autumpno, alerthe, alerip, sarclare et levare fenum de Burymor'. Item spergere fenum, per unum diem arare, pro i assarto ibidem ad ii terminos usuales i d., fugare porcos ad pessonem. Item denarios beati Petri, tassare die Iove. Et si domus sit faciet consuetudinem bosci.[1]

2 Terra de la Pole[2] quam Magister W. de Chyryton quondam tenuit, videlicet dimidium quart' xviii d. per annum, alerthe, alerip, sarclare, levare fenum de Burymore. Item pro assart' et incremento ibidem vi d. per annum. Et si domus fuerit faciet consuetudinem bosci.

3 Item Margeria le Neuman tenet unum mesuagium ii acras terre, scilicet illud quod Hugo de la Pole quondam tenuit pro xvi d. per annum, alerip, sarclare et levare fenum de Burymore.[3] Item pro assart' et increment' tenure v d. per annum. Et cum domus sit edificat' faciet consuetudinem bosci.

4 Henricus de la Fryth de Colecumbe[4] pro iii ferendell' terre et assart' ii s. x d. ob. per annum, sectam curie, arare domine ter in anno, cariare tres summas bladi in autumpno de [blank] in la Balenhall', si citra fossatum iiii summas, metere cum duabus famulis die Iove et erit personaliter ultra metentes, et alia servicia que pares sui debent si qua fuit.

5 Johannes Jordan de Colecumbe pro i virgata terre que fuit Walteri Willani in Colcombe v s. per annum, sectare curiam, alerthe, aleripe, arare bis in anno, cariare iii summas vel iiii bladi in autumpno prout supradictum est, metere die Iove cum ii famulis et erit personaliter ultra metentes, et alia servicia si qua fuit.

6 Agnes de Longeford pro i mesuagio et i crofta viii d. per annum, aleripe, sarclare et levare fenum de Burymore per i diem et facere consuetudinem bosci, videlicet metere cum i homine et per unum diem in autumpno, et gallin' ad Natale et v ova ad Pascha, et dabit denarios beati Petri.[5]

7 Johannes Jordan de Colecumbe pro i mesuagio et crofta et aliis assartis que W. le Bothel quondam tenuit in Colecumbe vii s. xii d.[a] ob. per annum, et sect[am] cur[ie], alerip', sarclare, levare fenum de Burymore, metere cum i homine et dare gallin' et ova ut supra. Et memorandum quod dictus Johannes non portabit secu-

---

[a] *Sic* in MS.

---

[1] For the custom of the wood, for which obligations were incurred as soon as a house was built on a new tenement, see Min.C 94 note; the services are described in Min.E 6.

[2] The Pool was at Cherington, just south-west of Minchinhampton. In 1306/7 this holding was let for 2s. (PRO SC6/856/15).

[3] The great demesne meadow in the Woodchester valley; cf. Min.D 65.

[4] Cowcombe is the most north-westerly hamlet in Minchinhampton parish, separated from Cherington by the downs.

[5] About 9 cm. of the membrane were left blank after this entry.

rum in bosc[o]. Item pro mesuagio Morant[1] xii d. per annum. Et cum domus fuerit faciet consuetudinem bosci.

8 Ricardus Attewell' pro uno mesuagio et assart' que fuerunt quondam Ernaldi de Colecumbe xii d. per annum.

9 Henricus de Fonte pro i mesuagio in Colecumbe x d. ob. per annum, et metet et dabit gallinam et ova ut supra pro consuetudine bosci.

10 Walterus Siward pro i mesuagio et crofta xiii d. per annum, alerip', sarclare, levare fenum de Burymore, metere in autumpno et dare gallinam et ova ut supra pro consuetudine bosci.

11 Ricardus de Stoford[2] pro i mesuagio et i quarto et assart' in Colecumbe xxii d. ob. per annum, et sect[am] cur[ie], fugare porcos ad pessonem, xvi dies metacionis in autumpno, alerip', alerthe, sarclare, levare fenum de Burimore et spergere fenum, arare bis in anno, herciare per i dietam, metere cum ii famulis die Iove et dare gallinam et ova.

12 Cecilia de Dreghcombe[3] pro i virgata terre et assart' que fuit quondam Oseberti le Veisy apud Colecumbe iiii s. i d. per annum, et sectam curie, operabit in autumpno altera qualibet septimana, alerep, alerthe, herciare, sarclare et levare fenum de Burymore, arare bis in anno. Et cum domus fuerit edificata fac[iet] consuetudinem bosci etc.

13 Johannes filius Osberti Veisy pro i mesuagio et assart' quod fuit quondam Asard' de Colecumbe xv d. ob. qua. per annum, alerip' alerthe, sarclare et levare fenum de Durimore,[4] et pro consuetudine bosci cum i homine in autumpno et dare gallinam et ova.

14 Item Ricardus de Stoford pro uno quart' et molendino et assart' apud Stoford vii s. i d.[5] Item de novo incremento i d. prout invenitur per redd' vet'. Et memorandum quod non habebit introitum in bosco.

15 Ricardus Miblanc pro uno mesuagio cum dimidia virgata terre et uno molendino et assart' apud Chalford viii s. iiii d. per annum,[6] sectam curie, alerep', alerthe, sarclare, levare fenum de Burimore, arare bis per annum, herciare, cariare bladum in autumpno ut supradictum est de Henrico de la Frith, metere cum ii famulis die Iove metacionis et erit personaliter ultra metentes, et dabit galli-

---

[1] There is a reference in the court-roll of 1273 to an assart made by G. Morant, which had been enclosed with a well-built wall instead of a hedge (PRO SC 2/175/79).

[2] Stoford was a ford across the Frome near Cowcombe, where there was a mill (cf. Min. BC 10).

[3] Brechcombe.   [4] Burimoor.   [5] Cf. Min.BC 10.

[6] Cf. Min.BC 11; an assart has added 4d. to the rent.

nam et ova pro consuetudine bosci et custodiet leporarium[1] si placuerit domine.

16 Johannes de Chaleford pro uno mesuagio et iii quart' terre et i molendino apud Chalford[2] et aliis acquietanciis, item pro una virgata terre et uno ferine[3] apud Colecumbe et assart' xv s. v d. ob. per annum, sectam curie, arare bis in anno, cariare bladum in autumpno prout pres' de Henrico de la Frithe, herciare per i dietam, levare fenum de Burimore, alerthe, metere cum ii famulis in autumpno et erit personaliter ultra metentes, et dare gallinam et ova. Item pro servicio de alerip et sarclacionis relax[acione] ii d. unde Helias Bigge soluit obolum pro quadam parte terre quam tenet etc.

17 Helias Digge[4] pro uno mesuagio et crofta xvi d. per annum. Item pro servic' de alerip et sarclacionis scilicet cuidam part' ibidem per annum [ob]. Alerip, sarclare, levare fenum de Durimor', metere in autumpno et dare gallinam et ova etc.

18 Willelmus Fager pro uno mesuagio et i quart' terre et assart' que Edith Page quondam tenuit xxii d. per annum ad terminum vite sue. Item de incremento i d. per annum, xvi dies metacionis, nil alterius operis in autumpno, alerip', alerthe, sarclare, levare fenum de Burimore. Item spergere fenum, fugare porcos ad pessonem, arare bis in anno, metere cum ii famulis die Iove, si domus fuerit edificat' et gallinam et ova etc. Item denar' beati Petri, vigilare vigilia Sancti Johannis.

19 Radulfus Deulee[5] pro una virgata terre iiii s. i d. per annum. Item operari qualibet altera septimana a festo Sancti Michaelis usque ad gulam Augusti, viz. a festo Sancti Michaelis usque ad Purificacionem habebit tascam de quocumque opere excepto quod si sit aratura domine vel ad quarationem vel ad huiusmodi operabit quousque ara boves domine veniunt de aratro. Item a Purificacione usque ad Hokeday operabit per totam diem et dum domina habet ad seminandum veniet cum equo et sacco[6] et herciabit terram domine. Item ab Hokeday usque ad festum beati Johannis Baptiste habebit tascam de operibus ut supra. Item a festo beati Johannis

---

[1] A hare-warren.   [2] Cf. Min.C 11a.

[3] Probably a scribal corruption of *ferdingus*, ferling or quarter-virgate.

[4] Helias Bigge.

[5] Ralph Beulee; for the name cf. Min.BC 79. This is a standard working tenement; cf. Min.BC 77 for earlier duties. The works have been reduced to alternate weeks, except in August and September.

[6] Probably a bag to carry the seed-corn, which according to Min.BC 77 working virgaters had to thresh.

Baptiste usque ad festum Sancti Michaelis operabit per totam
diem. Et memorandum quod idem Radulphus operabit qualibet
septimana a gula Augusti usque ad festum Sancti Michaelis. Item
dederip', wyverip, benrip, alerthe, alerip, arare bis in anno, arare
ad denerthe, herciare, sarclare, levare fenum de Burimore, pannag'
et tolnet'. Et [denar']^a beati Petri, colligere nuces, summare, cariare
cas[eos] et bacon[es],^{1} falcare, vigilare vigilia sancti Johannis et in
cetera servicia willinag'. Item pro consuetudine bosci metere cum
ii famulis in autumpno die Iove et gallinam et ova. Item filii sui et
filie fac' dederip', et erit prepositus, bedellus, porcarius vel huiusmodi si placuerit domine.

20 Johannes de Deulee^2 pro i virgata terre que fuit quondam Viton'
ad terminum vite sue et Alicie uxoris sue x s. per annum. Item ne
uxor sua vigilet vigilia Sancti Johannis i d. per annum. Alerip,
alerthe, arare bis in anno, metere cum ii famulis die Iove et gallin'
et ova etc. Et idem Johannes faciet dederip' et erit in omni servicio
domine ad voluntatem domine et ballivorum suorum quia nativus.
Et memorandum quod Alicia uxor sua non faciet wyverip' quia
senescallus dimisit illam liberam ab huiusmodi servitute.

Et memorandum quod dicta terra Viton' fuit ante operaria que
solebat reddere per annum de redditu x s.^{b} et i d. et operari eodem
modo et facere sicut et supradictus Radulfus in omnibus. Et post
decessum predictorum Johannis et Alicie dicta terra operaria erit
sicut et prius.

21 Hugo Stabler tenens Ricardi Kennes^3 pro uno mesuagio et crofta
quondam Stabler alerip', sarclare, levare fenum de Burimore,
metere in autumpno, gallinam et ova pro consuetudine bosci. Et
memorandum quod dictus Hugo solvit Ricardo Kynnes xii d. per
annum.

22 Willelmus de Folewell' filius Arneborewe nativus tenet unam dimidiam virgatam terre native pro qua operabit qualibet altera septimana per annum, videlicet tali modo sicut et supradictus
Radulfus sicut ad se pertinet, et faciet omnia servicia villenag' que
pertinent ad dimidiam virgatam terre, videlicet bederip', wyverip',
benrip, alerthe, aleripe, arare bis in anno, arare ad denerthe,

---

^{a} Omitted in MS. ^{b} *Sic* in MS; probably a slip for iv s.

^{1} The account rolls show that cheeses continued to be sent to Caen in some years.
^{2} John of Beulee was reeve of Minchinhampton in 1306/7 and 1310/11 (PRO SC6/856/15,
17).
^{3} Richard Kynnes occurs with the bailiffs in the service of the abbess, attending the hundred
court and escheator's court, and carrying letters, in 1306/7, 1310/11, 1315/16 (PRO SC6/
856/15, 17, 18). For his holdings see Min.E 133.

herciare, sarclare, levare fenum de Burimore, toln[etum] et pannag', denarios beati Petri, colligere nuces, summare, cariare cas'
et bacon', falcare, vigilare vigilia Sancti Johannis et alia servicia
villenag'. Item pro consuetudine bosci metere cum ii famulis et
gallinam et ova etc. et filii sui et filie facient bederipe, et erit
prepositus, bedellus, porcarius vel in alio officio prout placuerit
ballivis domine etc.

23 Thomas de Hamewell tenet unam dimidiam virgatam terre que
fuit quondam Henrici de Hamwell' nativus[a] pro qua operari tenetur et faciet in omnibus sicut supradictus Willelmus de Folewell'.
Item faciet pro consuetudine bosci sicut et ipse Willelmus, et erit
prepositus etc. ut Willelmus. Item idem Thomas pro i assarto ii d.
per annum.

24 Willelmus Jolif tenet unam dimidiam virgatam terre que fuit quondam Willelmi le Wycom nativi pro qua operabit et faciet et erit in
omnibus sicut supradictus Willelmus. Item pro consuetudine bosci
faciet sicut et dictus Willelmus. Item idem Willelmus tenet unam
assartam extra hostium pro i d. per annum.

25 Radulfus le Wite tenet unum ferendellum terre quod fuit Johannis
le Wite patris sui pro quo operabit[1] opus manuale duobus diebus
qualibet septimana per annum excepto quod non operabit septimanis Nathalis, Pasche et Pentecost' nisi per unum diem, dederip',
wyverip', alerthe, alerip', arare bis in anno, arare ad benerthe,
sarclare, levare fenum de Burymore et spergere fenum, tolnetum
et pannag', denarios beati Petri, vigilare vigiliam Sancti Johannis
etc. Item pro consuetudine bosci metere cum ii famulis et dare
gallinam et ova. Item fugabit porcos ad pessonem et erit bedellus,
tastator, decenarius et huiusmodi.

26 Willelmus Kypping[2] pro i quart' terre et incremento ad vitam
suam et uxoris sue Matild' quod fuit quondam Willelmi Cole le
Hopere iii s. vi d. per annum. Et si domus supra tenementum
levetur faciet consuetudinem pro bosco ut supradictum est. Et
dicta terra solebat reddere et facere antiquitus videlicet xii d. ob.
qua. annuatim, xvi dies operis in autumpno. Item facere servicia
et consuetudines prout supradictus Ricardus de Stoford excepto
quod non sperget fenum nec fugabit porcos ad pessonem. Et post
decessum dictorum Willelmi et Matild' dicta terra erit custumaria
sicut prius.

[a] MS *sic.*

[1] Cf. the cottar's services in Min.B 65, C 66.
[2] Cf. also Min.E 29 for another of his tenements.

27 Willelmus Cole tenet unam dimidiam virgatam terre operariam
pro qua operabit sicut supradictus Willemus de Folewell, et faciet
et erit sicut et ipse Willelmus. Item pro consuetudine bosci metet
et dabit sicut et supradictus Willelmus. Item idem Willelmus Cole
pro i acra assarti apud Cheywey iiii d. per annum.

28 Johannes Beneyt filius Roberti Beneyt pro ii virgatis et dimidia
terre apud la Hide vi s. viii d. per annum, sect[am] cur[ie] arare
[ter] in anno, cariare iii summas bladi in autumpno vel iiii prout
supradictum est de Henrico de la Frith, et metere cum ii die Iove
et erit personaliter cum messoribus etc.

29 Willelmus Kypping tenet unam virgatam terre operar' apud la
Hide reddend' per annum ii s. Item operabitur a festo Sancti
Michaelis usque ad gulam Augusti qualibet altera septimana. Item
a gula Augusti usque ad festum Sancti Michelis operatur qualibet
septimana eodem modo sicut supradictus Radulfus de Beule. Item
preter hec faciet omnia servicia villenag' et eadem tam pro capite
quam pro terra. Item servicia pro consuetudine bosci in omnibus
que supradictus Radulfus facere tenetur etc.

30 Johannes Lyvyng[1] tenet unam dimidiam virgatam terre operar'
que fuit quondam Willelmi Lyvyng apud la Hide pro qua operabit
altera septimana per annum et faciet et erit in omnibus sicut
supradictus Willelmus de Folewell. Item pro consuetudine bosci
faciet sicut supradictus Willelmus. Item idem Johannes pro i mora
et Cuceston' et incremento xiiii d. per annum.[2]

31 Agnes relicta Roberti Beneyt pro i mesuagio et i quart' terre quod
fuit quondam terra Kocker' apud La Hide ad voluntatem domine
xviii d. per annum, xvi dies operis in autumpno, denarios beati
Petri, alerip', sarclare, levare fenum de Burymore. Et si domus
fuerit faciet eadem servicia tam pro bosco quam terra sicut supradictus Ricardus de Stoford.

32 Item Johannes Beneyt filius Roberti Beneyt pro uno mesuagio cum
crofta et vi acris apud Hampton' et pro i quart' apud La Hide et
pro uno mesuagio apud Pikesput[3] et pro assart' v s. qua. per
annum. [4]Et memorandum quod pro mesuagio cum crofta et vi
acris apud Hampton quod Galfridus Coterich nunc tenet debetur
alerip', alerthe, arare bis in anno, sarclare, levare fenum de Burymore. Item metere in autumpno cum ii famulis, gallinam et ova
etc.

---

[1] For the family cf. Min.BC 18. John Lyvyng paid for entry into William Lyvyng's land in
1306/7 (PRO SC6/856/15).   [2] Cf. Min.D 51.   [3] Cf. Min.D 50.
[4] Possibly a later entry. Geoffrey Coterich also occurs below, Min.E 126.

33 Willelmus Averay tenet Besseburylond,[1] videlicet unum quart' ad vitam suam et uxoris, reddend' per annum iiii s. Et memorand' quod post decessum dictorum Willelmi et uxoris sue dictus terra erit operaria seu costumaria ut prius. Et memorandum quod dicta terra debuit prius eadem servicia et consuetudines in omnibus que et terra Radulfi le Witte debet ut superius patet.

34 Johannes Gille[2] pro dimidia quart' et dimidio molendino et assart' apud Wymberle[3] vii s. iiii d. per annum, sectam curie, alerip, alerthe, sarclare per dimidiam diem, levare fenum de Burymore cariare bladum omnibus ipse et vicinus suus supra prout supradictum est, herciare per dimidiam diem, arare semel in anno, denarios beati Petri, vigilare vigiliam Sancti Johannis, pannag' porcorum. Idem metet cum ii famulis die Iove preterea. Idem Johannes tassabit bladum die Iove. Item dabit gallin[am] et ova.

35 Matild' Gille pro dimidio quart' et dimidio molendino apud Wymberley et assart' vi s. ii d. per annum, sectam curie, et faciet eadem servicia et consuetudines tam pro bosco quam terra secundum quod sibi pertinet sicut et supradictus Johannes Gille vicinus suus etc.

36 Willelmus de Brydlee tenet unam dimidiam virgatam terre operariam apud Bridle, cuius terre i quart' fuit quondam Ricardi de Brydlee et i quart' fuit Radulfi de Brydle operar' pro qua operabit qualibet altera septimana per annum et faciet et erit in omnibus sicut supradictus W. de Folewell'. Item pro consuetudine bosci faciet ut supradictus Willelmus.[4] Item idem Willelmus pro assarto Schott' per annum xxvi d. Item pro assart' et incremento tempore Ricardi de Brydlee vi d. per annum. Item pro i assarto ante ostium tempore Radulfi de Bridlee obolum per annum.

37 Cecilia de Brechecombe pro mesuagio et assarto que fuerunt quondam Willelmi de Folewelle iuxta terram Henrici le Qu ix d. per annum. Item pro terra que vocatur Wynelond per annum ix d.

38 Willelmus Dewy tenet unam dimidiam virgatam terre operariam apud Durlee,[5] scilicet illam quam Robertus Dewy[6] quondam tenuit, pro qua operabit qualibet altera septimana per annum et faciet eadem servicia et consuetudines tam pro se et suis quam pro terra in omnibus quam et supra W. de Fowlewell nativus facit, et facere tenetur, excepto quod non operabit ad benerthe nisi unam acram

---

[1] Cf. Min.BC 67.   [2] Cf. Min.BC 15; Min.D 54.
[3] Another mill on the Frome, some distance below St. Mary's mill at Chalford.
[4] Some of these items are probably later additions; the marginal sum (8$\frac{1}{2}$d.) does not correspond with the rents for all the assarts.
[5] Burleigh.   [6] Cf. Min.BC 80.

et dimidiam. Item facit pro consuetudine bosci prout supradictus Willelmus. Item idem Willelmus Dewy pro i assarto ii d. per annum.

(Membrane 2)

39 Alicia relicta Henrici Milo pro dimidia virgata terre apud Durlee[1] ii s. per annum, sectam curie, aleripe, alerthe, sarclare, levare fenum de Burymore, arare bis in anno, falcare in autumpno. Item operabit quodlibet opus manuale qualibet altera septimana in autumpno et metet cum ii famulis die Iove, gallinam et ova pro consuetudine bosci. Item pro iii acris assartis et i ferendello apud Durlee xiii d. per annum.

40 Alicia uxor Reginaldi le Walcar pro turnando cursum aque[2] ad pontem de Wymberle xii d. per annum, et sustentabit pontem ad custum proprium.

41 Johannes Hopere tenet unam dimidiam virgatam terre operariam apud Durlee pro servicio operandi qualibet altera septimana per annum, et per eadem servicia in omnibus que supradictus W. de Folewell facit, et pro bosco et pro se et suis, excepto quod non arabit ad benam nisi unam acram et dimidiam.

42 Robertus Tathale pro dimidia virgata terre et assarticulis tribus apud Durley ad vitam suam, que fuit quondam Henrici Coci, x s. per annum, sectam curie, arare bis in anno, et si[a] cap' boscum per se vel per alium facit servic' et cons' pro bosco. Et memorandum quod dicta terra fuit ante operaria, et [debet] operari eodem modo sicut supradictus Johannes le Hopere in omnibus. Et post decessum dicti Roberti dicta terra erit operaria sicut et prius. Item idem Robertus pro uno assarto iuxta Heygrave ix d. per annum. Item pro uno assarto apud La Boxe iuxta terram Ricardi Hardwyn iiii d. obolum per annum ex vendicione Galfridi Merant.

43 Willelmus porcarius de Durlee tenet unam dimidiam virgatam terre operar' apud Durlee pro qua operabit qualibet altera septimana per annum et per eadem servicia et consuetudines in omnibus quod supradictus Willelmus de Folwelle facit et pro bosco et pro se et suis, excepto quod non arabit ad benam nisi sicut Johannes le Hopere ut supra. Sed nunc idem Willelmus custodit

---

[a] MS *sic.*

[1] The rent and duties correspond with those of earlier half-virgaters at Burleigh, Min.BC 21, 22.

[2] The construction of the sluice was connected with the fulling process; the name Walker implies a foot-fuller.

porcos domine, videlicet dum placuerit domine, et pro custodia porcarum acquietatur et servic' et consuet' que dimidie virgate faciunt. Et memorandum quod quelibet dimidia virgata operaria custodit porcos ad voluntatem domine et ballivorum suorum et acquietatur ab operibus sicut supradictus Willelmus.

44 Item Agnes relicta Roberti Beneyt pro messuagio et terra Edithe Kyppyng' apud Durlee ad voluntatem domine xiiii d. per annum. Et cum domus fuerit consuetudinem bosci.

45 Willelmus Averay pro uno messuagio et i quarto terre et i acra assarti cum pertinenciis apud Durlee ad vitam eius et uxoris sue que fuerunt quondam Henrici Crivelok iiii s. vi d. per annum, sectam curie, arare bis in anno, et fac' consuetudinem bosci. Et memorandum quod dictum tenementum et terra fuit ante custumar' et debebat xvi d. redd' per annum, xvi dies operis in autumpno, denarios beati Petri et omnia alia servicia et consuetudines in omnibus sicut predictum est de Willelmo Fager pro terra Page apud Benbrye. Item idem Willelmus pro uno assarto apud Durlee iuxta assartum Lyvyng quod fuit Ricardi Hynde vi d. per annum. Item pro ii assartis in viis apud Durlee que fuerunt Willelmi Franceys vii d. per annum.

46 Matildis Bussel tenet unam dimidiam virgatam terre debilem apud Burlee pro qua operabit opus manuale a festo Sancti Michaelis usque ad gulam Augusti per dimidiam diem vel habebit tascam de operibus. Item a gula Augusti usque ad festum Sancti Michaelis per totum diem bederip, wyverip et faciet servicia et consuetudines que supradictus Johannes facit excepto quod non summabit nec cariabit́ caseum et non arabit ad benam nisi dimidiam acram nec herciabit nec falcabit.

47 Johannes Mael[1] pro uno crofto apud Burleya quod fuit Ricardi Milo xii d. per annum, alerip, sarclare, levare fenum de Burimor. Et cum domus fuerit faciet consuetudinem pro bosco sicut alii cotarii.

48 Willelmus de Ponte pro mesuagio et orto assarti apud Burlee x d. per annum. Et cum domus fuerit faciet consuetudines pro bosco.

49 Agnes de Bremuscumbe tenet unam dimidiam virgatam terre operariam per[a] eadem opera, servicia et consuetudines quod predictum est de Johanne le Hopere, videlicet in bideripe, wyveripe, in aliis villenag' et pro bosco faciet in omnibus sicut predictus Jo-

---

[a] MS *pro.*

[1] For the Mael family see Charter no. 22, Min.D 60, Min.E 89.

hannes. Item faciet in omnibus sicut predictus Johannes. Item eadem Agnes pro una acra assarti i d. per annum.

50 Walterus de Dremescumbe[1] tenet unam dimidiam virgatam terre operariam apud Dremescumbe per[a] eadem opera, servicia et consuetudines que supradictus Johannes le Hopere facit, videlicet in omnibus, et pro bosco facit sicut predictus Johannes.

Item idem Walterus pro moris suis vi d. per annum. Item pro stourndinge Wisser ii d. per annum.

51 Robertus de Axelmore tenet unam dimidiam virgatam terre apud Bremescumbe operariam, per illud idem opus et servic' in omnibus que supradictus Walterus vicinus suus, et facit consuetudinem bosci sicut supradictus Walterus. Item idem Robertus pro assartis suis x d. per annum.

52 Agnes Stourdi pro uno mesuag' et curtilagio apud Bremescumbe xiiii d. per annum.

53 Thomas de Rodebere[2] pro uno mesuagio et molendino fullonico[3] apud Bremescumbe iiii s. iii d. per annum.

54 Willelmus Sicherman pro ii croftis apud Bremescumbe vi d. per annum.

55 Henricus le Monck pro mesuagio cum curtilagio quod fuit Simonis de Pendebur' apud Bremescumbe xii d. per annum. Item idem Henricus pro molendino Willelmi [de Keem] apud Bremescumbe[4] xviii d. per annum.

56 Ricardus Elyvant[5] pro uno assarto apud Burleye et assart Wissar' xviii d. per annum.

57 Willelmus Digge pro cursu[b] aque et argilla fodienda et pro quadam placea inter aquas xvi d. per annum. Item Willelmus pro quodam crofto quod vocatur Spulesrudyng' i d. per annum.

58 Rogerus Doleman pro una parva placea apud Brechcumbe prope viam x d. per annum iuxta terram quam tenet Matild' le Frense.

59 Willelmus le Wissar'[6] pro uno mesuagio uno crofto et vi acris assarti iuxta domum suam iii s. i d. per annum per alerip, alerthe

---

[a] MS *pro*.   [b] MS *cursum*.

[1] Walter of Brimscombe, adjoining Burleigh, was reeve of Minchinhampton in 1310–11 (PRO SC6/856/17).   [2] Cf. Min.E 76.

[3] This is the first explicit reference to a fulling mill in any custumal. Fullers had been working in the manor since before 1170.

[4] The mill at Brimscombe is not traceable in Min.BC.

[5] Cf. Min.C 98, Min.E 79.

[6] The name occurs several times in court rolls as well as in the custumal, and is certainly Wissar or Wisser, not Wiffer (weaver) as rendered in *TBGAS* liv (1932), 296. The meaning is uncertain.

et arur' bis in anno, herc'. Et idem Willelmus erit wodewardus, tastator etc. Item debet sectam curie.

60 Johannes S.[1] pro uno mesuagio et uno crofto xiiii d. per annum. Item pro mesuagio et dimidia acra assarti que fuerunt Thome le Bridle nativi xii d. per annum, et non tenebit nisi ad vitam ut dicitur istud tenementum unde inquiratur, alerip, sarclare, levare Burimore et non intrabit boscum nisi sicut cotar', id est non portabit secur' et sicut cotarius faciet consuetudinem bosci.

61 Radulfus de Alselee[2] tenet unam dimidiam virgatam terre operar' per idem opus et eadem servicia et consuetudines quam supradictus Johannes le Hopere in omnibus ut supra patet. Item idem Radulfus pro assartis hayciis et grava viii d. per annum.

62 Matild' de Alselee tenet unam dimidiam virgatam terre operar' per eadem servicia et consuetudines quam supradictus Johannes Hopere ut superius. Item eadem Matild' pro moris desuper viam que ducit usque Brechcumbe vi d. per annum. Et memorand' quod non vendat alias moras seu haycias preter antedictas novas de redditu.

63 Alicia filia Henrici de Burimor' pro uno mesuagio et una crofta ad extentam ii acrarum que fuerunt quondam Johannis ate Frithe xii d. per annum. Item pro i parvo assarto novo i d. per annum. Item Henricus de Burimore solvet ii d. pro argilla[3] et dicta Alicia faciet alerip', sarclare, levare fenum de Burimor. Item in obitu suo iiii s. pro herietto quia antecessores sui ita dederunt.

64 Willelmus de Brechcumbe tenet unum quart' terre pro quo operabit altera septimana in autumpno, sectam curie, alerip, alerthe, metere cum ii famulis die Iove et tassare bladum, colligere nuces ter in autumpno, arare bis in anno, herciare, sarclare, levare fenum de Burimore, denar' beati Petri, et erit in omni servicio domine si placuerit domine excepto quod non erit prepositus. Item idem W. pro veteribus assartis et incrementis ii s. vii d. qua. per annum. Et memorandum quod non vendet moras apud Newelond'.

65 Rogerus Brechecumbe pro i dimid'[a] quod fuit Riveneger' xii d.[4] per annum ad terminum vite sue et uxoris, viii dies metacionis in autumpno, alerip, sarclare, levare fenum, spergere fenum de Burimor, denar' beati Petri. Et memorandum quod non vendet moram

[a] *Sic* in MS.

[1] Only the initial is given. Suele is probably meant; in 1273 John Suele had been admitted to his father's land for 14d. annual rent (SC2/175/79), and the name occurs in earlier records (Min.BC 90, Min.D 30) and later rentals (*TBGAS* liv (1932), 296 n.60).
[2] For this and the following tenement cf. Min.BC 83.
[3] A fuller's earth digging not listed in Min.E 175. [4] Cf. Min.D 19.

nec hayc', metere cum i homine die Iove, gallin' et ov' etc. fugare porcos ad pessun', i. d. pro vigilia Sancti Johannis.

66 Item Rogerus de Brechecumbe pro tribus quart' terre iii s. ii d. per annum, sectam curie, alerip, alerthe, arare bis in anno, herciare, sarclare, levare Burimore, denar' beati Petri, i d. pro vigilia Sancti Johannis.[1] Item operabitur per vi dies sept' meliores[2] in autumpno, colligere nuces, ter metere cum ii famulis in autumpno et tassabit bladum, gallin' et ova etc. Idem Rogerus pro tribus acris de assartis que fuerunt Johannis Achard apud Brechcumbe xiiii d. per annum. Item pro terra de Lymbur'[3] xviii d. per annum. Item pro ii acris et dimid' assart' et aliis incrementis xv d. ob. per annum. Et memorandum quod non vendet moras nec haycias.
Et memorandum quod pro terra Riveneger' dictus Rogerus solvet de herietto in obitu suo iiii s.

67 Matildis filia Rogeri de Brechcumbe pro assartis et incrementis quondam Rogeri Coterich xiiii d. per annum. Item pro i assarto apud incok viii d. ob.

68 Rogerus de Grenhulle tenet unam dimidiam virgatam terre operar' per eadem servicia villenag' quam Johannes le Hopere in omnibus etc.

69 Johannes Elyvant pro una virgata terre et assart' v s. vi d. qua. per annum, sectam curie, metere cum ii famulis in autumpno, arare bis in anno.

70 Johannes le Frense[4] pro consuetudine bosci arabit bis in anno, metet cum ii famulis in autumpno, gallinam et ova etc.

71 Margaria Caterich tenet unam dimidiam virgatam terre operariam per eadem servicia villenag' quam Johannes le Hopere in omnibus etc.

72 Adam Spileman[5] tenet unam virgatam et dimidiam terre per serianciam, videlicet veniet ad curiam domine cum i equo prec' x s. ad minus cum gurla et una parva bursa, et recipiet x libras portand' ad Suthhampton cum senescallo ad custum domine eundo, et in redeundo habebit viii d. ad expensas suas usque hospicium et non amplius, et si equus moriatur eundo habebit x s. et si in redeundo fuerit nichil recipiet. Sect' cur' et faciet pro consuetudine bosci in omnibus prout supradictum est de Henrico de Frythe.

73 Item idem Adam pro una acra terre in Daggingcroft vi d. per

---

[1] For the relaxation of his wife's duty; cf. Min.E 164.
[2] i.e. six working days of the best weather.   [3] Cf. Min.D 22.
[4] He held no land directly of the abbess. For his family see *TBGAS* lxi (1939), 82–3.
[5] A tenant by serjeanty (cf. Min.C 94) who had accumulated a substantial property in Rodborough; see 'The Spillman Cartulary' in *TBGAS* lxi (1939), 50–94.

annum. Item pro ii assartis iuxta Lymbury xi d. ob. per annum. Item i percata terre in Butenhale i d. per annum, preterea pro i dimidia virgata terre apud Duresencley inveniet unum lampadem ardentem singulis annis in capella beate Marie Virginis singulis noctibus et omni die ad celebraciones missarum in dicta capella. Item deberet cariare bladum prout supradictus Henricus.[1] Item cariabit fenum de Durymore.

74 Alexander de Rodeberew pro una dimidia virgata terre apud Rodeber' et assart' ii s. viii d. per annum, sectam curie, aleripe, alerthe, herciare per dimidiam diem, sarclare, levare Burymore, arare semel in anno, metere cum ii famulis in autumpno et erit ipse ultra metentes, gallinam et ova, et erit wodeward seu in alio libero servicio. Item pro uno assarto novo apud Haywynge et iii acris et dimidia et i fer' xv d. per annum. Item pro i assart' apud Guhulle ii d. per annum.

75 Cecilia Jene pro i dimidia virgata terre apud Rodeber[ew] ii s. vi d. per annum, sectam curie, et faciet eadem servicia in omnibus sicut predictus Alexander de Rodeberew.

76 Thomas de Rodeber'[2] tenet unam virgatam et dimidiam virgatam terre per serianciam et faciet pro dicta terra sicut et supradictus Adam Spileman. Item sectam curie. Item idem Thomas pro una dimidia virgata terre et terra Cuppere et assart' viii s. ii d. per annum. Item pro tenemento piscatorum videlicet dimid' virgata viii s. per annum. Item pro consuetudine bosci faciet in omnibus prout supradictum est de Adam Spileman, videlicet arare domine ter in anno, metere cum ii famulis die Iove et erit ultra metentes per se vel per alium, cariare iiii summas bladi in autumpno etc. [3]Item debet iii d. ad festum Sancti Michaelis pro quodam cursu aque ad quoddam molendinum in Bysiley iuxta pratum Radulfi atte Grenehille.

77 Dominus Johannes Matravers per[a] totum preter Brechcumbe, videlicet ii virgatas et dimidiam de terra quondam Achard[4] et i lundi

---

[a] *Sic* in MS.

---

[1] The scribe has here incorporated an interlinear or marginal entry; in the MS the sentence, 'Item debet cariare . . . Henricus' was inserted between 'singulis annis' and 'in capella', making nonsense of the passage. The Spilman family had acquired the Senkley holding in 1221 (Charter no. 17).

[2] For the Rodborough family see *TBGAS* liv (1932), 354–6.

[3] This entry is probably a later insertion; the 3d. rent is not included in the marginal total.

[4] This estate had been in the hands of the Achard family from at least 1218; from *c.* 1292 the Mautravers family held it with the neighbouring manor or Woodchester. See *TBGAS* liv (1932), 300 (where the property is incorrectly described through the omission of the word 'preter' in transcribing the entry), 354; *TBGAS* lxi (1939), 65, 70.

et i quart' et molendino de Dodebrigge¹ et dimidia virgata terre
Johannis quondam² et vii acris et dimidia et i fer' et quart' ferend'
xliii s. per annum. Sectam curie. Item arabit domine ter in anno.
Item metet cum ii famulis die Iove et erit cum metentibus se ipse
vel alter loco sui. Item cariabit iii summas bladi in autumpno etc.
prout supradictum est de Henrico de la Frith. Item idem dominus
pro assartis inter domum Henrici de Fonte et Ricardi Dobbes ii s.
viii d. ob. per annum.

78 Johannes Coterich [pro assart' et incrementis xvi d. per annum]³
et pro mesuagio quod tenet metet in autumpno et dabit gallinam
et ova.

79 Ricardus Elyvayt pro i virgata terre et increment' v s. ii d. qua.
sectam curie et eadem servicia quam Thomas de Rodeberew excepto quod non equitabit. Item idem Ricardus pro i assarto novo,
videlicet i acra apud Lynle⁴ desuper Heyewsefold iiii d. per annum.
Item de incremento qua.

80 Walterus atte Horston'⁵ pro i lundi et aliis incrementis que fuerunt
quondam Willelmi in Cumba iiii s. per annum ad vitam suam et
uxoris sue Matildis, sectam curie, alerthe, aleripe, herciare, sarclare, levare Burymor', spergere fenum, arare bis in anno, metere
cum ii famulis die Iove, gallinam et ova. Et memorandum quod
dicta terra fuit ante custumar', videlicet reddend' per annum ii s.
ix d. viii dies metacionis in autumpno, pannagiare porcos, toln',
bederipe, wyveripe, vigilare vigilia Sancti Johannis, fugare porcos
ad pessonem, denar' beati Petri cum omnibus supradictis serviciis
que dictus Walterus nunc facit et aleripe, alerthe etc. sicut superius
continetur. Item idem Walterus de incremento i d. per annum.

81 Thomas atte Horstone⁶ pro i dimidia virgata et assart' apud la
Horstone viii s. iiii d. ob. per annum, sectam curie, aleripe, alerthe,
arare bis in anno, cariare iii summas bladi in autumpno, herciare,
sarclare, levare Burymor, metere cum ii famulis die Iove et tassare
bladum, denar' beati Petri, gallin' et ova etc.

82 Ricardus Bigge pro terra et assart' quondam Johannis Hund⁷ xx
d. per annum, sectam curie, arare bis in anno si habet boves,
metere cum ii famulis die Iove et erit ultra metentes, gallinam et
ova.

¹ For the mill at Dudbridge cf. Min.BC 31.   ² Formerly John Achard's.
³ 'pro assart' . . . per annum' crossed out; 'Vacat terra' superscript.
⁴ Linley, near the Horstone.
⁵ The Horstone was an ancient boundary stone, near the present site of the Bear Inn at
  Rodborough (*TBGAS* lxi (1939), 71).
⁶ Cf. Min.BC 37; Min.D 28.   ⁷ Cf. *Terra canis*, Min.D 29.

83 Agnes Schire pro uno novo assarto quod Johannes Alexander quondam tenuit desuper le Hund vi d. ob. qua.

84 Item pro assart' quondam^a veteri et novo Willelmus Berne iii d. ob. qua. per annum, gallinam et ova et metere in autumpno.

85 Willelmus Waltere pro ii assartis suis iii d. per annum, et pro mesuagio quod tenet gallinam et ova et metere in autumpno.

86 Johannes Symond' pro ii acris i ferendel' et dimidia acra assart' apud Seneclee[1] super grangiam principalem ix d. ob. per annum, et pro mesuagio quod tenet metere in autumpno, gallinam et ova.

87 Johannes filius Elizabeth' de Sencle pro iii acris et i ferendell' assart' xiii d. per annum, et pro mesuagio quod tenet metere in autumpno, gallinam et ova.

88 Dominus Milo de Rodeberewe[2] pro una virgata et dimidia et ii acris et dimidia terre que fuerunt quondam Johannis de Senclee, xvi s. ix d. per annum, sectam curie et eadem servicia quam Thomas de Rodeberewe, excepto quod non equitabit. Item idem dominus Milo pro v acris et dimidia assart' novi xxii d. per annum.

89 Johannes Mael[3] pro i virgata et xi acris assart' terre que fuerunt Rogeri Mael patris sui xiii s. viii d. per annum, sectam curie et eadem servicia quam supradictus Thomas de Rodeber' excepto quod non equitabit. Item idem Johannes pro viii acris assarti apud Melescumbe iii s. iiii d. per annum. Item pro i assarto apud Amberley iii acr' et dimid' et i assart' apud Noverefresc ii acr' xxii d. per annum. Item de novo incremento per annum iuxta Amberley i d. Item de novo incremento per annum i d.

90 Ricardus Parvus filius Willelmi Parvi pro i acra assarti supra domum suam iii d. per annum et pro mesuagio quod tenet metere, gallinam et ova.

---

^a *Sic* in MS.

---

[1] Senkley.

[2] When Thomas, son of Miles of Rodborough, died in 1334 his holding in Minchinhampton was said to comprise a messuage and garden, a newly-built dovecote, 40 acres arable in demesne of which two-thirds could be sown annually, 3 acres of meadow, and rights worth 3s. 4d. in the common wood, which could be taken only by tenants actually dwelling there. The inquisition described the tenements as held of the Abbess of Caen in socage by service of 19s. 7d. annually and certain specified ploughing, carting and reaping services. He also held a quarter of one-sixth of a knight's fee of the king in chief at Magor, and 24 acres of the Earl Marshall. (*IPM Glouc.*, 249–51). For the family of Miles see *TBGAS* liv (1932), 328–9.

[3] For his family see Charter no. 22, Min.D 60. The court roll of 1274 records John Mael's entry into his father Roger's land, for which he paid relief (PRO SC 2 175/79, m. 5d). In 1274 he also held the assart of 8 acres; the other holdings were acquired at some later date.

91 Willelmus filius Thome de Grangia pro ii assart' vi d. per annum et pro i mesuagio quod tenet ut supra.

92 Johannes le Herdare pro i assarto iuxta domum suam xiiii d. per annum, et pro mesuagio quod tenet ut supra.

93 Ricardus filius Radulfi de Dene pro i assarto iuxta domum suam vi d, per annum et pro mesuagio quod tenet ut supra.

94 Henricus de Ponte pro assartis suis veteribus vi s. iii d. per annum. Item pro novis assartis suis xx d. per annum. Item pro ii acris assart' apud Ynmeleswellent xiii d. per annum. Item pro assart' Godard' xvi d. per annum. Et memorandum quod non portabit securum in bosco, quia per curiam a consuetudine bosci capiend' excluditur, tamen pro mesuagio quod tenet metet et dabit gallinam et ova ut supra.

95 Benedictus Dobbes pro iii mesuagiis cum curtilagiis et i prato apud Neylesworth vi d. per annum, et pro mesuagio ut supra, et tenet dictum tenement' nisi ad vitam.

96 Willelmus Phelipes pro i crofto apud Naylesworth ii s. per annum et claudet haicias domine apud Naylesworthe cum necess' sit prope vicam,[a] viz inter pasturam Benedicti Dobbes et assartum Godard, ita quod clausum domine posset esse indempne. Et cum domus fuerit consuetudinem pro bosco ad vitam.

97 Ricardus filius Ricardi Janyn pro i assart' iuxta Morlond iiii d. per annum.

98 Robertus Molendin' pro i quart' et i molendino et assart' ad vitam suam vii s. i d. per annum, sectam curie, aleripe, alerthe, arare bis in anno, herciare, sarclare, levare fenum, cariare bladum vel fenum cum ii bobus ter, pannag' et toln', denar' beati Petri, i d. pro vigil' ii homines ad lovam metacionis et i hominem ad tassand' bladum, gallin' et ova. Item facit bederippis pro corpore suo nativo[b] et erit prepositus, bedellus et in huiusmodi villenag' si placuerit domine.

(Membrane 3)

99 Johannes Pecok pro mesuagio et crofto apud Neylesworth' iiii s. per annum et pro mesuagio quod tenet ut supra et tenet ad voluntatem domine.

100 Willelmus Janyn pro ii acris assarti apud Wadenegge[1] que fuit Waylemond viii d. per annum.

---

[a] *Sic* in MS.   [b] MS *nativus*.

[1] The ridge above the river Wadden, near Box.

101 Ricardus de Neylesworth pro i assart' apud Weston' iiii d. per annum.

102 Terra de la More est in manu domine,¹ videlicet ii quart' terre. Item ii acre et dimid' assart' quondam Ricardi de la More et ii plac' ad supra assidend' et domum [   ]ᵃ per annum, unde Ricardus de Longford' et Emma uxor sua ceperunt ad terminum vite eorum redd' per annum ii s. iiii d. ob, viz. ix acris et dimid' terre de terris in campis, viz. pro acra iii d. per annum, ita quod quando seminatur acra vi d.²

103 Robertus de la More pro pluribus assartis apud la More iii s. vi d. per annum et pro mes' quod tenet ut supra. Item pro aliis assartis suis apud Boxhunugre et Holecumbe³ xviii d. ob.

104 Willelmus atte Hill' pro uno quart' apud La Hulle et incremento iii s. v d. ob. per annum, sect' curie, alerep, alerthe, arare bis in anno, herciare, saclare, levare Burymore, cariare iii summas bladi in autumpno, metere cum ii famulis die Iove et esse se ipse ultra metentes, gallin' et ova etc.

105 Mabilia de Longeford pro medietate terre, vis. iii quart' et molendino apud Longeford⁴ vi s. vi d. per annum. Item pro i crofto apud la Box vi d. per annum, sectam curie, alerthe, aleripe, arare bis in anno, herciare per dimidiam diem, sarclare, levare Burymore, cariare iii summas bladi, metere cum ii famulis die Iove et erit ultra metentes, gallinam et ova etc.

106 Ricardus de Longeford tantum tenet et tantum faciet prout supradicta Mabilia, reddendo per annum vi s. vi d. Item pro assarto Cecilie de Longeford per annum viii d.

107 [   ]⁵ pro i assarto quod fuit Johannis Neven' apud Schiremareslade vi d. per annum.

108 Robertus de Longford pro mesuagio et crofta et ii acris et increment' novo et veteri que fuerunt Walteri Balle ad vitam suam ii s. iii d. per annum et promisit quando cepit dictam terram quod levaret domum supra dictum tenementum.⁶ Et nunc Henricus Sen-

---

ᵃ Space left blank in MS.

---

¹ In the account roll of 1306/7 the *terra de la Mare* was among the vacant tenements from which no rent was received. The allocation to the reeve for the rent was 13s. 4d. (PRO SC6 856/15).

² This land was sown in alternate years.   ³ The valley below Box.

⁴ Longford Mill still existed as a cloth mill on the same site in the twentieth century.

⁵ A space was left blank for the tenant's name.

⁶ The sentence beginning 'Et nunc' must be a later addition, made possibly as much as twenty years after the main custumal. A Philip Bonvalet occurs once as bailiff in 1286–7 (PRO SC6 856/39), but it is doubtful if he can be the man who was more regularly employed as proctor of the abbess from 1321, and was also rector of Avening (*Cal. Pat. 1321–4*, p. 13; *1330–4*, pp. 88–548; *1334–8*, p. 311, *1338–40*, p. 302), since he lived to receive

cer' tenet dictum tenementum pro vii s. per annum[1] per traditionem Philippi Bonvalet.

109 Juliana de la Box pro dimidia virgata terre custumar' xvi d. per
annum, sect' curie, alerip, alerthe arabit ad benam. Item arabit
bis in anno, herciabit, sarclabit, et fena levabit. Item operabit in
autumpno qualibet altera septimana, toln' et pannag', colliget
nuces ter in autumpno, bederip', benerip', wyverip', denar' Petri,
vigilare vigilia Johannis. Item ii homines ad lovam metacionis,
gallinam et ova, et erit in omni servicio domine excepto quod non
erit prepositus.

110 Bendictus Gibbe pro una parva placea incrementi extra ostium
suum apud la Box ob. per annum.

111 Willelmus de Forewode[2] nativus tenet unam dimidiam virgatam
terre ad voluntatem domine operar' apud Forewode per eadem
servicia villenag' quam Johannes le Hoper ut supra in omnibus
etc.

Item idem Willelmus tenet terram Schail, videlicet dimidiam virgatam terre ad voluntatem domine, reddendo per annum v s.[3] Et
memorandum quod ista terra est operaria si domine placuerit, et
faciet omnia eadem servicia et consuetudines que supradicta dimidia virgata terre tenetur facere quam antedictus Willelmus de
Forewode tenet pro opere etc.

112 Alanus de Forewode tenet iii virgatas terre per servicia equitandi,
et faciet pro dicta terra sicut et supradictus Adam spileman. Item
sect' cur'. Item idem pro assart' et increment' iii s. ix d. ob. per
annum. Item idem de redd' empt' de Willelmo Janyn, videlicet
pro i placea terre in Garstona dicti Alani prope Boxwelle et aliis
perticulis terre in campis de Hampton' ii s. per annum. Item pro
consuetudine bosci faciet in omnibus prout supradictus est de
Thoma de Rodeberewe. Item de increment' ob. per annum.

113 Item ii s. Willelmus pro i assarto apud Trewell quod Lucia Spile-

---

the Abbess Georgia when she visited the English estates in 1361 (Archives du Calvados
H, Trinité de Caen, liasse Angleterre). In any case Henry certainly received seisin of the
property from Philip Bonvalet at a date later than the making of the Custumal. C. E.
Watson misunderstood this entry by mistranslating *per traditionem* (by livery of) as 'by
treason of', and this led him to confuse the dating.

[1] The increased rent probably indicates that the house had been built.

[2] Forewood or Fordwood lay just south of Minchinhampton, on the main route to Bristol
(*TBGAS* lxi (1939), 80).

[3] In the account roll of 1306–7 William of Forewood's payment of 5s. for the Schail
tenement is entered under the lands at farm (PRO SC6/856/15).

man quondam tenuit ii d. ob. per annum, et deberet esse escaetum
domine. Elias Thayward.[1]

114 Henricus Blanchard pro i virgata terre quam Willelmus Kipping
de Forewode quondam tenuit x s. vi d. per annum. Unde xii d.
relaxantur quia domina habet unam croftam et unum pratum.
[a][Memorandum] quod Henricus tenebit dictam terram ad vitam
suam tantum. Et memorandum quod terra predicta fuit ante operar' que solebat reddere per annum iiii d. redditus et operari
qualibet altera septimana a festo Sancti Michaelis usque ad festum
beati Petri ad Vincula. Item a festo beati Petri ad Vincula usque
ad festum Sancti Michaelis singulìs septimanis per totum autumpnum prout supradictum est de Willelmo Kipping.[2] Item faciet in
omnibus consuet' villenag' que nativi faciunt pro terris suis et pro
corporibus suis. Et post decessum predicti Henrici predicta terra
erit operaria sicut et prius.

115 Ricardus de Duddene tenet unam virgatam terre custumar' apud
Dodden' pro ii s. viii d. per annum, sectam curie, alerip, alerthe,
benerip', wyveripe, bederip, arare bis in anno. Item benerthe pro
iugo[3] i acram herciare, sarclare, levare fenum, toln', pannag', denar' beati Petri, colligere nuces, i d. pro vigilia Sancti Johannis etc.
et erit in omni servicio domine si placuerit domine. Item operabit
a festo Sancti Petri ad Vincula qualibet septimana per totum
autumpnum usque ad festum Sancti Michaelis. Item metere cum
ii famulis die Iove, gallinam et ova etc.

116 Johannes de Folewell tenet unam dimidiam virgatam terre quam
Hugo Vaccarius quondam tenuit pro xvi d. per annum. Et operabit
qualibet altera septimana in autumpno a festo sancti Petri ad
Vincula usque ad festum Sancti Michaelis et faciet omnia eadem
servicia quam supradictus Ricardus de Duddene de villenag', et
erit in omni servicio domine sicut supradictus Ricardus etc.

117 Johannes de Sapwik pro i quart' terre et una acra assarti in Schi-
pemerslade xviii d. per annum. Item operabit in autumpno per xvi
dies, alerip', alerthe, arare bis in anno, metere cum ii famulis,
sarclare, levare Burimore et spergere fenum, denar' beati Petri,

---

[a] *Memorandum* omitted in MS.

---

[1] The paragraph 'Item ii s. . . . Elias Thayward' is very confused, and the scribe has
obviously incorporated later notes without regard for sequence or sense. Elias the Hayward was a priest; in January, 1317, 'Elias dictus le Hayward de Minechenehampton,
presbyter' paid a fine of 30s. for entry into Robert Hunde's lands in Minchinhampton,
with the proviso that he was not to be liable for any manorial office (PRO SC2/175/83).
Cf. Min.E 161.

[2] See Min.E 29.   [3] A boon ploughing according to the number of his beasts.

fugare porcos ad pessonem, pannagiare porcos, toln', vigil', Sancti Johannis. Item gallinam et ova et erit in omni servicio domine excepto quod non erit prepositus.

118 Dominus Johannes de Duddene[1] pro una virgata terre iii s. per annum, sectam curie, arare bis in anno, metere cum ii famulis in autumpno et erit se ipse ultra metentes, gallinam et ova etc.

119 Dominus Robertus de la Mare pro dimidia hida apud Hidam et i quart' terre apud Hampton et dimidia virgata terre apud Alfordrunke et pro xviii acris assart' preter quart' i fer' xiii s. iii d. per annum. Item pro una placea iuxta portam suam i d. per annum, sectam curie, arare ter in anno etc. prout supradictum est de Henrico de la Frith etc.[2] Item de incremento i d. videlicet pro porcaria levata super communam.

120 Willelmus de Fonte[3] pro una dimidia virgata terre custumar' ii s. per annum. Item operabit qualibet altera septimana in autumpno videlicet a festo beati Petri ad Vincula usque ad festum Sancti Michaelis, et faciet omnia et eadem servicia villenagia in omnibus quam et supradictus Ricardus de Duddene vel Johannes de Folewell.

121 Thomas Clarus pro dimidia virgata terre custumar' et assart' que fuerunt quondam Hunde iiii s. per annum ad vitam suam et uxoris sue, sectam curie, item operabit in autumpno qualibet altera septimana prout supradictum est de Willelmo de Fonte, alerip, alerthe, arare bis in anno, sarclare, levare Burymor', herciare, metere cum ii famulis die love, gallinam et ova et erit in omni servicio domine si placuerit domine excepto quod non erit prepositus.

122 Willelmus le Blak pro dimidia virgata terre custumar' iii s. per annum. Item pro uno assarto ad capud de Gatecombe in le Dene viii d. per annum. Item pro uno assarto apud Lousanger super le Homme ii d. qua. per annum. Item pro uno assarto apud Coldewell viii d. per annum,[4] sectam curie, viii dies operis in autumpno, alerip', alerthe, arare bis in anno, sarclare, herciare, levare Burymore, metere cum ii famulis in autumpno, gallinam et ova et erit

---

[1] Cf. Min.BC 45.

[2] The last increment must have been added after 1308, when Robert's son, Peter de la Mare, succeeded to the tenement. When Robert de la Mare died in 1308 his holding from the abbess of Caen owed 13s. 4d. annual rent (*IPM Glouc.* v, 105–6). He also held land from the abbot of Malmesbury, paying 40s. rent, in addition to the manor of Cherington, held of the king in chief.   [3] Cf. Min.BC 49, 50.

[4] The duties described in the remaining half-paragraph, which are normal for a half-virgate, should probably follow immediately after 'pro dimidia virgata terre custumar' iiis. per annum'. The various assarts recorded appear to be interpolated marginal notes made at various dates, and are not included in the marginal total.

in omni servicio domine excepto quod non erit prepositus etc. Item denar' beati Petri, i d. pro vigilia Sancti Johannis.

123 Matild' Herdyng' pro i quart' terre quod fuit quondam Ricardi Bryd ad vitam suam vi s. per annum, et si dicta Matild' sit supra tenement' dabit toln' et pannag' vel alter loco suo. Et memorandum quod dicta terra fuit ante carucar'. Et post decessum dicte Matilde si placuerit domine erit sicut et prius.

124 Johannes Beneyt pro tribus tenement' unde unus tenement' dicitur terra Abraham[1] que facit officium decenar', tastator cervisie, wodeward' et simil' ad voluntatem domine iiii s. per annum, alerip', alerthe, arare bis in anno, sarclare, levare Burymore, metere cum ii famulis in autumpno, gallinam et ova. Et memorandum quod predicta iii tenementa divisim arabit bis et metet cum ii ut supra, si ferant securum in bosco, et pro terra Abraham debetur secta curie.

125 Item idem Johannes pro ii acris et i ferundel' et vi pertic' apud Moggemore' xi d. ob. per annum.

126 Galfridus Coterich pro mesuagio cum crofta iiii acris terre et iii assartis que fuerunt quondam Elie Bellard ii s. x d. per annum, alerip', alerthe, si habeantur boves arare bis in anno, sarclare, levare Burymor', metere cum ii famulis in autumpno, gallinam et ova.

127 Item Johannes Beneyt pro mesuagio et crofta et vi acris apud Hampton' et pro i quart' apud Hidam et pro i mesuagio apud Pikuspitte, et pro omnibus assartis suis v s. per annum, alerip', alerthe, arare bis in anno, sarclare, levare Burymor', metere cum ii famulis in autumpno, gallinam et ova etc.

128 Isabel Biscop' pro mesuagio et orto et v acris arabilibus et i acra assarti x d. per annum, alerip, sarclare, levare Burymore, metere, gallinam et ova. Item pro uno assarto apud Trolwell[2] iiii acrarum xvi d. per annum Item pro assarto Roberti Lester ii d. per annum. Item pro novo incremento ii d. Item pro ii acris et i ferendel' assarti quod fuit quondam Dobbes ix d. per annum.

129 Gilelmus Huberd pro mesuagio et una dimidia virgata terre et ii acris et assart' contra Mael ii s. per annum, sectam curie, viii dies operis in autumpno, denar' beati Petri, vigilare vigilia Sancti Johannis et dabit i d. et faciet omnia et eadem servicia sicut supradictus Willelmus le Blak, et erit in servicio domine ut supradictus Willelmus, etc.

[1] Cf. Min. BC 59, Min.D 33. [2] Trulwell, near Box (*TBGAS* lxi (1939,) 79).

130 Henricus Blanchard[1] pro uno mesuagio et curtilagio vi d. per annum, alerip', sarclare, levare Burymor', metere cum i homine, gallinam et ova. Item dictus Henricus pro medietate mesuagii et curtilagii que fuerunt Willelmi le Bothel viii d. per annum.

131 Willelmus le Sire de Duddene pro mesuagio et curtilagio et ii acris terre iii s. per annum, alerip, sarclare, levare Burymor', metere, gallinam et ova etc.

132 Petrus filius Walteri Mundi pro i mesuagio et orto et ii acris terre xiiii d. per annum et consuetudin' prout supradictus Willelmus le Syre in omnibus.

133 Ricardus Kynnes[2] pro iii virgatis terre et i quarto apud Brimescombe, et pro quadam terra apud Trolwell et pro novo assarto apud Brimescumbe, et pro mesuagio et crofta constabular[ii][3] xvii s. vi d. per annum. Item pro i acra et dimidia assarti apud la Box quod fuit Rogeri Letepik xii d. per annum. Item de novo incremento ii s. Item pro ii acris assarti novi apud Blakewel iuxta Holecumbe viii d. per annum, sectam curie et tenetur facere omnia et eadem servicia prout supradictus est de Henrico de la Frithe in principio rotuli.

134 Agnes Dobbes pro mesuagio et orto quod fuit patris sui ad vitam suam viii d. per annum, alerip, sarclare, levare Burymor', metere, dare gallinam et ova pro omnibus coterellis suis.

135 Alexander de Avenyng pro ii mesuagiis ii curtilagiis ii s. ad vitam, alerip', sarclare, levare Burymore, metere, gallinam et ova.

136 Willelmus filius Willelmi le Bothel pro mesuagio et orto quod fuit patris sui ad vitam suam et uxoris sue xii d. per annum, alerip', sarclare, levare Burymore, metere, gallinam et ova etc.

137 Hugo de Lydeney pro i mesuagio et orto ad vitam suam et uxoris sue ii s. per annum, alerip', sarclare, levare Burymore, metere, gallinam et ova.

138 Robertus Faber de Cherston pro uno mesuagio et orto quod fuit Canal ad vitam suam et uxoris sue ii s. per annum, aleripe, sarclare, levare Burymore, metere, gallinam et ova. Et idem Robertus habebit bassam consuetudinem bosci dum ipse vixerit ad dictum domum, pro qua ferrabit unum affrum singulis annis suis propriis sumptibus. [4]Et memorandum quod idem Robertus tenet Stillond ad vitam suam ad quam pertinet consuetudinem bosci, sed dictus Robertus non habebit boscum nec aliquis loco sui dum percipit boscum ad domum Canal. Item idem Robertus pro dicta consue-

---

[1] See Min.E 114 for his main holding.   [2] See note to Min.E 21.
[3] Cf. Min.BC 57.   [4] Probably a later interpolation; cf. Min.E 154.

tudine habenda arabit bis in anno, metet cum ii famulis in autumpno etc. Item idem Robertus pro una placea que dicitur
Brechacre ubi nunc est molendinum ad acuend' securos et falces[1]
et huiusmodi ad vitam suam et uxoris sue vi d. per annum et in
obitu suo solvet herietum.

139 Margeria Marchal pro mesuagio et orto xvi d. per annum, alerip,
sarclare, levare Durymore, metere, gallinam et ova etc.

140 Matildis Herdyng' pro mesuagio et orto xii d. per annum, aleripe
et eadem servicia prout Margaria le Marchal ut supra.

141 Ricardus Bigode pro i mesuagio et curtilagio nomine burgag'[2] xii
d. per annum, metet cum i homine in autumpno, gallinam et ova.

142 Johannes Heiward' pro uno burgagio contra Crucem xii d. per
annum, metet cum i homine, gallinam et ova.

143 Cristina le Baker pro uno burgagio ibidem ad vitam suam iiii d.
per annum, metet, gallinam et ova.

144 Ricardus Cok'[3] pro mesuagio et curtilagio xvi d. per annum, aleripe, sarclare, levare Burymore, metere, gallinam et ova. Item
idem Ricardus pro dimidia virgata terre que fuit quondam terra
Joyes ad vitam suam et uxoris sue viii s. per annum. Et memorandum quod dicta terra fuit ante carucar'. Et post decessum predictorum Cok et Agnetis uxoris sue erit carucar' ut prius si
placuerit domine. Item idem Ricardus pro uno mesuagio, quart'
quod Johannes Setvich quondam tenuit v s. per annum ad vitam
suam et uxoris sue, sectam curie, aleripe, alerthe, arare bis in
anno, sarclare, levare Burymore, metere cum ii famulis in autumpno, gallinam et ova. Et memorandum quod dicta terra fuit
ante carucar'. Et post decessum eorum erit etc. Item pro ii acris
super Garston iiii d. Item idem Ricardus pro mesuagio et orto
quod fuit Abraham ex opposito domus Setvich quam idem Ricardus tenet ad vitam suam et uxoris sue ii s. per annum.

145 Robertus le Mustard pro uno messuag' et crofto iuxta curtilagium
domine ubi nova fabrica quondam fuit ad vitam suam et uxoris

---

[1] The grinding-mill was probably listed in MinD; cf. Av. D9.

[2] The burgages were in the main village of Minchinhampton, with which this section of
the custumal is concerned. They were noted by M. W. Beresford and H. P. R. Finberg,
English Medieval Boroughs: a hand list (Newton Abbot, 1973), p. 114 as the earliest evidence
of burghal characteristics.

[3] Richard Cok acted as the scribe of the manor, and occurs in the service of the abbess
from 1286/7. In that year 13d. was paid for the repair of his saddle (PRO SC6/856/19);
later he was described as 'clericus' and occurs among the *famuli*, receiving various gifts
and liveries, and attending the steward on his journeys (PRO SC6/856/15, 17). He
surrendered his holdings in 1329 (PRO SC2/175/85).

sue ii s. et iiii d. per annum Item metet in autumpno et dabit gallinam et ova.

146 Benedictus Hothemere[1] pro mesuagio et orto iuxta clausum persone et ii acris et dimidia et omnibus assartis iii s. ix d. per annum, aleripe, sarclare, levare Durymore, metere, gallinam et ova. Et memorandum quod idem Benedictus habebit bassam consuetudinem bosci prout villani habent toto tempore vite sue, et non ultro, pro qua arabit bis in anno, metet cum ii hominibus die Iove in autumpno, gallinam et ova.

147 Robertus Hothemere pro mesuagium contra furnum[2] cum orto et ii acris terre xii d. per annum, sarclare, alerthe, levare Burymore, metere in autumpno, gallinam et ova.

(Membrane 4)

148 Willelmus [de Folewell[3]] tenet unam dimidiam virgatam terre carucar'[4] sed quia dicta terra est debilis tenet carucam domine pro uno quarto et pro alio quarto operabit qualibet septimana per annum ii diebus exceptis septimanis Nativitatis, Pasche et Pentecost'.

149 Radulfus Huppe tenet unum quartum terre quod est carucar' et facit pro quarto prout supradictus W. de Folewell', uxor sua facit wyveripe, sed ipse non facit beneripe.

150 Item Johannes Benet tenet quandam terram operariam[5] quam Henricus Expringant quondam tenuit, reddendo inde per annum iiii ferros ad palafridum abbatisse ad festum Sancti Michaelis. Item pendet v ostia in manerio de Minchinhampton', videlicet aule et camere et grangie. Item ferrabit i equum ante et retro vel ii equos ante per totum annum. Item inveniet omnia ferramenta ad quinque carucas per totum annum. Et si ita contingat quod omnia ferramenta faciet in villa de Hampton servient' curie ipsa portabit ad fabricam, si autem fiant extra villam Johannes vel alius loco suo portabit dicta ferramenta ad fabricam et portabit ad carucam domine. Item inveniet v sarcelles vel v falces communes de proprio sustinent[o] quos tradet annuatim preposito cum ne-

---

[1] In 1306/7 Benedict Hothemere paid 6s. 8d. for wood rights (PRO SC6/856/15).
[2] Probably an oven or bakery.
[3] Crossed out in MS.
[4] This tenement and no. 149 are the only two ploughman's holdings for which services were still owed.
[5] A smith's tenement; cf. the very similar duties of smiths at Aston (Av.D. 9, 10). In 1306/7 John Benet paid 12d. 'pro ferrura i affri', presumably for the relaxation of part of his obligation (PRO SC6 856/15).

cessarie fuerit, et pro hoc habebit unam acram [frumenti] de melior' post electionem quarterium excepta terra stercorata seu mallata.[1] Item habebit iii arbores in boscis omnibus ad carbonem faciendum per visum ballivorum domine. Item iiii boves vel tot vaccas et non ultra in pastura cum bobus domine.

151 Galfridus le Mason pro mesuag' Expringant' quod tenet de Johanne Benet aleripe, alerthe, arare bis in anno, sarclare, levare Burymore, metere cum ii famulis in autumpno, gallinam et ova etc.[2]

152 Willelmus de Brydlee pro dimidia virgata terre que fuit Pinnok et assart' ii s. iiii d. per annum, sectam curie. Item operabit qualibet altera septimana in autumpno, alerip, alerthe, arare bis in anno, herciare, sarclare, levare Burymore, denar' beati Petri, i d. pro vigilia Sancti Johannis, metere cum ii famulis in autumpno, gallinam et ova. Item erit in omni servicio domine excepto quod non erit prepositus.

153 Galfridus Hamund pro mesuagio et orto et iiii acris terre xii d. per annum. Item operabit in autumpno per viii dies, alerip, sarclare, levare Burymore, metere, gallinam et ova, denar' beati Petri.

154 Robertus Faber de Cherston pro i quarto quod vocatur Stillond[3] ad terminum vite sue et uxoris sue vi s. per annum. Et memorand' quod dicta terra fuit ante Juliane Hous'.
Pro Longamed[4] ii s. per annum.

155 Johannes Copiar' pro Choldermede ad vitam suam xviii d. per annum. Modo tenet Robertus Tanner pro xii d. per annum pro eo quod deterior' per diluvium aque.[5]

156 Ricardus West pro ii assartis Westwode super Holecumbe vi d. per annum.

157 Willelmus del Herber pro uno assarto apud Gatecumbe vii d. ob. per annum. Modo Robertus Kinne tenet.[6]

158 Ricardus Metessent pro pastur' habend' in communa cum boscis suis et pro capite suo vi d. per annum.

---

[1] He had the right to choose the best acre of wheat except from the land that had been dunged or marled.

[2] This entry illustrates the duties of sub-tenants to take part in the boon services and earn their wood right and other privileges. The tenant is a mason, who needed only a house and no land.

[3] Cf. Min.E 138. Most, if not all, of these last entries appear to be additions to the original custumal.   [4] Cf. Min.D 33.

[5] Cf. Min.D 34. The two entries relating to Choldermede appear to have been added at different dates after the custumal was made; in 1306/7 Choldermede was in the Lady's hand and the rent of 18d. was allowed to the reeve (PRO SC6/856/15).

[6] Added later than the entries relating to Richard Kynne's holdings, Min.E 133.

159 Galfridus de Morlee pro prato de Pilesmore die Sancti Michaelis annuatim xx s. i d.[1]

160 Willelmus le Heyward capellanus pro uno assarto ad capud de Gatecumbe vi d. per annum.

161 [Item predictus Benedictus Hithemere tenet Kippingcrofte ad vitam suam tantum pro xvi d. per annum][2] quia dictus redditus computatur sub redditu domini Elie le Heyward capellani.[3]

(*Membrane 1 dorse*)

(*Column 1*)

162 [4]Margeria le Neuman i d.

Agnes de Longeford i d.

Willelmus Gregor' i d.

Ricardus de Stoford i d.

Willemus Fager i d.

Radulfus de Deulea i d.

Willelmus de Folewell i d.

Thomas Hamewell i d.

Willemus Jolif i d.

Radulfus le Wite i d.

Willelmus Cole i d.

Willelmus Kypping i d.

Agnes Benet, pro terra Kokkar i d.

Johannes Lyvyng i d.

Johannes Gylle i d.

Matildis Gille i d.

Willemus de Brydlee i d.

Willelmus Dewye i d.

Willelmus Porcarius i d.

Johannes le Hopere i d.

---

[1] Cf. Min.BC 76; the rent remained virtually unchanged.

[2] 'Item . . . per annum' crossed out. For Benedict Hothermere see Min.E 146.

[3] A very confused later entry; the scribe failed to copy the details under the dues of Elias the Hayward, chaplain (Min.E 113).

[4] The 47 tenants listed here, without any heading, owed Peter's Pence. In 1306/7 the sum of 3s. 5¹/₂d. was collected and 2d. remitted; in 1310/11 and 1315/16 3s. 11d. was either collected or remitted (PRO SC6/856/15, 17, 18). The reeve may have failed to collect all the dues in 1306/7; alternatively this list may have been compiled slightly later. Throughout the figures are very close to those of 1306/7, but do not exactly correspond; they may be correct for 1307/8. Forty-three of the forty-seven correspond to tenants in the custumal, all of whom except Richard of Stoford are said to owe Peter's Pence; the one omission may be accidental. William Gregory appears to have replaced Walter Siward (10). William atte Sloo probably replaced, or is another name for, William de Folewell (148) in a ploughman's land. Ralph Smelprout may be another name for Ralph Huppe (149). William Joy cannot be traced.

Agnes de Bremcombe i d.
Matildis Bussell' i.d.
Walterus de Bremcombe i d.
Robertus Axelmore i d.
Radulfus de Alsele i d.
Matildis de Alsele i d.
Rogerus de Brechecombe i d.
Item idem pro terra i d.
Rogerus de Grenhulle i d.
Willelmus de Brechcumbe i d.
Margeria de Caterich i d.
Thomas atte Hurston' i d.
Robertus de Molend' i d.
Juliana de Bussete i d.
Willelmus de Forewode i d.
Ricardus de Dudden i d.
Johannes de Folewell i d.
Johannes de Sapwik i d.
Willelmus de Fonte i d.
Thomas Clare i d.
Willelmus le Blake i d.
Gilelmus Huberd*a* i d.
Willelmus atte Sloo*b* i d.
Radulfus Smelprout i d.
Willelmus Joy i d.
Willelmus Brydle pro terra Pynnok i d.
Galfridus Hamond i d.

163 [1]Memorandum de terris et tenementis que solebunt dare
denarios beati Petri antiquo.
Terra Viten' quam Johannes de Deule nunc tenet
Terra Cole quam W. Kipping tenet
Terra de Bessebur' quam W. Averay tenet
Terra Henrici Cocy quam Tathale tenet

---

a Replaces *William Grancell* erased   *b* Replaces *William de Folewell* erased.

---

[1] These correspond to holdings of service land held for life by various rent-paying tenants, which were liable to revert to customary services; with the 47 tenants already listed they would have raised 4s.11d. The abbess owed 5s. annually for Peter's Pence; this sum was regularly paid to the Dean of Stonehouse in the account rolls (under *resolutio*). Probably at least one holding which traditionally owed Peter's Pence had disappeared from the records; as widows and widowers owed only ½d. the obligation may originally have been laid on more than sixty holdings.

Terra Cryveloc quam W. Averay tenet
Terra quam Walterus atte Hurstane tenet
[Terra Shail quam W. de Forewode tenet][a]
Terra Kipping quam Blanchard tenet
Terra Bryd' quam Matild' Herdyng' tenet.
Terra Joy quam Cok nunc tenet
Terra de Skaler quam Robertus Faber tenet
Terra Stoke quam Cok tenet.

164 Redd' de vigilia uxorum relaxata vigilia Sancti Johannis Baptiste.[1]
i d. Uxor Rogeri de Brechcumbe pro terra Rigener
i d. Uxor Willelmi de Bredle pro terra Pynnok
i d. Uxor Willelmi le Blake
i d. Uxor Gilelmi Huberd'[b]
i d. Molend' de Neylesworth
i d. Uxor Ricardi le Dudden
i d. Uxor Johannis Gille
i d. Uxor Johannis de Beule

(*Column 2*)

165 Operarii de Hampton' anno Edwardi xxxv[to] [2] per totum annum unaque altera.[3]
Margeria Coterich per totum annum pro dimidia virgata terre una septimana iii d.
Rogerus de Grenehull' eodem modo pro dimidia virgata iii d.
Radulfus de Elseley eodem modo pro dimidia virgata iii d.
Matild' de eadem similiter pro dimidia virgate iii d.
Walterus de Bremescumbe similiter pro dimidia virgata iii d.
Robertus Axelmore eodem modo pro dimidia virgata iii d.
Agnes de Bremescumbe similiter pro dimidia virgata iii d.
Johannes le Hopere similiter pro dimidia virgata iii d.

---

[a] Crossed out in MS.   [b] *Galfridus Catrig' pro terra Huberd* superscript.

[1] The payment of 1d. for relaxation of the wife's duty of keeping watch on the vigil of St. John the Baptist is recorded in the custumal for all these tenants except John Gille (no.34), where the omission may be accidental.

[2] 20 Nov. 1306–7 July 1307.

[3] The list very nearly corresponds to those said in the custumal to owe week-works, but it omits nos. 36, 50, 109, and includes the Schail land (let to William de Forewood for life for rent) and William of Bridley (for whom the only week-work recorded is harvest work). The sums represent the weekly rate of commutation for any works that were sold. In 1306/7 the only works sold were a small number of ploughing boons (4s.10d.) and carrying services (2s.3d.) and 13 summer works (6½d.). Works were owed in alternate weeks from 29 September to 1 August.

Willelmus Porcarius de Durle similiter pro dimidia virgata iii d.
Willelmus Dewy eodem modo pro dimidia virgata iii d.
Willelmus de Brydlee eodem modo pro dimidia virgata iii d.

166 Operarii alterius septiman'.
Radulfus de Deule pro medietate virgate iii d.
Thomas Hamewell pro dimidia virgata iii d.
Willelmus de Folewell pro dimidia virgata iii d.
Willelmus Jolif pro dimidia virgata iii d.
Willelmus Cole pro dimidia virgata iii d.
Willelmus Kipping pro dimidia virgata iii d.
Johannes Lyvyng pro dimidia virgata iii d.
Willelmus de Forewode pro dimidia virgata iii d.
Matild' Bussell' pro dimidia virgata iii d.
Terra Schail pro dimidia virgata iii d.

167 ¹Operarii in autumpno prima septimana opere manuali.
Willelmus de Brechecumbe pro dimidia virgata
Willelmus Kipping pro dimidia virgata operabit per totum
autumpnum
Radulfus de Deule pro dimidia virgata operabit per totum
autumpnum
Terra de Veysy pro dimidia virgata
Thomas Clary pro dimidia virgata
Ricardus de Duddene pro dimidia virgata
Juliana de la Box pro dimidia virgata.

168 Operarii secunda septimana in autumpno opere manuali.
Terra de le Veisy pro dimidia virgata
Willelmus de Brydlee pro dimidia virgata Pynnok
Willelmus de Fonte pro dimidia virgata
Alicia Milo de Bridlee pro dimidia virgata
Rogerus de Brechecumbe per vi septimanas meteret in autumpno.

169 Cotarii per totum annum et per ii dies in ebdomada.²
Radulfus le Wyte pro i quart' virg' terre per ii dies
Willelmus de Folewell pro i quart' virg' per ii dies.

---

¹ All the tenants in this list occur in the custumal.
² The number of cottars actually performing week-works remained unchanged since
c. 1170; cf. Min.C 66, 67.

170 Cotarii operarii in autumpno qualibet septimana.[1]
Johannes de Stoford per ii dies pro i quart'
Willelmus Fager pro terra Page per ii dies pro i quart'
Agnes Benyt pro terra Cokker per ii dies pro i quart'
Johannes de Shapwik pro terra le Syre per ii dies pro i quart'
Johannes Beneyt pro i quart' apud Hidam per iiii dies in
autumpno.

171 Isti operantur per viii dies in autumpno.
Margeria le Neuman   Willelmus Gregori
Willelmus le Blak   Gilelmus Huberd
Galfridus Hamond
Rogerus de Brechecumbe pro terra Rivenegar.
[2]Defectus. Requer' infra.

172 Redditus caponum ad Pascha annuatim.[3]
Thomas de la Horstone ii capon' pro quodam assarto
Reginaldus Blakeman iii capon'
Thomas atte Box ad Pasch' ii capon'
Henricus Bampton die Natal i capon'.

173 Imperpetuum redditus.[4]
Johannes Benyt ad festum Sancti Michaelis iiii ferra ad palfredum
domine
Willelmus de Coltwychen' ad vitam suam i lib' cummyn
Ricardus le Turnor xii disces ad Natale dum sit infra manerium.

(*Membrane 2*)
174 Redditus pro petris fodiend' solvend' ad ii terminos.[5]
Johannes le Heyward ii d. et ii d.
Ricardus Bigcod i d. et i d.
Galfridus le Masen' i d. et i d.
Summa viii d.

---

[1] Cf. Min.C 65, 68, 69, 70, 71; in spite of changes in the families of tenants the five cottar tenements owing only autumn works still retained their identity.

[2] The list is incomplete.

[3] There is no reference to capons in the entry for Thomas atte Horstone (Min.E 81); the other three men do not occur in the custumal and may have been sub-tenants.

[4] For John Benet the smith see Min.E 150. William de Coltwychen, who held a tenement for life for a pound of cummin annually, is not mentioned in the custumal, neither is Richard the Turner, who owed twelve (wooden) plates.

[5] Two of these men (Min.E 141, 142) held burgages; the third (Min.E 151) was a sub-tenant.

175 Redditus pro argilla fodienda ad ii terminos.[1]

Reg' fullo de Wodec' i d. et i d.

Johannes de Dodebrig i d. et i d.

Ricardus fulo i d. et i d.

Robertus de Brystoll' i d. et i d.

Willelmus Hocuale i d. et i d.

Reginaldus fullo iii d. et iii d.

Symon fullo ii d. et ii d.

Summa xx d.

176 Chevagium ad ii terminos[2]

Thomas le Vixelar' i d. et i d.

Philippus Pute i d. et i d.

Thomas le Tailour ii d. et i d.

Ricardus le Web i d. et i d.

Henricus Pistor i d. et i d.

Johannes Shepman i d. et i d.

Johannes le Mason i d. et i d.

Thomas le Veysy i d. et i d.

Willelmus le Qu i d. et i d.

Henricus Cholle i d. et i d.

Ivo de Pendebur' i d. et i d.

Henricus Sadeler i d. et i d.

Summa ii s. i d.

177 Cariag' de blad' domine in augusto et feni.[3]

Johannes Spilemon	Willelmus de Forewode
Thomas de Rodeberew	Petrus de la Mare
Johannes Mautravers pro terra Achard	Ricardus Kynne
Ricardus Elevant	Gregory de Colecumbe

[1] This list comprises the men with fuller's earth diggings who were not holders of land as well.

[2] In 1306/7 2s.2^1/$_2$d. was received for chevage; this rose to 2s.4d. by 1315/16 (PRO SC6/856/15, 18). Many of the names in the list are trade names: tailor, weaver, baker, mason, saddler, possibly victualler; 'pute' may be a misreading of 'sutor', 'shepman' is connected with the wool-trade. None of them held land in the custumal, though John le Taylur and William le Quu paid entry fines for tenements in 1274 (PRO SC2/175/79 m. 5).

[3] This list was either made or revised later than 1306. Peter de le Mare (119) did not succeed to his father Robert's holding until 1308 (*IPM Glouc.* v. 105–6); and there had been changes since the making of the custumal. Adam Spilman (73) had been replaced by John, and John of Senkley (87) by Thomas; John Mael (89) may have died since no name is recorded for the Mael holding. William Molendinarius probably replaced Robert Molendinarius (98); Richard Hulle replaced William atte Hille (104). John Scille may be a scribal error for Gille (34.)

Thomas de Horstone
Thomas de Sencley
Terra Mael
Ricardus Bygge pro Hundislonde
Willelmus molendinarius cum ii bobus
  apud Burymor'
Ricardus atte Hulle
Ricardus de Langeford cum socio.

Roger' atte Vynyng
Ricardus Miblanc
Johannes de Chalford
Johannes atte Hide
Willelmus de Chalford
  pro terra Hasard
Johannes Scille

APPENDIX

Existing lists of the early abbesses of Holy Trinity, Caen, are full of inaccuracies, and many of the references given are too imprecise to be investigated. The list published in *Gallia Christiana* (ix. 433 ff.) has never been corrected; a seventeenth-century list preserved in the Collection Mancel at Caen includes many of the same errors, and these reappear in the list in the *Transactions of the Bristol and Gloucestershire Archaeological Society* lxi (1939), 62–4. Some of the information is said to be taken from epitaphs, but the dates are frequently wrong and it is doubtful whether some epitaphs referred to abbesses of Caen. The following list makes no claim to completeness, but includes only authenticated references to early abbesses.

Matilda, 1059–6 July, 1113.[1]

Cecilia,[2] 1113–13 July, 1127.[3]

Isabel,[4] c. 1127.[5]

Alicia, occurs for some years before and after 1135.[6]

Dametta, occurs probably in 1152;[7] in charters of the mid-twelfth century;[8] in 1155 × 1162;[9] in 1168 × 1178.[10]

Johanna,[11] occurs in 1183;[12] in 1184;[13] 25 Jan. 1190;[14] 24 Oct. 1192;[15]

---

[1] Musset, *Abbayes caennaises*, pp. 13–14.   [2] Daughter of William the Conqueror.

[3] Musset, *Abbayes caennaises*, pp. 13–14.

[4] Daughter of William, eldest son of Stephen of Blois and Adela, daughter of William the Conqueror.

[5] *The Ecclesiastical History of Orderic Vitalis* (ed. Chibnall, iv. 46; ed. Le Prévost, iii. 194); Orderic states that she died prematurely, and was abbess only for a short time.

[6] Cf. above, p. 47, 'in tempore Aalise abbatisse, quamdiu Henricus rex vixit' and, by inference, some years later, in the time of war.

[7] *GC* xi. 433; said to have obtained a papal bull from Eugenius III on 13 November, 1152. This bull is known only from the entry in *GC* (Ramackers, *PUF* 2 Normandie, p. 31).

[8] e.g. Bibl. nat. MS lat. 5650 f. 33.   [9] See above, charter no. 1.

[10] See above, charter no. 2.

[11] There were probably two abbesses named Johanna in the long period from 1183 to 1230.

[12] *CDF* no. 437.

[13] *CDF* no. 432 (incorrectly dated 1174, *recte* 1184; see Delisle/Berger no. 442).

[14] *CDF* no. 442.

[15] See above, charter no. 5.

in 1193;[1] in 1207;[2] in 1209 × 1217;[3] in 1218/19;[4] in 1221;[5] in 1221/2;[6] in 1223;[7] in 1227/8.[8]

Isabella de Crèvecoeur had been recently elected on 17 July, 1230;[9] did homage for the temporalities in England on 25 Sept. 1230;[10] occurs 1232;[11] probably died 1237.[12]

Juliana de Saint-Sernin did fealty for the English lands on 4 October, 1237;[13] was allowed to appoint attorneys in England on the grounds of age and infirmity on 21 Oct. 1259;[14] occurs 1261;[15] died not later than 1266, when there was a disputed election.[16]

[1] *PR 5 R.I.*, p. 119.

[2] *Feet of Fines for Norfolk and Suffolk*, ed. B. Dodwell (Pipe Roll Soc. N.S. xxxii, 1958), p. 57, no. 117.   [3] See above, charter no. 14.

[4] See above, charter no. 16.   [5] See above, charter no. 17.

[6] Various charters in the Archives du Calvados H, Fonds S. Trinité. liasses Bény, Rosel.

[7] H. Legras, *Le Bourgage de Caen* (Paris, 1911), no. 7.

[8] See above, charter no. 18.   [9] *Close Rolls, 1227–31*, p. 364.   [10] Ibid., p. 374.

[11] *Recueil de Mémoires et d'extraits*, f. 60r. I owe this reference to Professor Musset.

[12] There is no reference in the Close Rolls to the fealty of any new abbess being taken for lands in England until 1237.

[13] *Close Rolls 1234–7*, p. 505. The abbess is not named; but Juliana occurs in a charter of January, 1238 (charter no. 22, above).

[14] *Cal. Pat. 1258–66*, p. 46; original, Archives du Calvados, Trinité de Caen H, copy CBN iii. 241–2. In view of this letter, the statement in earlier lists that she died in 1256 cannot be correct. There is no evidence of any vacancy in the abbey before 1266.

[15] Letter of M. Roger of Saling, stating that he has rendered account (cf. above, Introduction, p. xxxviii).

[16] *Reg. visit. arch. Roth.* (ed. Th. Bonnin), p. 541. On 23 June, 1266, an abbess, unnamed, appointed attorneys in the king's presence (*Cal. Pat. 1258–66*, p. 673); but on 17 January, 1267, the lands of the abbey were taken into the king's hand because of a vacancy (*Close Rolls 1264–8*, p. 283). On 20 Sept. 1269 a writ *de intendendo* was issued to the tenants of lands in England in favour of Beatrice de Sarcubus, whose election as abbess had been confirmed (*Cal. Pat. 1266–72*, p. 366).

GLOSSARY

arabla (? for *arabilis*), maple.

assartum, exsartum, sartum, assart, land newly brought under cultivation.

auris, plough-ear.

baco, salted carcass of hog, or part of it.

bederipe, boderipe, dederipe, boon reaping.

benerthe, denerthe, boon ploughing.

bladum ivernagium, winter wheat.

bracinum, brew-house.

brocchia, stick or skewer for fastening sack.

capistrum, halter, bridle.

carbonarius, charcoal-burner.

caula, fold.

cendrarius, potash maker.

chevron, chevrun, rafter, coping.

chirechseht, chirechshet, church-scot.

cleta, hurdle.

compernagio, cumpernagio, food (fish, cheese etc.) supplied with bread at a boon.

crundla (in place name), ? pit, stone quarry (A. H. Smith, *English Place-Name Elements* (EPNS xxv), i. 116–17.

dacra, measure of ?20 nails.

dederip, see *bederip.*

denerthe, see *benerthe.*

ercio (*hercio*), to harrow.

exsartum, see *assartum.*

fabrica, forge.

falciculus, sickle.

femeiz, manured land.

figulida (for *figulator*), potter.

forlanda, forlonda, 'foreland', outlying land, especially newly-reclaimed land leased to tenant.

francalanus, franklin, tenant of some standing, personally free, but possibly holding a working tenement.

gavelmanni, customary tenants, who work for rent.

gavelwhile, days on which gavelmen work for rent.

gumus, hook for hinge.

inhoc, inhouk, 'inhook'; piece of fallow temporarily enclosed for cultivation.

iurnata, iornata, measure of land, day's work.

landsetles, customary tenants, villeins.

lessolver, pasture rent.

libras (ad), see *pundes.*

lova, boon work.

lundinarium, (1) quarter-virgate; (2) small plot held by tenant working one day a week, on Mondays.

lusdi, (1) *lundinarium;* (2) boon-work, or Monday-work.

mallatus, marled.

mesge, whey.

nosiare, gather nuts.

ordeum ivernagium, winter barley.

paisson, pessun, pannage, mast for pigs.

parmentarius, robe-trimmer, furrier, tailor

pelleparius, skinner.

petura, turbary.

pundes (ad), ad libras, fulsting pound. See above, p. xlvii.

rudigga, rudinga, 'ridding', cleared land.

sarclo, to hoe.

sartum, see *assartum.*

sistarium (for *sextarium*), measure of ale.

soccas, scokkas, stooks of corn.

soccare, to stook corn.

stercoratus, dunged.

swad, swat, swathe of corn.

turvera, turbary.

wifirip, wiverip, wivenirip, a boon reaping at which wives work.

INDEX OF PERSONS AND PLACES

References are to pages. Persons with identical names are distinguished either by numbers or by reference to the surveys in which they occur. Cross references to the Index of Persons and Places are abbreviated to IPP.

INDEX OF SUBJECTS

117, 123, 124, 125, 129, *and see* commutation, week-works

— vacant, 122

thieves, duty of guarding, 59, 71

tiler (*tyleier*), *see* IPP, Reginald

tithe,19

tithingman (*decenarius*), 50; duty to serve as, 110, 126

toll, manorial, 60–1, 72, 83, 109, 110, 119, 121, 123, 124, 125, 126

turbary (*petura*), 61, 72–3, 77, 79, 89

turner (*tornator, tornarius, tornor, turner, turnor*), lii, 44, 97, *and see* IPP, Albert, Edward, Hedwinus, Lewin, Richard, Simon

usury, 39

victualler (?) (*le vixelar'*), *see* IPP, Thomas

view of frankpledge, 1, 50

villeins (*nativi, villani*), xxvi, xxxv, xlix, xlvii–xlviii, 24, 29, 34, 35, 36, 116, 123, 129

villein tenure (*villenagium*), 24, 25, 109, 110, 111, 114, 117, 123, 124, 125

— status, 61, 72–3, 111, 121

virgates, 33, 34, 35, 36, 37, 40–4 *and passim; and see* tenements, working

wall-building, service of, 76, 82

wage labour, li–liii

ward penny (*ad guard'*) xlviii, 34, 40, 92, 93, 94, 95

warland (*gara, gafol land, wara*), land assessed for geld, 40, 42, 47, 95

wardrobe, of the nuns of Caen, xxv

warren, free, xxviii, 2

watch service (on the vigil of St. John), 108, 109, 110, 112, 117, 119, 121, 123, 124, 125, 130, 133

weaver (*telarius, le web*), lii, 97, *and see* IPP, Alan, Alric, Richard

weeding (*sarclare*), service of, 88, 92, 94, 105–14, 116–19, 121, 122–30

week-works, xxvii, xxxv, xxxvi, lii, 85, 88, 95, 97, 108, 110, 111, 112, 113, 124, 133–4, 134–5, *and see* tenements, working

wheat, *see* crops

whey (*mesge*), 59, 73

wifirip, wivenirip, wyverip (boon reaping for wives), 60, 65, 72, 109, 110, 114, 119, 123, 124, 129

wood, provision of, for the nuns of Caen (*ad lignum*), xxv

— right of smith to, for charcoal, 130

— rights (*bassa consuetudo, woderidte*) of free and customary tenants, 89, 99, 116, 126, 127, 129, *and see* custom of the wood

woods, demesne, xxxvii, 5–6, 75, 79, 82, 91, 94; reserved to the abbey, xlv, 16, 28–9; destruction of, xxxii, xxxvi, xli, li, 55–6, 100

woodward, obligation to serve as, 116, 118, 126

wool trade, 136

woollen industry, liii, 55

works sold, liii, 133

writ, *De ingressu per villanum*, l; of right, 11

RECORDS OF THE SOCIAL AND ECONOMIC HISTORY OF ENGLAND AND WALES
VOLUMES I–IX

A reprint edition of volumes I–IX is available from: Kraus-Thomson Organization Limited, FL–9491 Nendeln, Liechtenstein.

RECORDS OF SOCIAL AND ECONOMIC HISTORY

New Series